U0925390

TuiBian

蜕变

——广播电视大学向开放大学转型升级

张海波◎著

人民出版社

责任编辑:王世勇

图书在版编目(CIP)数据

蜕变:广播电视大学向开放大学转型升级/张海波 著.
-北京:人民出版社,2015.6
ISBN 978-7-01-015047-5

Ⅰ.①蜕… Ⅱ.①张… Ⅲ.①广播电视大学-教育建设-研究-中国
Ⅳ.①G728.8

中国版本图书馆 CIP 数据核字(2015)第 143685 号

蜕 变

TUIBIAN

——广播电视大学向开放大学转型升级

张海波 著

人民出版社 出版发行

(100706 北京市东城区隆福寺街 99 号)

环球印刷(北京)有限公司印刷 新华书店经销

2015 年 6 月第 1 版 2015 年 6 月北京第 1 次印刷

开本:710 毫米×1000 毫米 1/16 印张:17

字数:260 千字 印数:0,001-2,000 册

ISBN 978-7-01-015047-5 定价:43.00 元

邮购地址 100706 北京市东城区隆福寺街 99 号

人民东方图书销售中心 电话 (010)65250042 65289539

自 序

开篇之前，向尊敬的读者介绍一些相关情况。

写这本书的动机从何而来？简要地说就是“需求”和“责任感”。需求来自外部，责任感发自内心。几年前，《国家中长期教育改革与发展规划纲要》颁布后，因为研究起草辽宁开放大学建设方案的需要，自己由于职责所系，曾围绕开放大学建设的目标、任务、创新道路、人才培养模式等主持并组织校内部分同志做了一些专题性研究，积累了一定的思想认识。近两年，由于在实践中遇到了一些新的不解和困惑，这就使我们越来越感觉到，原来的研究和认识水平因缺乏系统性的构思，无论从广度上还是深度上都暴露出局限和滞后，亟待从理论上展开进一步求证和回答，因此，在这样一种客观需求的驱动下，自己又围绕开放大学与广播电视大学的关系、转型升级的内涵、目标、关键问题，以及工作思路、切入点、突破口等结合实际做了进一步研究和梳理。2014 年年底，应邀在国开大讲堂以“蜕变——广播电视大学向开放大学转型升级”为题做了一次专题讲座，之后，一些同志认为这些思考内容已经初步形成了对开放大学建设的一个认识体系的框架，建议我在此基础上汇总整理成一本专著，可能更有利于深化研究并在实践中检验。因此说，是开放大学建设的迫切需求和自己在省电大做了十多年主要领导工作所具有的一种责任感，促使我下了最后的决心，也可以说是冲动生于斯，行动始于斯。

为加强本书的研究与实践意义，在设计本书的逻辑起点和体系架构时，尽量从辽宁广播电视大学转型为开放大学的视角调整到广播电视大学系统整体转型的视角。为实现这种角色转换，在撰写书稿期间，学习了中央的有关文件，对实现转型的大背景和经济社会新常态有了总体上的认识和理解；研读了国家和教育部有关领导关于开放大学建设的讲话精神，从宏观上把握了国家的战略布局和政策部署；参考了一些专家和学者的理论论述，对该领域前沿性的思想认识成果有了更深的了解；研究了辽宁广播电视大学和兄弟学校的历史经验和创新经验，对广播电视大学系统目前所处的历史方位，形成了比较客观的基本判断。因此，这本书虽然是由个人执笔提炼而成，但就其思想寻根溯源，是来自于国家战略决策的方向引领，来自于专家学者的智慧启迪，来自于全国广播电视大学系统三十多年的经验宝库。

这本书的目的非常简单。一是立足于发展"自我"。这个"自我"当然指的是辽宁广播电视大学。期冀本书出版后能为制订和完善辽宁开放大学建设方案和建设规划，提供比较全面的理论支持，进而推动学校按着国家要求尽快实现转型升级。二是投石问路。期冀本书出版后，可在全国同行内互相交流、切磋甚至引发争鸣，以便更多地吸纳各种真知灼见，矫正、丰富和发展自己对开放大学的理性认识。如上述想法得以实现，便可达拙作之初衷。

是为序。

张海波

2015 年 4 月

目　录

第二部分　蜕变的目标及内涵

第三部分　蜕变的必由之路

第四部分 蜕变而成的新型人才培养模式

第五部分　蜕变的若干关键问题

第六部分　蜕变的工作思路和切入点

绪　论

2010 年 7 月《国家中长期教育改革和发展规划纲要》(以下简称《教育规划纲要》)正式颁布。《教育规划纲要》围绕国家 2010—2020 年教育改革和发展的战略任务及其政策措施做了详尽部署。其中,对构建灵活多样的终身教育体系,推进学习型社会建设以及“办好开放大学”的教育发展新蓝图的设计引起了全社会的强烈反响。《教育规划纲要》颁布不久,国家教育部作出了以广播电视大学为基础建设开放大学,实现转型升级的落实性的工作安排。可以说,这样的决定一出台,就立即牵动了全社会的神经,政府重视起来了,各地纷纷把办好开放大学列为“十二五”期间教育改革与发展规划内容;广播电视大学系统活跃起来了,各级广播电视大学摩拳擦掌以大干一场的姿态和热情快速投入建设开放大学的研究与实践之中;社会各方的关注程度也大大提升了,许多社会组织、社会成员和新闻媒体也自觉不自觉地卷入这一教育新事物的酝酿和发育中来。从此,广播电视大学系统步入了整体转型发展的新时期。

由广播电视大学转型为开放大学无论对政府还是对学校,都是一个全新的课题。破解这个课题,从本质上来说,最重要的应该是使命的变化。广播电视大学创办以来,作为一种利用远程方式履行教育职能的成人高校,所肩负的使命主要是从事补偿性高等学历教育,按着国家所做的最新定位,这所学校应当承担起终身教育的使命,那就是既包括学历继续教育,又包括非学历继续教育,而这种教育又必须基于更加强大的办学系统和现代网络技术条件来完成。因此,这对广播电视大学系统业已相对成熟的教育形式来说,实现这样一种转变,无疑极具挑战性,必须经过一场深刻变革。近三四年来,全国各级广播电视大学普遍都在开展着前所未有的创造性工作。一方面,上下求索,呕心沥血地在进行着顶层设计;另一方面,破立并举,求真务实地在从具体事项着手推进。大家所做的一切努力,都是力图尽快找出一条适合中国国情的开放大学建设道路。尽管目前全国广播电视大学系统对开放大学的认识和实践仍处在智者见智、仁者见仁的层面,但毕竟还是为这种转型升级做了富有成效的在思想上和条件上的积累,这也是实现转型升级的必经阶段。

开放大学如何建设和发展,最首要的、最基本的问题是什么?是说清楚广播电视大学和开放大学的关系问题。说清楚了这个问题才能说清楚开放大学是什么,它从哪里来,又到哪里去。只有说清楚了这个问题,前进的方向才能把握准,落实的措施才能有根基。那么这两者的关系到底是什么呢?这两者的关系如同昆虫世界中的蚕、蛹、蛾,虽然出自一体,血脉相通,但却形态各异、作用不同。它们之间的这种演变实际上就是蜕变或者叫羽化,在哲学上就是质变和飞跃。所以说广播电视大学和开放大学就是这样一种关系——蜕变。从建设开放大学这个任务提出至今,在广播电视大学系统内部始终强调着一种思想,就是开放大学不是广播电视大学的简单翻牌,也不是抛开广播电视大学另起炉灶。简单翻牌没有意义,换汤不换药;另起炉灶没有必要也没有条件,实际上开放大学是在广播电视大学基础上的改造、整合、扬弃和提升。这种思想至今仍然没有过时,还是展开全部工作的重要指导思想。

事物蜕变不是凭空而来,是内部主因和外部环境包括条件、目标、物质流、信息流、行为流相互作用,引起由现实向目标的不断位移,是依据内部矛盾运动的必然和外部环境变化的要求,实现新事物代替旧事物所进行的系统的、全局的、渐进的变化过程。(见图1)

本书围绕“蜕变”分六个部分进行阐述:蜕变的背景及动因;蜕变的目标及内涵;蜕变的必由之路;蜕变而成的新型人才培养模式;蜕变的若干关键问题;蜕变的工作方式和切入点。

蜕变的背景和动因。这是本书的第一部分。广播电视大学教育不是一种孤立的教育形式,它具有在社会结构中承担一定社会分工和社会角色的社会功能。广播电视大学建校三十多年来每一个时期的发展变化,都是因应国家、社会和人民群众的迫切要求促成的。历史经验证明,对于由广播电视大学向开放大学的“蜕变”必须将其放在置身其中的经济、政治、社会及文化的大背景大环境之下去考察。只有考察清楚了这些情况,才能真正了解蜕变是怎样

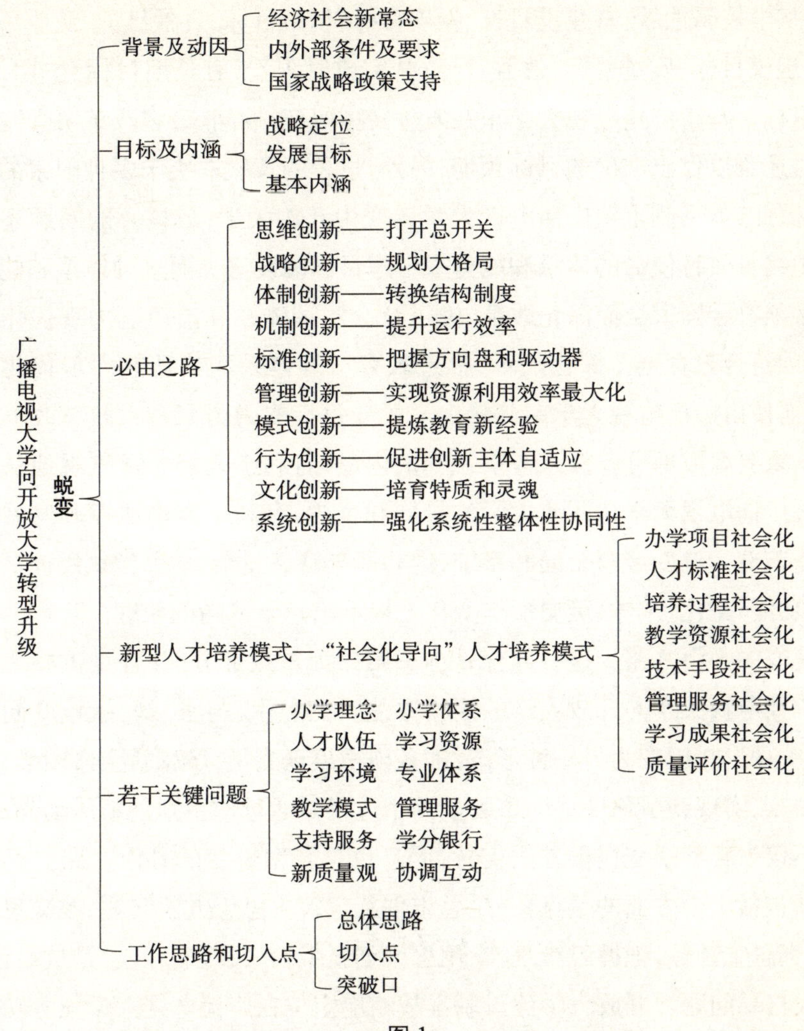

图 1

发生的，蜕变具备了哪些条件，蜕变过程中会遇到哪些困惑，蜕变往哪个方向发展等一系列问题。因此，这一部分重点围绕这些问题做一些阐述，在本书中具有破题开端的意义。

蜕变的目标和内涵。这一部分是本书的一个重点部分。既然由广播电视大学向开放大学蜕变已成为不可逆转的趋势，那么，蜕变的结果是什么？要变成一所什么样的学校？蜕变包括哪些内涵？这些都是在开放大学建设中必须要搞清楚弄明白的问题。目标是蜕变所期望实现的成果，目标管理方法多种多样，从学校属性看，有建设目标、发展目标、创新目标、贡献目标；从业务内容看，有规模目标、质量目标、效益目标；从完成时限看，有长期目标、中期目标、近期目标。基于广播电视大学正在发生转型蜕变，期间，许多改革事宜变数较大一时还难以作出准确的目标预期；另外，过程的长短取决于多种因素的综合作用；因此，本书侧重从广播电视大学转变为开放大学，最核心的问题还是构建承担终身教育使命的体系和能力来考虑目标的设定。而这种体系和能力目标又必须符合国家全面深化改革，推进社会治理体系和治理能力现代化的要求，必须符合教育全面深化改革，推进教育治理体系和治理能力现代化的要求，进而使由广播电视大学向开放大学蜕变目标成为国家和大教育改革目标体系的重要组成部分。深入考察蜕变的内涵，有利于人们非常直观地从整体上把握广播电视大学与开放大学的异同和全貌，有利于准确地控制发展大局和工作节奏。蜕变涉及全局和系统，内涵即丰富又复杂，本书尝试用简洁的表述，从功能、文化、主体、历史形态变化上揭示出一个清晰的轮廓。

蜕变的必由之路。这一部分是本书第二个重点部分，并且是重中之重部分。广播电视大学向开放大学的蜕变不能自然发生，与蚕、蛹、蛾蜕变同样道理，由一种形态蜕变为另一种形态，都必须积累正能量，孕育新生命因素，最后冲破硬茧，实现新事物取代旧事物。这个过程是通过一系列创新活动完成的。创新不仅为转型蜕变提供方法支持，而且也是转型蜕变的必由之路。开放大学创新包括十个方面的重点：一是思维创新。解决思想方法问题，改变思维轨迹，拓宽思维领域，把握思维规律，用思维创新带动实践创新。二是战略创新。解决大格局问题。开放大学建设基本战略应定位在广播电视大学任务功能基础上的拓展和提升，并据此对开放大学的任务目标、办学系统、发展方式、能力建设等作出相应调整。三是体制创新。根据新任务的要求解决好组织结构和制度规范问题，包括办学体系、领导体制、民主格局、机构设置、制度规范等。四是机制创新。在大的领导体制、组织结构及根本性的制度确定之后，把握好整体构造及相互关系，解决好高效运行和协调运行的问题。五是标准创新。按照开放大学新使命要求制定学校的建设标准、发展标准和行为标准，在开放大学建设中起引领和驱动作用。六是管理创新。在现行管理状态下引进开放、民主、多元、协调、信息手段等现代管理要素，使新体系拥有的资源得到有效组织和运用,产生更大的管理效益和办学效益。七是模式创新。对教育规律和教育经验不断总结升华,从宏观、中观和微观各层面,探索和提炼出关系学校发展、体系办学、人才培养、教学组织、管理服务、监控评价等有效方法。八是行为创新。包括组织行为创新和个体行为创新。组织行为创新通过推出一系列改革举措实现创新目标,个体行为创新应突出教职工个体的岗位职业特点,这里的行为创新重点指的是个体行为创新。九是文化创新。发挥比较优势,在传承广播电视大学优秀文化基因基础上,建设具有开放大学新特点的物质文化、精神文化和制度文化。十是系统创新。运用系统论原理,形成蜕变创新组织管理技术,科学把握系统、环境、要素、结构、流程、相互关系及其规律性,实施有效组织管理,保证转型蜕变期间各项创新活动协调推进。

蜕变而成的新型人才培养模式。这部分是本书的第三个重点部分。不同的教育类型和教育形式,均有不同的人才培养模式,广播电视大学有自身形成的人才培养模式,转型蜕变为开放大学,理所当然的要用新的人才培养模式取而代之。经过对诸多人才培养模式的比较权衡,本书提出"社会化导向"人才培养模式更加符合开放大学高度开放的特点。这种模式不仅在理论上有充分依据,而且在实践上也便于落实。为什么选择"社会化导向"人才培养模式?这是由开放大学承担所有学习者生命全程社会化教育任务决定的。具体来说有以下三个理由:一是开放大学的性质是按着高度社会化要求建设的新型高校。二是终身教育性质是具有高度社会化特征的教育形式。三是开放大学人才培养的所有要素所有环节都与社会化思维和社会化运作密不可分。"社会化导向"人才培养模式在实践上的操作性可从八个方向思考:一是办学项目社会化。二是人才标准社会化。三是培养过程社会化。四是教育资源社会化。五是技术手段社会化。六是管理服务社会化。七是学习成果社会化。八是质量评价社会化。

蜕变中若干关键问题。这部分是本书第四个重点部分。开放大学建设作为一种整体性的转型和蜕变,是由若干关键和枢纽性的创新活动支撑起来的。本书用 12 章的篇幅就精神的、物质的、文化的、环境的关键和枢纽问题逐一提出看法。这些问题包括:办学理念、办学体系、人才队伍、学习资源、学习环境、专业建设、教学模式、教学管理服务模式、支持服务体系、学分银行、质量观、政府社会学校三者互动等。以上十几个问题在实践中都必然遇到，其重要程度不可或缺。

关于蜕变的工作思路和切入点。在大的方向、目标和发展脉络明确之后，最重要的是抓紧付诸行动，推进具体落实。根据这样的考虑，本书在此前五部分论述基础上，结合广播电视大学现状和实际，围绕操作上的重点和难点，提出了一些推进工作加速蜕变的思路和办法。

简言之，撰写本书的目的，就是用“蜕变”作主题对广播电视大学转型为开放大学的相关重大问题作进一步阐发和诠释，并力图勾画出开放大学建设的一个粗略的思想体系和实践模型，提供给系统内同行和有关方面进行交流，以互相学习和启发，在加速广播电视大学向开放大学你中有我，我中有你的转型蜕变中起到一定的助力作用。

第一部分

蜕变的背景及动因

第一章　蜕变伴随经济社会新常态出现而发生

党的十八大以及相继召开的二中全会、三中全会、四中全会对我国进入全面建成小康社会决定性阶段的新任务新使命作出全面部署，坚持和发展中国特色社会主义，全面深化改革，把我国经济、政治、社会、文化、生态、国防、外交、党建等各项事业以及对中国特色社会主义理论、道路、制度的探索和完善推进到新的发展阶段。由广播电视大学向开放大学转型蜕变依托这样一种大背景不断取得新进展，特别是经济社会新常态对转型蜕变所产生的影响尤为直接并且非常深刻。

一、实现“小康社会”、“中国梦”的伟大事业进入新阶段

党的十一届三中全会以来，我们党作出了实现“两个一百年”目标的庄严承诺：第一个百年目标是到建党一百周年时，全面建成小康社会。第二个百年目标是到新中国成立一百周年时，建成富强、民主、文明、和谐的社会主义国家，达到中等发达国家的水平，实现中国式的现代化。

三十多年来，我们党高举中国特色社会主义伟大旗帜，坚持以经济建设为中心不动摇，坚持改革开放富国强民政策，由推行农村联产承包责任制开始，改革逐渐扩大到经济领域、政治领域、文化领域、社会领域的各个方面。目前，我国已进入到全面深化改革新阶段。

一是改革进入了从易到难的阶段。即国家各项改革从试验探索发展到了面临严峻困难的攻坚阶段。改革之初，我们党倡导“大胆试、大胆闯”积极推进体制创新，鼓励一部分地区一部分人先富起来，营造了宽松的环境，生产力骤然释放，有效提高了发展速度和质量。针对发展中出现的两极分化，国家需

要调整现行分配制度和相关政策，这就必然触及人们的利益格局。建立公平正义、共同富裕的社会制度，并使之逐步完善和固化起来，需要比以往任何改革都要付出更多更大的代价和努力。二是改革进入了从量变到质变的阶段。改革需要量的积累和质的飞跃的变化。改革之初是从计划经济起步，随后相继提出了商品经济、有计划的商品经济、计划经济和市场经济相结合到社会主义市场经济，一步一步地打破了人们思维禁区。党的十八届三中全会确定的经济体制改革的目标是建立完全的社会主义市场经济，强调市场对资源配置起决定性的作用，这是一种质的变化。三是改革进入了从无到有阶段。党的十八届三中全会在许多领域提出了新的改革课题，比如社会领域改革项目，包括去行政化、建立社会征信体系、一体化社会保障、公共资源均等享用等，在全社会引发了很大反响。四是改革进入了从局部到整体阶段。国家的改革由经济改革开始，其他体制性改革也不同程度展开，但还不完善、不配套，发展也不平衡。现在已经进入到从经济体制改革到政治体制改革、文化体制改革、社会体制改革、生态文明体制改革、党的建设制度改革全面提升完善阶段。

我国的基本国情是仍处在社会主义初级阶段，属于发展中国家的定位。我国与发达国家的根本区别是我们坚持的是具有中国特色的社会主义制度，这是为最广大人民群众谋福祉的保证和基石，相较其他社会制度彰显出不可比拟的优越性。但按发达国家标准，我国经济社会主要指标的发达程度还存在很大差距。一是发达国家具有法治优势，法治体系相对完备，我国法治体系还不够健全。二是发达国家具有比较完备的市场经济体制，我国市场经济体制正在发育过程中。三是发达国家具有经济发展方式优势，经济结构布局相对合理，科技创新产业领先世界；我国则以中低端产业为主，还没有摆脱高投入、高耗能、高污染、低效率的发展方式。四是发达国家具有生态环境的优势，人与自然和谐程度较高，我国一些地区不惜以牺牲环境为代价换取发展，人与自然的关系相对恶化。五是发达国家具有人口素质较高的优势，国民能够较为普遍接受高等教育；我国受“二元”结构影响，教育发展不均衡，接受过高等教育的人口比例低。六是发达国家具有民生保障方面的优势，中产阶层占主体，处在“麦当劳国家”水准，生活指数较高；我国由于人口众多，就业还不够充分，社会保障能力不强，还有大量贫困人口。面对这样的一种现实，中国共产党在继续巩固前三十多年改革开放成果基础上，坚持中国特色社会主义理论、道路、路线和方针政策，全面推进法治建设、社会治理体系和治理能力建设、社会主义市场经济体制建设、生态文明建设以及惠民利民工程建设，加速缩小与发达国家的差距，加快发展社会主义市场经济、民主政治、先进文化、和谐社会、生态文明，总体目标就是让一切劳动、知识、技术、管理、资本的活力竞相迸发，让一切创造社会财富的源泉充分涌流，让发展成果更多更公平惠及全体人民。

实现这种前所未有的光辉事业，是我们党领导全国各民族迈向中国式现代化的伟大壮举，具有划时代意义。

二、实现"依法治国"和"社会治理体系现代化"的社会治理工程进入新阶段

党的十八届四中全会提出"全面推进依法治国"、"建设中国特色社会主义法治体系，建设社会主义法治国家"的战略任务，与党的十八届三中全会提出的全面深化改革、"完善和发展中国特色的社会主义制度，推进国家治理体系和治理能力现代化"的战略布局形成有机地衔接和互补。这就意味着我国从现在开始进入生产关系和上层建筑大调整的时代，总的方向和趋势是坚持法治思维和法治方式，由自上而下、层级式的行政色彩为主的社会管理，转变为协调、共赢、平等、多元、合作的社会治理。在现有改革成果基础上，再经过长期努力，基本确立社会转型后的新型社会形态，并使新型社会形态下的社会结构和人的素质得到符合全面小康社会和现代化要求的提升和发展。因此，以法治思维为主导的中国式的现代社会治理体系建设已经成为社会建设领域的新常态。

现代社会治理体系实质上是中国共产党领导下的政府、市场、社会系统的综合制度体系，主要内容包括：一是社会价值体系。社会价值体系是关于是非、好坏、得失、善恶、美丑等价值的立场、态度、看法、选择所构成的思想体系。这种思想体系以社会主义核心价值观为主，包括国家层面的富强、民主、文明、和谐；社会层面的自由、平等、公正、法治；公民个人层面的爱国、敬业、诚信、友善。社会主义核心价值体系是中国特色文化体系的灵魂。二是社会组织体

系。社会组织体系由政府、企业、社会团体等社会群体构建而成，他们之间按照一定规则、秩序和关系既独立存在又相互作用。根据党的十八大要求，要建立“政社分开、权责分明、依法自治”的现代社会组织体系，体系的核心是把公权力和社会权利分开，优化政府职能，激发社会组织活力。这种体系应体现党的领导、人民当家做主、依法治国有机统一。三是现代市场体系。完善现代市场体系是深化经济体制改革的核心任务。现代市场体系是符合国际规则即WTO规则和国内市场规则的市场体系。它包括公开透明的市场规则、市场决定价格的机制、城乡统一的建设用地市场体系、完善的金融市场体系和科技创新体系。构建这种体系，应充分体现市场在资源配置中的决定性作用。四是社会政策体系。社会政策体系是国家、政府、政党为实现一定目标而制定的总方针和行动准则的总和。社会政策体系应以中国特色社会主义制度为根本，以保障民生为主线，包括学有所教、劳有所得、病有所医、老有所养、住有所居、贫有所助等方面的内容。五是公民权利保障体系。公民权利保障体系是为公民实现权利义务和社会公平正义提供保障的法律和政策体系。该体系以宪法为核心，由立法保障和司法保障为支柱，有效地保障公民法律上的平等权，政治上的选举权和被选举权，经济上的财产权、劳动权、受教育权、被救助权、社会生活中的信仰自由权以及公民的人格和尊严等。六是基本公共服务体系。基本公共服务体系是为公民和社会组织提供基本而有保障的公共服务的一系列有关服务内容、形式、机制、政策等制度安排。《十二五规划》围绕基本公共教育、劳动就业服务、社会保险、基本社会服务、基本医疗卫生、人口和计划生育、基本住房保障、公共文化体育、残疾人基本公共服务、城乡区域基本公共服务均等化、公共财政保障能力、供给模式、计划实施等做了一系列制度性安排，成为基本公共服务体系建设的主要框架，“十三五”期间这种体系将得到进一步补充和完善。七是社会行为规范体系。社会行为规范体系是规范公民行为及相互关系、为社会所公认、并共同遵守的行为准则和基本要求。应包括以宪法为核心完善的法律体系、制度体制和纪律体系，以社会公德、职业道德、家庭美德为核心完善的道德体系。八是社会监督体系。社会监督体系是以权力运行为监督对象、包括党内、人大及行政机关内部监督、司法监督、民主党派监督、群众监督、舆论监督等各种形式的权力监督体系。九是国家安全体系。国家安全体系包括政治安全和国防安全,现在还要与国际接轨,它是保障国家国防安全、政治安全和人民生命安全和财产安全的法律政策和体制机制。习近平总书记提出坚持总体安全观,要建立集中统一、高度权威的国家安全体制,以人民安全为宗旨,以政治安全为根本,以军事、文化、社会安全为保障,以促进国际安全为依托,构建政治、国土、军事、经济、文化、社会、科技、信息、生态、资源、核安全于一体的国家安全体系。十是风险预警和应对体系。风险预警和应对体系是风险监控、研判、评价、预警,并提前采取预控对策的系统。这种系统不仅能够对各种突发事件即“突变”、“灾变”进行风险识别、风险分析、风险监控、而且也能够对各种风险进行快速反应和有效应对。

完成这种极其复杂而宏伟的社会治理工程,是我们党领导中国社会迈向中国式现代化的一个伟大壮举,具有划时代的意义。

三、实现“速度、方式、结构、动力”经济转型目标进入新常态

党的十八大以来,党中央提出了“经济新常态”的最新论断,这个论断在全国贯彻已显现喜人成果,在世界范围内也引起深度发酵。其意义在于中国共产党总结领导经济建设几十年的经验教训特别是改革开放以来的经验教训,真正找到了一条通向中国式经济现代化的入口和关键阶梯。依据中央精神,“经济新常态”的基本内涵可以理解为五个方面要点:一是经济增长速度由高速增长转变为中低速增长。经济增长速度由原来的两位数增长调整为一位数增长,是中央基于对我国经济发展阶段性特征和国际经济环境变化作出的果断决策。过去我国经济增长主要靠投资和出口拉动,消费拉动增长能力不足,投资过多造成大量资源能源消耗、环境污染、低劳动力成本,对出口刺激经济增长产生依赖,当世界性经济低迷状况出现时就会造成经济链条脆弱甚至断裂。因此,适当降低经济增长速度,会促使经济发展要素发生一系列变革,走出一条适合中国国情的良性循环的经济发展道路,这种选择也符合发达国家经济发展一般规律。二是经济发展方式由规模速度型粗放增长转变为质量效益型集约增长。粗放型经济增长方式依靠增加生产要素量的投入来扩大生产规模,实现经济增长。集约型经济增长方式依靠提高生产要素的质量和利用效率,来实现经济增长。党中央提出由前者向后者转变,完全符合我国社

会生产力发展要求，是向告别“不平衡、不协调、不可持续”的“旧常态”转变为“平衡、协调、可持续”“新常态”发出的进军令，也是为我国经济“挤泡沫”排风险所提供的一剂良方。三是经济结构由增量扩张为主转变为调整存量做优增量并存。党中央对经济结构调整作出全面布局：消费由模仿型排浪式消费阶段转向个性化、多样化消费；投资向基础设施互联互通和一些新技术、新产品、新业态、新商业模式的投资机会大增；出口要发挥比较优势；生产能力和产业组织向小型化、智能化、专业化发展；生产要素强化人力资本力量和科技进步；市场竞争突出质量型差异化；资源环境推动绿色低碳循环发展新模式；经济运行重点防控“高杠杆”和“泡沫化”等各类风险。经过结构调整，使我国经济形态更高级，分工更复杂，结构更合理。四是经济发展动力由以要素驱动为主传统增长点转变为创新为主的新增长点。资源有限，创意无穷。要素驱动从形态上说主要是物质投入的驱动，这种投入的资源来源有限，并且许多资源是不可再生的；创新驱动从形态上说属于智力投入驱动，而这种投入的资源是来自于人们的头脑，取之不尽，用之不竭。创新型经济基本特征是：具有极高的附加值；自主激活内原动力；人力资本积累是必要条件；政策导向为政治前提。党中央把创新驱动作为经济发展新引擎，必将带动全局性的体制创新、制度创新和科技创新，进而带动中国经济质量跃升到新的层次。五是经济发展的出发点和落脚点是改善民生。民生问题是中国改革最大的问题，解决民生问题是中国最大的政治，改善民生是最大的政绩。党中央在经济新常态大布局中对人民群众的教育、就业、分配、社保、医疗等民生工程逐一提出任务目标及保证措施，人民群众实实在在地享受了改革发展成果，这是我们党践行全心全意为人民服务宗旨的充分体现。

完成这种艰难并且令人振奋的经济转型目标，是我们党领导中国经济迈向中国式现代化的一个伟大壮举，具有划时代的意义。

四、经济社会新常态对广播电视大学教育转型蜕变产生重大影响

经济社会新常态是在改革创新中培育而成，是对“旧常态”的否定和扬弃，需要一定过程才能发育成熟。因此，对待新常态的态度，不仅要以敏锐的思维去认识，以平常的心态去适应，而且更应以进取的精神去建设，要依靠方

方面面的努力为新常态的形成创造和积累条件。

教育是上层建筑的一部分,不仅对经济基础特别是生产力的发展有着直接或间接的能动作用,同时在上层建筑领域,与国家法律、政治、道德、文化发展也都有着融合促进的关系。因此,由广播电视大学向开放大学转型与经济社会新常态的关系也特别密切。

那么,经济社会新常态的出现对广播电视大学教育会产生哪些影响,广播电视大学又应当从经济社会新常态及其发展过程中去寻求哪些启示呢?一是经济社会新常态为广播电视大学转型蜕变提供了方向引领。经济社会新常态的出现,除了具有与以往不同,相对稳定的意义之外,还有一层是具有普遍涵盖的意义。目前,我国改革已深入到全面展开的程度,广播电视大学也不可能置身事外,特别是围绕实现党的十八大提出的"基本公共服务均等化总体实现"、"全民受教育程度和创新人才培养水平明显提高,进入人才强国和人力资源强国行列,教育现代化基本实现"的教育发展目标,广播电视大学应当结合实际从中找准自己的位置。二是经济社会新常态为广播电视大学转型蜕变提供了厘清发展思路的新方法。党的十八大以来,党中央运用系统性、整体性、协同性的新思维对全国经济社会改革发展进行综合布局,这样从新一轮改革开局起步就避免陷入单打独斗、见硬就回的改革怪圈。由广播电视大学向开放大学战略转型,同样也不可能搞一两项改革就毕其功于一役,也必须坚持以党中央的精神为指导思想,对转型蜕变的整体目标和实施过程作出科学规划和设计,用创新的方式加快落实,以有效保证转型蜕变达到预期目的。三是经济社会新常态为广播电视大学转型蜕变提出了现实需求。建设经济社会新常态,实现改革发展目标,最重要的因素是人才问题。无论是社会改革,还是经济改革,提高全民受教育程度和人才培养水平,比以往任何时候都显得更加迫切和重要。广播电视大学应当把满足国家、社会及社会成员教育需求作为神圣使命,发挥优势,拓展功能,提高对国家、对民族、对事业的贡献度。四是经济社会新常态为广播电视大学转型蜕变提供了强大动力。经济社会发展对教育和人才提出的强劲需求为广播电视大学向开放大学转型提供了广阔平台,同时,从国家层面到各级社会组织及成员支持这种教育转型蜕变以发挥更大作用的意识更强力度更大。广播电视大学应首先自己要主动出击,以有为争取有位，同时也要不放过任何机会，从社会各界获取更多的精神动力、物质动力和信息动力。

总之，广播电视大学在我国经济社会发生重大变革面前，应当抓住机遇，顺势而为，加速推进自身的发展和转型蜕变进程，尽快将国家赋予的这项事业融入经济社会新常态之中。

第二章　蜕变主体内、外部互动及其变革要求

广播电视大学系统作为蜕变主体，在国家经济社会建设进入新阶段以来，无论是自身，还是外部环境，相互发生作用方向一致，由广播电视大学向开放大学转型的要求一致，决定了实现这种蜕变有其历史必然性。

一、教育格局洗牌重组催生了蜕变的大趋势

党的十八届三中全会以后，国家教育部提出全面深化改革，实现教育治理体系和治理能力现代化，对全国教育战线提出一个全新的重大课题。国家改革已经进入深水区，教育也同样进入深水区。教育越过深水区，必须突破以下几种严重束缚：一是突破传统教育观念束缚，解决好教育是什么、为什么、怎么办等一系列应然性问题。二是突破现行教育体制的束缚，真正按教育规律办教育，实行管办分离，政府放权，加强监管，依法办学，学校自主，去行政化，实现政府管、学校办、社会评。三是突破现行教育资源配置体制的束缚，促进教育均衡和教育公平，改革资源配置方式，实现优质资源全社会均等共享。四是突破现行教育发展方式的束缚，使大教育变为强教育，在原来扩大外延发展基础上，重点转向内涵建设，在做大基础上做强。五是突破现行教育内容教育方法的束缚，建立起现代人才培养模式。六是突破现行教育群体利益藩篱的束缚，合理重构不同利益群体利益机制。

实现教育治理体系和治理能力现代化，必须按照党的十八届三中全会的要求，用整体性、系统性、协同性的思维来处理教育改革和发展问题。这种体系应该包括以下内容：一是树立以人为本，德智体美全面发展教育目标体系。二是建立基本教育服务教育资源均等供给和配置体系。三是完善按经济社会

发展要求而布局的各级各类教育体系。四是建立政府、学校、社会,管、办、服、监、促、评工作体系,完善学校内部治理结构。政府由办教育到管教育,由微观到宏观、由直接管到间接管、由管教育到服务教育。五是完善教育教学包括考试招生、人才培养、内容方法全面创新优化的制度体系。六是建立学习成果储存互认衔接转换体系,为落实终身教育任务,建设学习型社会搭建“立交桥”。实现教育治理能力现代化,对政府来说,要有总揽全局,驾驭教育方向和发展趋势的能力;放权分权之后的宏观管理能力;调动社会力量整合社会资源实行教育“共治”的能力。对学校来说,要有依法办学能力、民主治校能力、创新发展能力、自我约束能力、独立负责的能力。对社会来说,要有参与教育能力;支持教育能力;监督教育能力。对全国来说,要营造集中所有正能量促进形成教育健康发展的宽松环境,包括法治环境、经济环境和人文环境。

我国教育深化改革必经的重大事件是教育格局将出现洗牌重组。洗牌重组对于高等教育来说,应当适应经济社会新常态发展,进行整合、归类和优化,精英教育力求办出高端,建成一批国际知名、有特色、高水平的高等学校,若干所大学达到或接近世界一流大学水平,使我国高等教育国际竞争力显著增强,发挥引领平民教育体系发展,引领教育潮流,引领科技进步的作用。高等职业教育也将迎来大发展的局面,国家将引导一批普通本科高等学校向应用技术类型高等学校转型,坚持以服务发展为宗旨,以促进就业为导向,适应技术进步和生产方式变革以及社会公共服务的需要,培养数以亿计的高素质劳动者和技术技能人才,为经济结构调整和产业优化升级培养现实的劳动生产力。国家将大力推进终身教育和学习型社会建设,广泛利用现代远程教育形式,建设以卫星、电视和互联网等为载体的远程开放继续教育及公共服务平台,强力推进大众化高等学历继续教育和非学历继续教育。洗牌重组首先是做优存量,积极促进现有各级各类学校提升内涵,并逐步启动相应的转型实践。与此同时,打好教育格局洗牌重组的“组合拳”,实行跨地区跨行业的合作、引进和联合,盘活现有教育资源。增量部分重点是提升现有教育资源素质和满足现实的经济社会发展要求。网络教育成为未来教育发展的一个主要趋势,具有庞大的教育群体和巨大的市场空间。目前,不仅出现一批网络教育办学机构和支持服务体系,承载着几百万人的高等学历继续教育任务,而且还有大量行业和企业纷纷要求加盟，我国网络教育发展已经呈现出一个良好的开端。广播电视大学向开放大学转变，应从国家的大布局和自身的基础着眼，找到在洗牌重组过程中提供给自己并且适合自己发展的空间，这个空间就是能够覆盖全国社会的角角落落，覆盖所有的学习者，覆盖所有学习者生命全程的教育需求。

二、发展瓶颈严重制约激发了蜕变的主动因

广播电视大学建校三十多年来，从其发展轨迹来看，其成长壮大的历史可以形容为跌宕起伏。对于广播电视大学经历了那些发展阶段，由于划分标准不同，表述的意见也不一样。但就其突出特征考察，可大体划分为四个阶段：一是 1979 年前后的创办阶段。根据邓小平对创办广播电视大学批示精神，中央广播电视大学和各地方广播电视大学相继成立，初步构建了广播电视大学办学体系。二是 1980—1999 年的起步阶段，办学业务重点是开展学历补偿性的专科高等教育。三是 2000—2006 年，开放教育成为主要教育形式，并完成了由试点到总结完善的过程。四是 2006 年至今，广播电视大学系统继续以开放教育为主体，办学领域和项目进一步拓宽，并按国家的要求积极筹建开放大学。建校初期，由于学历补偿性教育需求迫切，广播电视大学办学发展速度很快；20 世纪 90 年代中后期由于普通高校急剧扩张，广播电视大学办学曾一度停滞和走低；20 世纪 90 年代末兴办开放教育，广播电视大学又进入新的发展时期，特别是开放教育总结性评估之后，许多地方的广播电视大学出现了与高中职教育共同发展的繁荣景象。

建校三十多年来，广播电视大学构建起了为终身教育服务的办学体系和基本功能：包括“三网合一”四级办学的办学系统；高中低搭配的教育资源；学历教育经验和学习支持服务能力；强大的社会学习动员能力。三十多年来，广播电视大学高等学历教育累计输送毕业生超千万人，还开展了大量的各种非学历培训。通过广播电视大学办学，为我国经济社会发展培养了大批实用性、应用型人才，与此同时，还探索累积了令人瞩目的教育成果和社会公信力，成为国家构建终身教育体系、建设学习型社会可以依靠的重要公共教育资源。广播电视大学教育发展到今天，处在何去何从的历史转折时期。原来承担的

主要任务是学历补偿性质的教育，而现在国家正在积极推进全民终身教育，广播电视大学的重点任务必须随之适时调整。广播电视大学原有的教育方式以集体性组织教学的传统性色彩较强，与终身教育个性化多样性要求不相适应，亟待向基于网络，利用优质资源，实现教育与信息技术深度融合的方向加以改造。广播电视大学以教育手段名称命名，时代感不够鲜明，对学校的社会影响力和发展内涵的提升形成一定制约。就广播电视大学与新环境新使命的要求来说，深化改革的任务还非常繁重。一是发展模式落后，面临重大转变。要由以依赖政策提供办学项目，向主动为社会和民众提供教育服务转变；要由以解决生存为出发点重点关注规模和效益，向以壮大功能和信誉为出发点重点关注人才培养质量转变；要由以中国式的远程教育方式，向国际高度网络化远程教育方式转变。以上三个重大转变，是我国社会发展到一定阶段提出的要求，也是当代国内外先进终身教育经验提供的外部拉动。二是办学能力不足，亟待全面提升。目前，广播电视大学系统整体能力还不强，需要从办学理念、硬件条件、网络平台、教学资源、支持服务、控制评价等方面全面提高建设水平。新时代赋予这所学校的任务使命内涵更加深刻、外延更加宽泛，如果不抓紧时间发展和壮大自身，凭现在的实力承担这样的任务使命，难免会陷入心有余力不足的尴尬境遇。三是体制机制陈旧，必须改革创新。广播电视大学现行组织结构、基本制度、运行方式在历史上有其合理性和积极作用，但在现实中，许多新事物、新举措出现时必然与原体制机制发生碰撞，结果在原体制机制巨大惯性冲击下，不得不使改革停滞、创新流产。这种现状不改变，学校改革发展得更大动力、活力就不可能有效地释放出来。同时也应看到，体制机制属于生产关系的范畴，创新体制机制必然涉及责权利关系的再调整和再布局，其敏感性、复杂性会超过以往任何时候，没有壮士断腕的决心必定难以奏效。创新体制机制还必须坚持科学态度，行之有效的部分应继续坚持和加以完善，对不合时宜的部分要横下心来，义无反顾地予以破除。因此，推进体制机制创新要求创新主体不仅具有出色的决断力，而且还要具有高超的艺术性。总之，从形势层面看建设开放大学势在必行，从时间层面看建设开放大学迫在眉睫，从广播电视大学历史定位层面看建设开放大学责无旁贷。

三、社会及民众迫切呼唤蜕变并寄予新期待

近几年由广播电视大学向开放大学转型实践证明，建设开放大学的深刻意义已经远远超出了广播电视大学本身选择什么样的道路实现进一步发展的范畴，在一定意义上看，实现这种转变已经变成社会及民众的一种强烈愿望和热情企盼。一是实现全面建成小康目标，需要有开放大学这样一种新的教育形式。建设开放大学，是加速建设教育强国、服务于建设富庶文明和谐幸福新中国和全面建成小康社会大目标的重大措施。全国《教育规划纲要》确定的高等教育目标是，至2020年毛入学率要达到40%，主要劳动年龄人口接受高等教育的比例要达到20%，到2020年接受高等教育的人数在现在基础上翻一番。这样繁重的任务，仅靠普通高校教育资源难以完成，必须与面向大众进行学历继续教育的成人高校共同承担。二是实现教育公平目标，需要有开放大学这样一种新的教育形式。受“二元结构”的制约，我国教育发展仍很不平衡。解决教育不公的突出矛盾，不仅要办好众多的普通高校从事适龄学生的高等教育，也非常需要有一所高度开放的新型远程成人高校，能够整合社会优质资源，为所有学习者提供学习机会，实现社会公共教育资源由全体社会成员共享。终身教育具有对象和内容的广泛性和时间空间的无限性，开放大学具有辐射广阔、覆盖全面、机制灵活、运行便捷的优势，适应终身教育的本质要求，是实现终身教育目标的重要支撑。三是满足社会及民众个别化多样性的学习需求，需要有开放大学这样一种新的教育形式。广播电视大学在长期办学实践中，培育了良好的社会声誉。多年来不仅有众多的求学者通过广播电视大学教育得到学习深造，而且近几年在学苗数量明显减少的情况下，仍然保持着相当的规模。即使如此，无论是学历继续教育还是非学历继续教育仍远远满足不了广大民众的多种学习需求，希望广播电视大学进一步拓展教育功能。这是因为，随着经济社会发展，民众个性化、多样性学习需求日益增长，特别是随着工业化、城镇化、信息化、农业现代化地同步推进，社会对劳动者的素质、知识的更新、技能的转换和提高提出了前所未有的新要求；同时，越来越多的人也自发地形成新的学习动机，渴望通过接受继续教育，增强就业能力，提升工作水平，拓宽兴趣爱好，改善生活品质。开放大学坚持“有教无类”、“因

需施教”的原则，是教育体现“以人为本”、全力为学习者服务的创新形式，也是教育对人民群众各种学习需求和期待的最好回应。

从全国教育改革、社会进步和电大自身的发展要求看，广播电视大学向开放大学蜕变势在必行，不变不行，不变不利，不变自然落伍，不变必遭淘汰。

第三章　蜕变在国家战略层面得到的重视与支持

在构建终身教育体系和建设学习型社会中进一步发挥广播电视大学的作用，是大势所趋，人心所向。党中央、国务院以及国家教育部相关文件，还有国务院、教育部领导人多次围绕广播电视大学转型和开放大学建设提出要求并进行部署，从而使在广播电视大学基础上建设开放大学由广播电视大学系统本身和来自于社会各方的变革要求上升为国家行为。

一、建设学习型社会和人力资源强国战略为转型蜕变赋予了崇高的历史使命

2007 年 10 月，党的十七大明确提出“建设人力资源强国”，实现“全体人民学有所教”、“发展远程教育和继续教育，建设全民学习、终身学习的学习型社会”的任务，把“到 2020 年实现现代国民教育体系更加完善，终身教育体系基本形成”作为小康社会教育发展目标。2012 年 11 月，党的十八大把发展教育放在改善民生和加强社会建设之首，强调要“努力办好人民满意的教育”，进一步要求“积极发展继续教育，完善终身教育体系，建设学习型社会”。这是党和国家在历史发展的关键阶段，基于对我国经济建设、政治建设、文化建设、社会建设以及生态文明建设全面推进，工业化、信息化、城镇化、市场化、国际化深入发展，人口、资源、环境压力日益加大，经济发展方式加快转变这些时代背景的科学把握，基于对人力资源成为决定民族复兴和国家前途命运的第一资源，对提高国民素质、培养创新人才的重要性和紧迫性的深刻认识而作出的重大战略决策。

实现建设学习型社会和人力资源强国目标，国民教育体系和终身教育体

系全面协调发展是重要的战略支撑。一方面需要用终身教育、终身学习的理念全新规划设计好以学校教育为核心的国民教育体系；另一方面更需要依靠各级政府和全社会的积极性，充分整合各种优质教育资源和运用先进信息技术，大力推进终身学习，充分发挥远程教育、成人教育、继续教育、社区教育等在学习型社会建设当中的突出作用。

经过三十多年的发展壮大，广播电视大学系统已成为我国开展远程教育和继续教育的重要力量，为提升国民素质和国家现代化建设作出了重要的贡献。按着国家的要求，从广播电视大学系统向开放大学的蜕变转型，就是要紧紧抓住现代信息技术高速发展的机遇、以灵活、全纳、终身为基本理念，以现代信息技术为支撑，对办学功能定位、教学模式、发展机制等方面实施全面改革，推动教育理念、办学方式、学习对象、教育资源的全面开放，进一步突破传统教育的时空限制，为广大社会成员提供更加灵活便捷的学习途径和接受高质量教育的机会，成为学习型社会建设的有力推动者、教育公平和均衡发展的重要促进者和教育与信息技术融合的先行者。从广播电视大学系统向开放大学的蜕变转型，作为构建终身教育体系、推进学习型社会和人力资源强国建设战略进程中的重要组成部分，承载着新时期党和国家赋予远程教育、继续教育的新使命和新任务，立足广阔天地，必将大有作为。

二、《教育规划纲要》的贯彻实施为转型蜕变带来了重大的发展机遇

2010 年 7 月下达的《教育规划纲要》描绘了我国未来十年教育改革和发展的宏伟目标，明确提出“搭建终身学习立交桥”、“促进各级各类教育纵向衔接、横向沟通，提供多次选择机会，满足个人多样化的学习和发展需要”、“健全宽进严出的学习制度，办好开放大学”的要求，为我国远程教育和继续教育改革指出了发展方向。2012 年 6 月 14 日，教育部印发《国家教育事业发展第十二个五年规划》，进一步明确要“以广播电视大学为基础建设开放大学”。

明确把广播电视大学确立为开放大学建设的现实依托，体现了党和政府对广播电视大学系统长期发展实践的高度认同。特别是自 1999 年开始，全国广播电视大学系统实施教育部《人才培养模式改革和开放教育试点》项目以来，在开展远程教育探索中所取得实践成果的充分肯定。这标志着广播电视

大学的发展被真正纳入了我国教育改革与发展的战略框架，真正进入了政府决策的体系。经过三十多年发展的广播电视大学在学习型社会的建设中将承担起新的使命，并由此步入转型发展的新阶段。这同时也说明，在我国改革开放进程中诞生、发展的广播电视大学，伴随着学习型社会建设进程，再次走到了教育改革与创新的前沿，成为开放教育模式探索以及终身教育体系构建的主体力量。

伴随着《教育规划纲要》的全面贯彻实施，各级政府和全社会对“以广播电视大学为基础建设开放大学”战略决策的认识进一步统一和深化。我国的开放大学并非横空出世，也绝不是广播电视大学系统的简单更名，它是在国家教育发展战略架构下，广播电视大学系统经过脱胎换骨的全面转型，成为适应经济社会和现代信息技术飞速发展，承担起满足全民终身学习需求、推进高等教育大众化和促进国民素质提升任务的新型教育载体。加快推进广播电视大学转型升级为开放大学，关系《教育规划纲要》的顺利实施、关系我国终身教育体系的构建，关系教育体制改革与教育模式的创新。正是基于对广播电视大学转型和开放大学建设所具有的深远战略意义和重大现实意义的认识，各级政府把开放大学建设纳入地区教育发展规划，高度重视、积极推进，在政策扶持、体制创新和经费保障等方面给予了有力支持；各级广播电视大学迅速行动，自觉地把开放大学的建设作为自身的发展任务和目标追求，由此大大加速了系统转型升级的进程，为开放大学的建设创造了极为有利的条件。

三、国家教育体制改革的全面深化为转型蜕变明确了目标要求

《教育规划纲要》对新世纪教育改革发展作出了全面部署，明确“改革人才培养体制、改革考试招生制度、建设中国特色现代学校制度、改革办学体制、改革管理体制、扩大教育开放”等全面深化教育体制改革的重要任务和关键环节，并强化了推动教育改革发展的各项保障措施。深刻理解教育改革发展的战略部署和总体要求，坚持教育改革发展的指导思想和战略主题，准确把握教育改革发展的战略目标，自觉遵循教育改革发展的工作方针，是沿着正确轨道推动广播电视大学转型升级和办好开放大学的根本保障。

在《教育规划纲要》颁布的同年 5 月，全国教育工作会议召开后，开放大

学的建设被确立为国家教育体制综合改革重大项目，国务院批准将中央广播电视大学和5所地方广播电视大学列为重大教育改革试点单位，按照"总体设计、试点先行、分步实施"等原则，启动了开放大学模式的实践性探索。2012年7月开始，几家试点单位先后获批成立开放大学，这是落实《教育规划纲要》、深化国家教育体制改革和制度创新取得的一项重要成果。党和政府高度重视开放大学建设试点工作。在此期间，国务院领导同志多次对开放大学的改革和发展战略作出重要指示。教育部多位领导同志与试点学校所在地区党委、政府认真研究开放大学建设、改革的新鲜经验和面临的问题，在认真调研和听取专家论证建议的基础上，就开放大学试点工作给予了重要的指导和强有力的支持。试点工作的顺利开展，为开放大学做好顶层设计，明确定位、任务和建设途径，完善体制架构和运行机制等奠定了坚实的基础。

从国家层面为广播电视大学系统向开放大学转型升级提出的基本目标是，以现代信息技术为支撑，整合共享优质教育资源，创新教育教学模式，办好中国特色的开放大学，为社会成员提供更加灵活便捷、公平开放的学习方式和多层次、多样化的教育服务，为建设学习型社会和教育强国、人力资源强国作出积极贡献。从国家层面为推动开放大学建设和深化改革提出的明确要求是，一要坚持科学定位，突出办学特色，强调面向人人，实现校园教育向社会教育延伸，实行学历教育与非学历教育并重，通过学分积累和转换等方式建立与普通高校有效对接的"立交桥"。二要深化办学模式和人才培养模式改革，建立严格而有弹性的教学管理制度和宽进严出的学习制度，使注册、学习、考试更加灵活方便，健全质量标准和保证体系，全面提高教育质量。三要推进信息技术与教育教学深度融合，完善以学习者为中心、基于网络自主学习、远程支持服务与面授相结合的教学方式，创建友好的数字化学习环境。四要加快推进优质教育资源共建共享，着力扩大优质资源种类、总量和覆盖面，为各类人群特别是基层学习者提供更好更多的教育服务。五要加强交流与合作，吸收先进理念和成功经验，不断提升办学水平和影响力。

推动广播电视大学向开放大学转型升级，是受到国家层面高度重视支持的一个重大教育改革项目，是我国教育改革发展进程中的一个新生事物，是更新理念、突破传统体制和规则的一项极为艰巨复杂的系统工程，未来的发展任重而道远。因此,各级政府和广播电视大学应努力在新的历史起点上,进一步加强科学谋划和高标准设计,积极推进信息技术与教育教学的深度融合,强化开放大学办学理念和特色,改进教学管理模式,营造关心和支持开放大学发展的良好环境,为建设具有一流水平、中国特色、充满生机和活力的开放大学而努力。

第二部分

蜕变的目标及内涵

第四章　从蜕变前后的联系与区别上找准战略定位

由广播电视大学向开放大学转型蜕变，广播电视大学是现实的基础，而开放大学则是广播电视大学向前发展和位移的方向。那么，开放大学的大体轮廓也即与广播电视大学不同的参照系是什么，这个轮廓又是怎样形成的，两者之间具有什么样的联系与区别，只有把这些问题梳理清楚了，才能准确把握学校的发展走势和战略定位。

一、开放大学大体轮廓及其形成的依据

自《教育规划纲要》提出“办好开放大学”的任务以来，国家领导人、各级教育行政部门、全国广播电视大学系统和众多的从事教育研究的专家和学者，围绕开放大学是一所什么样的学校进行了持续深入地研究和探讨，时至今日，开放大学的大体轮廓已经基本形成共识并变得越来越清晰。那么，开放大学到底是一所什么样的学校？概括地说，开放大学是一所与普通高等教育大学错位发展的新型大学。具体可以表述为五个主要特征：一是开放大学是国家和地方具有高等学历教育办学能力和办学自主权的实体大学；二是开放大学是国家和地方以现代网络技术和海量优质教学资源为支撑的骨干教学平台；三是开放大学是国家和地方以广播电视大学为基础，由若干办学实体、教育机构、行业、企业参与并联合起来的覆盖全国城乡的办学体系；四是开放大学主要承担面向全体社会成员终身学习的支持服务任务；五是开放大学可以通过终身教育“立交桥”与各级各类教育形式纵向衔接，横向沟通，实现学习成果互认和学分存储转换。

开放大学大体轮廓形成主要依据来自三个方面：一是外国经验。三十多

年前，参照英国开放大学的经验，中国的广播电视大学从无到有，迅速发展成为举世瞩目的国际巨型大学。三十多年后，如何建设一所真正的开放大学，又一次成为各方讨论的焦点。最近几年，国内专家学者纷纷走出国门，到英国、美国、日本、印度、澳大利亚等国家学习举办开放大学的经验，受到很多启发，也坚定了办好开放大学的信心。这些国家虽然社会制度不同，开放大学的建设和发展模式和道路也各有千秋，但在国家教育体系中的地位以及重大作用，却凸显出高度的一致性。特别是开放大学利用现代远程数字化、网络化、智能化教育技术，整合优质教育资源向全国开放共享，全天候全方位的学习支持服务环境等，这些共性的经验为我国建设开放大学提供了很好的范式。二是中国国情。如果建设一所像其他国家那样的开放大学就能解决问题，事情就会变得相对简单。可中国偏偏是一个幅员辽阔、人口数量庞大、经济社会发展极不平衡的发展中大国。简单地移植英国开放大学或美国凤凰大学经验就势必会出现水土不服的情况。中国的开放大学不仅要在人才培养方面向更高层次攀登，同时又必须将自己的教育行为和教育资源向下延伸，使最基层乃至农村和偏远地区的人们都得到高等教育的滋养，实现教育的公平。广播电视大学多年来坚持多层次、多形式办学以及“四个面向”的方向，符合国家教育发展目标，这种坚持不但不会放弃，而是更应发扬光大。鉴于此，我国开放大学建设，不仅要把原广播电视大学系统按着新使命的要求完整地保留提升，还要按真正意义上的开放办学要求，吸纳新的有活力的成分，进而改造和扩张为新的办学体系。这是我国开放大学不同于其他国家开放大学的重要特色。三是广播电视大学发展基础。三十多年前因“文化大革命”十年造成人才断层，普通高校无力承担大面积培养人才的紧迫任务创办了广播电视大学。三十多年后，建设开放大学，是为了实现建设学习型社会的发展目标。经过三十多年的努力，广播电视大学已经具备开展开放教育、普通高职教育、网络教育、自学考试和非学历继续教育等多元发展的办学功能。特别是在历时十几年的开放教育办学中，探索出一套独具特色的远程开放教育人才培养模式及相应的教学模式、管理模式和运行机制，积累了丰富的现代远程教育经验和数字化学习资源，搭建起了为开放教育学生提供支持服务的信息化平台。最近几年，各级广播电视大学按开放大学要求，围绕资源、平台、专业、队伍、培养模式、教育质量等开放大学建设重点，强化基础，提升内涵，做了大量工作。同时，在学历继续教育招生规模总体保持平稳的前提下，积极开拓非学历继续教育办学领域，举办职工培训、社区教育、老年教育等项目，对服务于学习型社会建设的有效形式进行探索和实践，无论从内涵上还是外延上进一步扩大了开放办学程度，有一些发展较快的广播电视大学已经呈现出与国际接轨的势头。因此，广播电视大学业已形成的主观条件成为在广播电视大学基础上建设开放大学一个直接的依据。

二、广播电视大学与开放大学的联系与区别

在我们基本了解了开放大学的大体轮廓之后，再来分析广播电视大学和开放大学的联系与区别就比较顺理成章了。一是性质和任务。共同点：两者都是远程继续教育高等学校；不同点：广播电视大学主要是从事学历继续教育的高等学校；开放大学是承担终身教育任务的高等学校，任务外延比前者更加宽泛。二是教育对象。共同点：两者都是面向大众提供教育服务；不同点：广播电视大学主要面向从业人员；开放大学则充分体现有教无类，为一切有学习需求的人提供教育支持服务。三是教育层级。共同点：两者都有学历教育和社会服务的功能。不同点：广播电视大学学历教育主要是专本科层次，有社会服务功能但还未形成主体；开放大学在学历教育方面，学历层次应下不保底上不封顶，举办何种层次教育主要取决于办学实力；另一个突出特点是特别强调大力发展非学历教育。四是教学资源。共同点：两者都为相应的教育项目建设和配置资源；不同点：广播电视大学教学资源建设主要围绕本专科应试教育而展开。开放大学则更强调建设和配置优质资源，而且要门类齐全，内容丰富，能满足按需施教的要求。五是技术手段。共同点：两者共同采用现代教育技术手段，广播电视大学过去使用广播、电视，并发展到网络技术，但网络技术还没有成为最基本的教育手段；不同点：传统教学方式在某些办学单位还占据主导地位，在教学及支持服务运用上存在局限性。开放大学适应人人时时处处学习的新要求，现代网络信息技术将成为主导的和基本的教育手段。六是人才培养模式。共同点：两者都强调通过个别化自主学习的方式培养高素质应用型人才；不同点：广播电视大学的各种教育目前仍然以面授为主，自主学

习还处在一种从属的补充的地位。开放大学则必须运用多样性和个别化的人才培养方式，通过高度社会化的学习支持服务，才能适应众多而复杂的教育对象所提出的众多而复杂的学习需求。七是质量保证评价体系。共同点：两者都围绕人才培养目标，建立相应质量保证和评价体系；不同点：广播电视大学主要是借鉴普通高等教育的教学管理和考试考核办法，基本着眼点放在保证学生应试的合格率上。开放大学根据不同的教育对象，应设置不同的培养目标，采用不同的质量保证方式和质量标准及评价体系，进而在实践中探索出一套“宽进严出”的自学考试制度。八是师资队伍。共同点：两者都强调师资队伍建设的重要性，并着力打造品牌师资，以提高办学声誉；不同点：广播电视大学着重在系统内培养师资，整合队伍，更多的是关注师资的数量。开放大学则要具有大师资的观念，不仅要建设好系统内的师资队伍，更要善于利用高校和社会的名师名教。九是系统建设；共同点：两者都强调系统，依托系统，以此区别于其他各类学校；不同点：广播电视大学的系统仅由中央省市县几级电大构成，是个相对封闭的系统；开放大学不仅包括原有的系统，同时还扩展到高校、企业、行业，多方共同运作，形成高校支持联盟，是个更加开放的系统。十是组织特征。共同点：都具有高校体制，高校规格和相应特点；不同点：电大承担管理职能，组织体系上带有一定的机关化特点；开放大学更加突出高等学校的组织特征，更加强调法律地位，办学自主权，现代高校治理结构。

分析广播电视大学和开放大学两者异同的目的是明确由广播电视大学转变为开放大学的任务目标，清醒认识基础和现状，看到存在的差距和不足，集中一切力量，推动现状向目标位移，把党和国家所开辟的事业推向新境界。

三、广播电视大学蜕变为开放大学的战略定位

通过以上分析，让我们明确了一个核心问题，就是我们要建设的开放大学是具有中国特色的“中国式的开放大学”。根据这样的属性，解决好开放大学在各级各类教育大布局中的“靶向定位”，对于开放大学怎样建设，怎样发展至关重要。如同导弹攻打靶的，是高空，还是低空；是远程，还是近程，这个问题，应在导弹发射之前就应计划部署周密，程序设置到位，不然，就会打偏，甚至造成误炸。各级各类教育格局，就像一座金字塔，塔尖是精英教育，基座部

分是大众化教育。像中国这样的大国,不可能没有精英教育,没有这种教育,实现国家现代化目标就失去高端人才支持。但也不可能都去搞精英教育,作为一个拥有十几亿人口的大国,没有大众化的教育,整个民族素质提高就成了纸上谈兵。因此,不同的教育形式,承担不同的教育任务,并不表明谁高谁低,而是社会分工专业化的具体实现。广播电视大学蜕变为开放大学应始终瞄准民族的、大众的学历继续教育和非学历继续教育方向,把握住这一条,就把握住了学校发展的“准星”。在中国搞开放大学,既不能照搬外国开放大学的现成模式,又不能全盘接受外国的办学理念,要吸收国外适合中国国情的先进教育思想和教育经验,融合形成中国化的现代教育思想和教育模式。体现开放大学面向民族的、大众的终身教育定位,有两个重要问题,应理解为这种定位的题中应有之义。一是人才培养质量必须符合国家和社会的规格和标准,不能因为这种教育大众化就降格以求,恰恰相反,开放大学应当通过现代教育技术的应用和优质教学资源的开放共享,保证人才培养质量在广播电视大学基础上得到明显提高。二是切实通过转型使学校综合办学能力发展和壮大起来,拓宽覆盖面,增强辐射力,要能够为超越时空的终身学习提供便捷高效的支持服务,在所有学习者个别化多样性学习需求的满足程度上得到快速提高。在把握好这种战略定位的前提下,其他有关发展目标定位、办学层次定位、办学特色定位、办学规模定位、培养规格定位等都会从中找出合理的答案。

第五章　从新型大学体系和能力上确立蜕变目标

完成由广播电视大学向开放大学转型蜕变过程，应运而生的将是一种既区别于广播电视大学，又区别于普通大学的新型大学，据此，科学确立学校建设目标关系转型蜕变的进程、速度和学校的建设水准。

一、开放大学建设总目标

开放大学作为一种新型大学“新”在何处？依据如前所述的各种缘由，可从四个方面来认识这种新型大学质的规定性。一是办学体系新。开放大学办学体系是在广播电视大学基础上整合改造形成的新的办学体系，这个体系将远远超过原广播电视大学系统的办学功能，是承担终身教育任务的实体依托。二是办学能力新。广播电视大学经过转型蜕变，办学能力在现有基础上要得到全面系统的提升完善，有了这样的能力，才能为终身教育和学习型社会提供有力的保证和支持。三是办学手段新。广播电视大学目前仍处在传统教育技术与现代教育技术交替使用并以传统教育技术为主导的层面，随着开放大学建设的进展，应强力推进现代教育技术在教学、管理、服务各领域广泛应用，使现代教育技术手段上升为开放大学的主导技术。四是办学方式新。广播电视大学现行办学方式是把普通高等教育方式用远程教育方式加以改造形成的半开放方式，总体上还没有摆脱应试教育的性质。开放大学则应以完全开放方式办学，重点通过优质高效的资源供给和管理服务，保证学习者完成学习任务，落脚点体现质量是生命线的办学理念。

基于以上分析，由广播电视大学转型蜕变为开放大学的总目标应该是：建设具有现代办学体系、现代办学能力、运用现代网络技术，以高度开放形式为终身教育服务的新型大学。

国家教育深化改革的目标是推进教育治理体系和治理能力现代化。具体落实到广播电视大学系统转型蜕变实践，应在国家教育改革大目标之下，把深化改革的重点目标确定在办学体系和办学能力现代化建设上。从另一个角度看，广播电视大学转型蜕变，主要是表现在自身的发展变化，这样也就自然地集中在办学新体系如何构建，办学新能力如何提升这两个关键问题上。因此，无论是按国家教育改革的目标来要求，还是按广播电视大学转型蜕变的趋势来考量，加强现代办学体系和现代办学能力建设，在学校建设目标体系架构里都具有支柱性的分量。

二、开放大学现代化办学体系建设目标

开放大学应构建整体性、系统性、协同性相统一，既高度开放，又有机融合的办学体系。该体系包括以下内容：一是战略规划体系。包括明确学校发展定位、发展方向；发展趋势分析、资源条件及现状分析；系统整体及各层级办学单位发展目标、未来展望、实施思路、方法和措施等，形成系统的、现实的、长远的、可操作的安排和布局。通过战略规划体系把全系统凝聚起来，激励大家朝着同一方向和目标努力和奋斗。二是任务目标体系。是为形成全系统事业发展共同的信念和期待，对一定时期或者是更长远的时期确立相应的任务目标体系。确立任务目标体系包括总目标，也包括总目标之下的分目标、子目标，使系统战略目标得到整体优化。从系统共性出发，总体目标为不同时期全系统宏观层面应当和争取达到的整体发展水平和为终身教育服务应当和争取作出的贡献。可以确定四个方面的具体任务目标：学历教育和非学历教育招生办学目标（类型、规模）、学校内涵和办学能力建设目标（师资队伍建设、信息化、资源、教学改革）、体制机制创新目标、社会影响和社会公信评价目标。层层分解，落到单位，明确责任人、时间表、路线图。各校要转换角色，国家开放大学做计划包括全系统，地方开放大学及学院、学习中心工作计划也要把自己摆到系统之中思考。三是组织实施体系。在办学系统内建立能够把发展战略及任务落到实处的组织实施体系。明确各办学单位职能分工，体现各系统组成部分责权利关系结构，建立由系统范围内相关人员参与的决策、指挥、执行、

参谋、监督、反馈若干子系统。系统内有统一运作，有自主发展，高度协调，相互促进，以有效保证全局战略及任务目标实现。四是内外联动体系。这是开放大学建设中最重要、最基本的工作体系，也可以叫内联外引工作体系。学校发展立足于现有系统，使内部各办学单位形成有机的密切的联系，放大一加一等于二的办学功能，但不能局限于现有系统，必须具有高度开放的视野和思维，加强与社会各界的联系与整合，使学校满足于学习者需求的能力不断壮大。因此，有必要形成内外联动的工作机制，包括研究制订政策、论证选择项目、洽谈合作方式、协调经济关系等诸多内容，建立起一套可行的规则和办法，为扩大联合、合作和整合提供制度保障。五是支持服务体系。构建起能够适应终身教育需求的支持服务体系，应当成为开放大学不同于其他教育形式的主要特征，也是推进学校办学体系现代化的主要任务之一。这个体系包括支持服务的队伍、支持服务的对象、支持服务的内容、支持服务的手段、支持服务的资源、支持服务效果检测标准等形成一整套简便易行的规范与要求，为社会成员个性化、多样化、不受时空限制的自主学习提供优质服务。六是监控评价体系。建立科学的监控评价体系是实现学校自我约束、自我激励、自我完善、自主发展的关键所在。这个体系应包括来自五个方面的监控评价：学习者、政府、学校自身、社会和舆论。这个体系一经建立起来，对学校的健康发展能够发挥很好的规范和督促作用。七是特色文化体系。要建立与开放大学高度开放的系统和为全民终身教育服务的使命相适应的特色文化体系。这个体系包括大学精神、大学制度、大学环境等，是系统建设的灵魂。开放大学系统内各办学单位虽然隶属关系不同，各有自己的地方特色，但就其基本属性来说是一致的，因此，大家应当共同努力，塑造和构建相近乃至共同的大学精神，大学制度和大学环境，进而形成具有自身鲜明特色的开放大学文化体系。

三、开放大学现代化办学能力建设目标

开放大学应建设具有时代特点鲜明、适应终身教育需求的现代办学能力。具体内容包括：一是掌控方向能力。教育作为社会的一种功能，学校无论面临什么样的环境变化，都要坚持中国特色社会主义方向，坚持立德树人的办学宗旨，坚持把为社会和大众服务作为神圣职责。二是自主办学能力。随着教育

改革深入,政府放权分权,学校办学自主权加大,学校应有能力开展自主办学,做到能办学、会办学、办好学。三是内部治理能力。核心是建立现代大学制度,做到三个坚持:坚持面向世界、面向未来、面向现代化的“三个面向”;坚持依国家法律和校内制度治校的根本原则;坚持民主决策、民主参与、民主监督的民主管理。四是协调治理能力。学会和善于与系统之外相关机构和团体加强合作,妥善处理学校与政府的关系、学校与社会的关系、学校与联盟单位的关系,形成支持开放大学承担历史使命的“事业共同体”。五是服务开发能力。学校要能够随时跟进社会发展进程,敏锐捕捉社会和人民的学习需求,有能力及时抓住先机,迅速开发和拓展新的服务领域和办学项目,并能保证达到预期的目的要求。六是发展和稳定能力。坚持把学校发展作为第一要务,同时注意保持学校政治稳定。在聚精会神推动发展过程中,能够把发展速度、改革力度与学校能力和群众的承受程度协调统一起来,实现科学发展、快速发展和稳定发展。七是维权与自律能力。学校应具备运用法律武器维护自身权益,包括决策自主权、办学自主权、发展自主权的能力;同时,也应具有依国家法律、依政府及社会监督管理实行自我约束、自我规范的能力。八是核心业务能力。包括与普通高校不同的特色办学能力、终身教育条件下的质量保证能力、强大的社会学习动员能力、卓越的教学资源整合能力以及始终跟进时代前沿的网络技术开发应用能力。以上“八种能力”是实现终身教育新任务新使命对开放大学提出的特殊的能力要求,任何一种能力缺失,都无法支撑载体运行,必须全面建设,不可偏废。

第六章　从物质和精神形态变化上把握蜕变内涵

由广播电视大学向开放大学转型蜕变，内涵极其丰富。从物质和精神形态变化入手来思考和认识这个课题，似乎有利于关注者比较便捷、比较直观、比较合乎逻辑地理出头绪。

一、功能形态蜕变

由广播电视大学功能形态拓展为开放大学的功能形态是蜕变的内涵之一。

教育的功能形态是由国家经济社会发展和教育改革大格局所决定，属于社会分工的范畴。广播电视大学教育功能从目前的存在和运行状态转变为另一种更新更高级的存在和运行状态，是社会分工进一步调整优化的要求。广播电视大学原来在社会体系中承担的角色，主要是进行在职人员的学历继续教育，按着国家对广播电视大学提出的新要求，由原来以学历继续教育为主的教育功能转换为学历继续教育和非学历继续教育并重成为历史必然。党中央在描述全面建成小康社会教育发展目标时多次强调“优先发展教育、建设人力资源强国”，“实现全体人民学有所教”、“现代国民教育体系要更加完善，终身教育体系基本形成”，特别提出要“发展远程教育和继续教育，建设全民学习、终身学习的学习型社会”，这些都充分体现了党中央对远程教育和继续教育事业的高度重视。未来几年是我国经济社会发展和现代化建设的关键时期，通过继续教育开发人力资源，越来越成为提高劳动者素质和培养专门人才的重要途径。作为远程教育和继续教育骨干力量的广播电视大学，必定会在构建学习型社会和终身教育体系事业中占有更加重要的地位，发挥更加重要的作用。广播电视大学现在处于向更高目标迈进的历史发展新起点上,面临很多的新机遇和新挑战。因为远程教育模式已被纳入国家的发展战略,加速实现广播电视大学转型蜕变已成为教育整体的重要组成部分。电大三十多年形成的教育资源是构建终身教育体系的重要载体,责无旁贷地要承担起这样历史重任。国家高等教育经历了数年高速扩张和膨胀之后,教育部近几年一直在努力规范教育市场,逐步使各种不同的教育机构、教育方式按照各自规律来办学,把成人教育从普通高校中分离出来,这样就使广播电视大学有了广阔的发挥空间。加之各级党委和政府重视广播电视大学建设,从社会大环境看对广播电视大学事业非常利好。面对这一总体形势的出现,广播电视大学应抓住机遇建设开放大学,适应各地区乃至全国经济社会发展的需求,承担起进一步改善现状、扩大支持服务功能、搭建起终身教育平台的任务。

对于在开放大学建设中实现教育功能蜕变,还应当对这种新功能即学历继续教育和非学历继续教育并重,按着学校建设发展的新目标,理解其中所包含的具有时代精神的新含义。一方面,开放大学的学历继续教育不是广播电视大学原来意义上的学历继续教育,两者从形式到内容都有很大差别。广播电视大学的学历继续教育其教育方式传统的特点更加突出一些,而开放大学则主要是在网络环境下,以高度开放的先进教育方式办学,且还有终身教育"立交桥"可以把学习者按照个人意愿输送到四面八方学习提高;另一方面,非学历继续教育对广播电视大学来说也并不陌生,创办以来曾对这种教育类型进行过长期实践,但当时只是作为学校功能的一种支持、一种补充。因此,广播电视大学过去搞非学历继续教育,总体上处在有事就做、没事则罢,主要依赖政府提供项目,比较看重经济效益的层次上。开放大学把非学历继续教育放到与学历继续教育同等重要的地位,紧紧与学习型社会建设的使命联系起来,适应人们的"精神状态"和"生活方式"去办学,这就要求学校牢固树立为社会及社会成员个别化多样性学习需求提供教育支持服务的全新理念,既要主动寻求政府支持,又要积极开发市场潜力,在坚持公益性和社会效益前提下,实现经济效益最大化。从这个意义上看,非学历继续教育能否大规模地开展起来,成为转型蜕变成功与否的标志性观测点。

二、文化形态蜕变

由广播电视大学文化形态进化为开放大学的文化形态，是蜕变的内涵之一。

广义的广播电视大学文化是供养、支撑学校履行使命的必要条件和基本环境。由广播电视大学现存文化形态进化为更新更高级的文化形态，是随着学校功能变化必然引发的一种结果。

第一，学校现存的物质文化形态将发生重大变化。现在呈现在人们眼前的广播电视大学全部物质条件，包括校舍、图书、教学资源、基础设施以及所处的环境，等等，是按广播电视大学系统办学管理为主的基本要求建设和积累起来的，总体上，表现了一定程度的机关化风格。而开放大学的性质首先应属实体高校，同时又承担着多层次多规格办学的新任务，靠现有的条件无异于小马拉大车。鉴于此，国家应按实体高校性质设置开放大学的相应标准，各级广播电视大学要加速推进学校办学条件的建设、改善和扩充。在学校办学物质条件建设中，应把能够为系统、为教学、为管理服务提供硬件支持的网络系统建设以及优质教学资源的整合建设放到突出位置。

第二，学校现存的精神文化形态将发生重大变化。精神文化是广播电视大学人共同的思想理念和价值追求。广播电视大学办学三十多年，培育了具有自身特点的精神文化，其中坚持面向地方、面向基层、面向农村和边远地区办学的思想观念深入人心；始终保持面对危机、沉着应对、主动进取、绝地求生的精神状态；有强烈的与人合作、包容发展的意识和传统。这些体现正能量的教育观念和思想意识，因其符合时代要求而成为开放大学建设的精神文化基因。当然，也存在一些不合时宜的精神文化，如重规模、轻质量，重管理、轻服务，重经济效益、轻社会效益，重系统办学、轻社会资源整合的倾向还一定程度存在，究其根源，是教育思想和价值取向没有达到办好开放大学的高度。因此，从精神层面来说，必须坚持把教育“面向世界、面向未来、面向现代化”作为指导思想，把学校的事业同世界大局、国家大局、地方大局和人民群众的实际需求紧紧联系起来。在教育规律的把握上，必须从开放性、包容性、针对性、灵活性和及时性主要特点着眼对开放大学加深认识，并逐步形成新的思想体系。在办学项目开发拓展上，要坚持为党和政府执政需求服务、为当地经济社会发展服务、为提高民族文化素质服务、为边远地区和弱势群体服务的思想。在处理学校与教育对象的关系上，要坚持"以人为本"的根本要求，牢记"以学生为中心"的思想，把全心全意为学生服好务作为一切工作的出发点和落脚点。

第三，学校现存的制度文化形态将发生重大变化。广播电视大学的组织结构、管理方式和运行机制按着广播电视大学的任务使命建立和发展起来，历时三十多年，已成为一种比较成熟的制度文化形态，历史的合理性和积极作用不言而喻。转型蜕变为开放大学，现行体制机制作为与教育生产力相对应的生产关系，已严重不适应生产力的发展，必须改造创新，用新型的制度文化形态取而代之。这种新型制度文化形态的核心是适应高度开放的要求，把现代管理要素包括系统、合作、多元、协调、现代技术等引进到开放大学制度体系中来。

三、主体形态蜕变

由广播电视大学主体形态提升为开放大学的主体形态，是蜕变的内涵之一。

由广播电视大学向开放大学转型蜕变，首当其冲的应当是作为事业主体的教职员工现实素质形态转型蜕变为具有更高境界的素质形态。实现这种蜕变，重点包括三个方面的内容：

第一，综合素质得到全面跃升。依据马克思劳动力再生产理论，社会再生产的前提是劳动力再生产，不仅需要保证现在的劳动力体力智力的不断恢复更新和增强，而且对新一代劳动力也要进行不断的教育培训和补充。广播电视大学教职员工在转型蜕变过程中，不仅应发扬在广播电视大学教育中形成的所有品质素养方面的优点，更应该在思想素质、知识素质、能力素质以及价值取向、风尚格调、职业习惯等方面提升到适应新使命要求的新境界。

第二，履行职责的态度和能力展现新风貌。教师要实现由主导学习者学习向支持学习者学习转变，由向学习者传授知识向培养学习者创新能力转变，由师生仅限面授的课堂互动向借助网络的即时互动转变。机关管理人员要实现由管理向服务转变、由事务处理向政策支持转变、由按部就班向只争朝夕转变。后勤服务人员由被动服务向主动服务转变；由按条件提供于需求向按需求保证支持转变；由服务于人向服务育人转变。

第三，用现代育人方式取代传统育人方式。开放大学所实施的教育，是包括开放教育、职业教育、短期培训等学历继续教育和非学历继续教育在内的适应大众需求的多种教育形式，在教育对象上更加体现有教无类，在教育内容上更加体现按需施教，作为开放大学的教师和教育工作者，除具有从事普通教育所具有的忠诚党、国家和民族的教育事业，教书育人，为人师表的高尚师德和专业能力外，还需要掌握运用好教育与现代教育技术深度融合的育人方式。要按照教育规律的要求把现代教育技术包括数字电视、计算机、多媒体、互联网、人工智能、模拟仿真等技术综合运用到人才培养过程各个环节；利用现代教育技术更好地把教育内容展现得更加直观、更加易懂，并且能够启发创新，在超越时空条件下，通过人机互动完成学习者社会化过程，提高和保证教育质量；通过现代教育技术构建起高效便捷的支持服务体系；利用现代教育技术实现学习成果的反馈和社会评价等。实现学校转型，最关键的是人的转型，也可以说是塑造现代人素质的一场革命。首先是思想上要转型，要进一步强化现代教育意识、创新意识和服务意识；同时在能力上要转型，要全面提高现代办学能力、管理服务能力和现代技术应用能力。这样，才能承担起开放大学使命，开辟学校事业跨越式发展的新局面。

四、历史形态蜕变

由广播电视大学历史形态演进为开放大学的历史形态，是蜕变的内涵之一。

历史形态转型蜕变属于表现蜕变结果的一种内涵。如同朴素唯物主义、机械唯物主义、辩证唯物主义从低级向高级历史形态演进一样，广播电视大学也必须遵循否定之否定规律，实现新事物代替旧事物的过程。只有经历了这个过程，在完成功能形态、文化形态、主体形态全面转型蜕变的基础上，广播电视大学这所以教育手段和教育形式命名并存在的历史形态最终将转型蜕变为具有新时代特征的历史形态。到那时，广播电视大学将以其特定的客观必然、特定的功能作用、特定的社会贡献镌刻于历史史册，也只有到那时，广播电视大学才能从真正意义上，被以学校教育的无限包容和广阔外延特性命名的开放大学新型高校取而代之，并转入履行终身教育新使命的新征程。

第三部分

蜕变的必由之路

第七章　思维创新——打开总开关

思维创新作为蜕变的必由之路，是因为思维创新是开放大学建设中实现各项创新任务的基础和先导，是开放大学建设中创新力形成的核心。思维创新的基本目标是打开开放大学创新实践的总开关。开放大学建设的思维创新旨在继承电大原有优秀思想成果的同时，进一步解放思想，切实克服制约发展的思维定势和视野局限，为开放大学建设提供正确的思想方法，形成适应新任务新使命要求的现代办学理念和人才培养模式，这种创新必将驱动和实现一系列重大实践变革，加快广播电视大学向开放大学战略转型步伐。

一、改变思维轨迹，突破思维障碍

以思维创新为先导，开辟开放大学建设道路的前提是要从基于广播电视大学向开放大学战略转型这一实际来考量，着眼于改变思维轨迹，突破思维障碍；打破思维定势，改变思维惯性；突破教育的传统观念、突破大学的固有模式、克服校本思维的局限性。

第一，改变思维轨迹、突破思维障碍是思维创新的前提。思维轨迹包括逻辑起点、行进方向和落脚点三个要素。广播电视大学和开放大学，前者着眼于学历继续教育，后者着眼于终身教育，逻辑起点不同；前者向普通高等教育性质靠近，后者向学习型社会靠近，行进方向不同；前者为满足学历继续教育学习者提供教育服务，后者为满足所有学习者所有学习需求提供教育服务，落脚点不同。我们思考开放大学建设，在思维轨迹的任何一个要素上出现偏差，都会导致思路不通达，行动常走样。在广播电视大学的建设与发展过程中，难免在成功与失误的经验教训中形成挥之不去的记忆，所以，在面对广播电视大学如何向开放大学战略转型这一新问题上，必须重新整合我们的思维记忆，改变思维轨迹,突破思维障碍,努力形成具有创造性和科学性的新思维。

第二,改变思维轨迹、突破思维障碍的首要问题是要打破思维定式、改变思维惯性。在广播电视大学建设与发展的历史过程中,传统的思维定式和思维惯性包括从众的、权威的、经验的、模式的和管理的固定套路往往会深深植根于各级广播电视大学内部,禁锢着人们思维正能量以及能动作用的发挥。在面临向开放大学战略转型现实问题时,无论涉及总体设计,还是具体操作层面的工作,很可能会不假思索地将其纳入特定的思维框架,并沿着特定的思维路径对其进行思考和处理,按着这样的方式运行下去,很难走出循环往复面貌依旧的怪圈。所以,要改变思维轨迹,突破思维障碍,首先是要打破思维定式,改变思维惯性,凡事都要围绕是否符合开放大学要求打个问号,做一番审视,在不断提出新问题解决新问题过程中,使自己的思维方式思维成果始终行进在创新思维的轨道上

第三,改变思维轨迹、突破思维障碍的关键问题是要突破教育的传统观念、突破大学的固有模式、克服校本思维的局限性。开放大学应该是一所什么样的学校?按着国家赋予的终身教育使命,应该明显区别于普通高校和目前广播电视大学的性质,是一所没有围墙的学校,是一所以"社会化导向"为人才培养模式的学校,是一所功能强大、覆盖面广、按需施教的学校。如果按着普通高校的办学思维或者囿于广播电视大学自身不能突破的办学思维,来思考开放大学建设和发展,会使这种思维陷于进退维谷的死角,其结果往往会不得要领,事倍功半,其直接后果是把学校办得不伦不类。只有把开放大学提到国家教育发展总体布局的高度,站位局部,着眼全局,避免随波逐流,实行错位发展,才能构建起创建新型高校的思维框架,收到提纲挈领、事半功倍的成效,促进和加速广播电视大学向开放大学战略转型。

二、拓宽思维领域,扩展思维视角

以思维创新为先导,开辟开放大学建设道路的核心是拓宽思维领域,扩展思维视角。要从传统的线性思维转变为发散性思维,要注重发挥人的想象力和创造力。

第一,拓宽思维领域、扩展思维视角是思维创新的核心。思维领域是指思

维活动涉及的区域和范围,表现为思维所触及的物质世界和精神世界的广度与深度。开放大学首先要实现思想开放和观念开放,这不仅需要我们开拓广阔的思维空间,同时还要大大提升思维内容的创新程度。开放大学建设所肩负的使命、承担的任务、建设的途径、发展的愿景等,要比广播电视大学高远、宽泛得多,在其建设与发展中要用想象的力量,拓宽思维空间,用联想的方式扩展思维视角,用科学方法促进思维新发现,用创造性思维方法开辟思维新天地。作为广播电视大学的建设者,今天不仅要肩负起建设开放大学的重大任务和责任,而且同时要肩负起确立思维创新的历史使命,在开放大学建设中,传承历史,勇于担当,积极努力,开创未来。

第二,拓宽思维领域,扩展思维视角的首要问题是由传统的线性思维转变为发散性思维。广播电视大学创办三十多年,纵向以层级办学为主轴、横向以体系内同类院校为参照,思维方式呈线性形态。开放大学体现高度社会化要求,应代之以多角度、多方位、多答案的发散性思维方式。要善于从已有的信息出发,从不同的方向、途径和角度进行思考,特别注意从功能上、实效上探求开放大学建设的新思路和新途径。在开放大学体系构建中,既要注重体系的完善和自主作用,更要具有超越系统的视野和境界。要避免思维过程单一、思维方式片面、思维结果僵化,要积极培育思维活力,不断拓宽思维通道,及时捕捉创新火花,并使之产生出耀眼光芒。

第三,拓宽思维领域、扩展思维视角的关键问题是要注重发挥人的想象力和创造力。开放大学建设正处在顶层设计和摸着石头过河相结合的过渡时期,没有现成的道路和模式可循。因此,充分发挥人的想象力、创造力是实现开放大学蓝图壮美、成果翻新的不竭动力之源。进一步来说,建设开放大学,首先要建设适应开放大学要求的人才队伍,而建设人才队伍,首先要塑造这支队伍的思维创新能力。思维创新能力提升,一要进一步解放思想,敢于打破常规,大胆质疑;其次要展开奇思妙想,从中发掘出创新的课题,创新的灵感,找到开启具有中国特色的现代开放大学之门的金钥匙;最后要打破靠少数人闭门造车的局面,鼓励和调动多数乃至全员参与研究,付诸实践,把开放大学建设过程变为凝聚群众智慧和创造力的过程。

三、把握思维规律，创新思维方式

以思维创新为先导，开辟开放大学建设道路的基本要求是把握思维规律，创新思维方式；要把握辩证思维规律的实质和特征；要坚持实事求是，一切从实际出发，正确处理好继承与发展的关系。

第一，把握思维规律、创新思维方式是思维创新的基本要求。思维规律是指思维正确反映客观现实所遵循的规律，它不是在人脑中孤立地、主观地自生的，是由外部世界的规律所决定的，是外部世界规律在人的思维过程中的反映。思维规律具有相对的独立性和特殊性，是构成思维的逻辑基础。思维方式是看待事物的角度，是人们大脑活动的内在程式，它对人们的言行起决定性作用。实践证明，我们无论做什么事情，凡符合规律并方法对头的都容易成功，反之，必然失败。实现思维创新，不是异想天开的主观臆造活动，是在尊重科学基础上的认识深化。这种深化必须符合人的认识规律，能够揭示事物之间的本质和联系，也必须掌握正确的方法，能够有效地完成人们对事物的认识过程。

第二，把握思维规律，创新思维方式的首要问题是把握和运用好辩证思维规律和人才培养规律。掌握辩证思维规律能够帮助人们解决对事物认识的一般方法，而且是唯一正确的科学的方法。辩证思维规律包含的世界的物质性以及对立统一规律、量变质变规律和否定之否定规律，完全适用于指导我们对于开放大学新型高校建设规律进行认识和提炼，是推进思维创新的理论基石。掌握人才培养规律能够帮助人们找到对于教育基本功能的认识方法，而这种方法又是影响一切教育活动的基本方法，是所有教师及教育工作者必须具备的核心职业素质。在开放大学建设中，把握和运用好辩证思维和人才培养两大规律，并在研究探索的各种思维活动中实现有机结合，必定能够从教育的任务定位、发展战略、若干环节以及各类不同教育形式的比较中，在正确认识教育一般规律基础上，正确认识开放大学履行终身教育功能的特殊规律，指导开放大学建设沿着正确的方向阔步前进。

第三，把握思维规律、创新思维方式的关键问题是要坚持实事求是，一切从实际出发。开放大学建设最大的实际是什么？是在广播电视大学基础上经过转型建成开放大学。基于这样的现状,我们思考开放大学建设,必须坚持继承是发展的前提,发展是继承的必然要求,要在继承中求发展,在发展中求创新,既要继承广播电视大学原有的积淀和优势,如具有比较完备的办学系统,有多级一体化的办学和管理经验等;同时还要坚持扬弃思维方式,克服广播电视大学不合时宜的消极方面和某些弊端,如系统内部相对封闭导致功能受限,内涵不足问题相对突出等。广播电视大学历经三十多年的建设与发展,已经具备向开放大学战略转型的前提和基础,但距离开放大学的目标仍然任重道远,需要通过不断进行思维创新,实践创新逐步解决和完善。

四、揭示创新思路,带动实践创新

以思维创新为先导,开辟开放大学建设道路的根本目的是揭示创新思路,带动实践创新,这既是思维创新的出发点,又是思维创新的落脚点。坚持思维创新,就是要把握开放大学建设要素之间的内在联系,找准开放大学建设首要问题、关键问题和难点问题并揭示其创新思路,为创新实践打开总开关。

第一,揭示开放大学建设目标定位和价值取向创新思路。开放大学建设的首要问题是目标定位和价值取向。准确把握开放大学的目标定位和价值取向是开放大学建设至关重要的第一步,关系开放大学建设行动和决策判断的总体信念。思维创新思想方法和发展理念,从辩证思维规律和扬弃思维方式的角度揭示,开放大学是建设新型的大学,在形态上要更高级、在结构上要更合理,在功能上要更强大,具有广播电视大学所不可比拟的优越性和强大的生命力,承担着为全民学习提供服务,促进学习型社会形成和社会教育公平的实现等重大使命。找准开放大学建设的目标定位和价值取向还需要在思维创新中加以考量,探索开放大学的内涵建设。《教育规划纲要》提出的"基本实现教育现代化,基本形成学习型社会,进入人力资源强国行列"三大战略目标是我们思考与探索开放大学建设目标定位和价值取向的总方向。

第二,揭示开放大学建设功能升级和管理升级创新思路。开放大学建设的重点问题是功能升级和管理升级。功能升级是广播电视大学向开放大学战略转型的目的;管理升级是实现开放大学战略转型的基础。功能升级和管理升级是实现开放大学愿景目标的两大基本任务。思维创新思想方法和发展理念，从发展观点和量变到质变思维方式的角度揭示，开放大学是一种全新的教育模式和独特的教育类别，是一个自上而下的开放教育系统，其存在的价值最终要通过对社会作出的贡献来衡量。开放大学教育功能升级和管理升级的着眼点不仅是远程教育功能齐全、管理体制和运行机制能适应当代社会经济发展的需要，而且还应该着眼于开放大学未来价值，能承担起实施全民教育和终身教育的责任，为实现学习型社会和能力型社会提供教育支撑，这是广播电视大学向开放大学战略转型的根本目的，是构建开放大学核心能力的关键，是开放大学应坚持遵循的历史使命与发展战略。

第三，揭示开放大学建设资源整合和系统结构创新思路。开放大学建设的难点问题是资源整合和系统结构。整合现代远程开放教育资源，组建一个适应办学需要的、严紧、规范、有序的系统结构，这是开放大学建设中遇到的一大难题。思维创新思想方法和发展理念，从发散性思维和因果关系思维方式的角度揭示，新型开放大学作为新类别的远程教育体系，必须要对远程教育资源进行整合，对原办学网络的系统结构进行调整重组。从广播电视大学向开放大学战略转型视角来考量，开放大学教育资源整合和系统结构建设的基点是广播电视大学现有教育资源和办学系统；从开放大学发展的长远目标来考量，在调整重组广播电视学教育资源和系统网络资源的基础上，还要逐步实现远程开放教育、网络教育、自学考试等临近教育类别的资源整合，还要注重利用各类职业教育资源和普通高等教育资源，只有如此，才能将开放大学办成具有高度社会化特征的新型高校。

总之，以上分析论证可见，思维创新是破解开放大学建设一系列问题的正确思想方法和发展理念，是打开开放大学建设创新实践的总开关。将思维创新作为广播电视大学向开放大学转型蜕变的必由之路，进一步加以深化研究，形成丰硕的思想理论成果，切实用于指导开放大学建设中的战略创新、体制创新、机制创新、标准创新、管理创新、模式创新、文化创新、行为创新和系统创新，必将带动开放大学建设中各项创新性实践的全面展开。

第八章　战略创新——规划大格局

战略新作为蜕变的必由之路，是因为战略创新是围绕学校总体布局、长远目标及行动路线创造形成新的全局性的策略，从而摒弃已经不合时宜、过时了的战略，战略创新的基本目标是规划开放大学建设的大格局。开放大学体系内各构成单位因情况差异较大，战略规划不可能千篇一律，但共同的事业及共同的未来，又必定要顺应共同的发展趋势，遵循共同的运行规则。

一、把"拓展提升"作为战略创新主基调

确定战略创新主基调是开展战略创新的大前提，只有首先明确战略创新从那里开始，才能科学地把握战略创新的任务目标和行动路线。从开放大学是由广播电视大学转型蜕变而来的最终结果看，把"扩展提升"作为战略创新主基调，完全符合广播电视大学和开放大学这两种学校既联系又不同的客观实际。

第一，用"拓展提升"做主基调把握转型蜕变本质。开放大学战略创新，要按照学习型社会对开放大学高度社会化的要求，以多角度、多方位、多答案的发散性思维方式，勇于突破传统的教育观念，突破原来的固有模式，来思考和确定开放大学的发展蓝图。这种蓝图中关于开放大学任务功能的新定位，对于广播电视大学来说可定义是一种"升位"；相对于普通大学来说，可定义是一种"错位"。无论是"升位"还是"错位"，必须从现实出发来筹划和确定新的战略布局，绝不是脱离广播电视大学来建设开放大学，如果把二者割裂开来，就会成为沙漠上的布道者。因此，在广播电视大学基础上拓展功能、拓展体系、拓展覆盖面，提升内涵、提升能力、提升办学水准，反映了开放大学建设战略创新的本质要求。

第二，用"拓展提升"做主基调规划转型蜕变全局。开放大学战略创新应注重突出四个特性。一是全局性，即以广播电视大学现实条件为基础，按照开放大学的要求，围绕建设方向、建设目标、建设任务、建设措施作出全过程、全方位对全局性发展建设起指导作用的战略谋划。二是前瞻性，即要作出具有充分方向性、预见性、成长性的规划，而不能作出短期的、茫无头绪的、没有成长潜力的规划。三是拓展性，即从开放大学较之于广播电视大学具有更大的包容性、开放性、灵活性等特点出发，对主要任务功能及其表现形态在广播电视大学基础上予以扩展提升，重新创造形成一种全新的、重大的、长期的策略和规划，从而更好地指导和促进开放大学的长远建设和持续发展。四是可操作性，要立足于实际可执行来进行战略创新，而不能仅限于理论上的抽象和描述。

第三，用"拓展提升"做主基调展开转型蜕变实践。广播电视大学和开放大学的办学定位有显著的不同，前者着眼于学历教育，后者着眼于终身教育；前者为希望获得学历的学习者提供教育服务，后者致力于为所有学习者的学习需求提供教育服务；前者对现代信息技术手段的应用还不够迅速及时，而后者必须广泛应用移动互联、实时交互等现代信息技术手段；前者整合社会优质教育资源尚处于一个浅显的层次，而后者主要的工作就是要整合社会优质教育资源并提供给广大学习者共享。这些已经或者正在付之于实践的创新活动都具有在广播电视大学基础上"拓展提升"的明显特征。

二、把"需求导向"作为战略创新总方针

开放大学办学的特殊性在于这种办学不是针对某一个特定群体，也不是针对某一种特定的学习需求，而是针对所有学习者所有学习需求提供教育支持服务。因此，始终聚焦于满足各种各样学习需求，促进学校创新发展，应当是广播电视大学向开放大学转型蜕变期间战略创新的总方针。

第一，以需求为导向，实现思想观念更新。在研拟和制订战略规划的指导思想上，必须克服单纯从学校自身发展为出发点的校本思维，牢固树立全心全意为所有学习者提供教育支持服务的思想观念，形成根据经济社会发展方式转变、产业结构调整和劳动者转岗就业以及生活情趣变化等各方面的新要求

来研究规划学校各项建设的新观点、新视野和新思路。

第二,以需求为导向,深化教学和人才培养模式改革。要依据新的更广泛的学习需求,改革招生考试、专业建设、教学管理、质量评价等环节,总结人才培养经验,创新人才培养机制,并根据社会需求不断调整完善。

第三,以需求为导向,促进办学条件改善。把开放大学形象比喻为“没有围墙”的大学,“没有围墙”的意义指的是范围更广,社会化程度更高,但这种大学作为实体大学的性质不会变,只不过是这种大学的构成要素不是仅限于校园之内,而是由社会各方优质资源凝聚而成。因此,在开放大学建设中,必须按照实际需求,逐步配置、建设和完善学校办学条件,以保证学校发展任务和教育功能得到有效落实。

第四,以需求为导向,促进体制机制创新。体制机制作为生产关系的一部分,一旦形成相对稳定和固化的状态,一方面会发挥出强有力的保护和促进生产力的作用;另一方面又会逐步滞后于活生生的、永不停顿地发展实践,并因其存在不适应的弊端制约生产力的发展。实践已经证明,广播电视大学原有的体制机制,其中由于某些弊端的存在,已经严重地阻碍了向开放大学的转型蜕变进程。因此,必须从迫切需要解决的问题入手,配套设计,破立兼行,把新体制新机制逐步建立和完善起来。

三、把“发展方式转型”作为战略创新“发动机”

学校发展方式是推进学校事业不断向前发展的方法和形式。实现发展方式转型升级,是由广播电视大学转型蜕变为开放大学的核心要求。党中央提出经济发展方式由粗放型转变为集约型,这一战略决策不仅符合我国经济新常态的实际,而且也非常符合开放大学建设的实际。如前所述,广播电视大学现行发展方式严重滞后,成为进一步发展及转型升级的制约瓶颈。因此,在开放大学建设中,应把发展方式转型提到战略层面,予以规划和落实。发展方式转型事关全局,涉及办学过程中主体和客体、方向和路径、理念和条件、现实和未来等复杂因素及其相互关系,推进发展方式的变革,必然会激发出强大的改革活力和内生动力,可以说,发展方式转型是开放大学建设创新发展的“发动机”。在开放大学建设中,发展方式转型主要包括以下内容:

第一，由主要依赖政府提供政策和办学项目支持，转变为主动为经济社会发展，以及社会成员多种学习需求提供教育支持服务。广播电视大学作为一种公办高校，毋庸置疑，首先应履行好国家赋予的职能，对于国家交给的教育任务和政策支持的项目，必须倾注全力、不讲代价地去完成。在补偿性学历继续教育时期，广播电视大学系统就是本着这样的理念去办学，并交出了合格的答卷。但在承担起终身教育的新使命之后，如果仍延续过去完全依赖国家的思维定式，就会使学校发展空间被挤压得越来越窄。因为终身教育千差万别、弥漫性极强的教育需求，从国家层面来说，不可能有这样的条件和能力实现全面覆盖并提供相应的服务。所以，这就要求广播电视大学通过向开放大学转型，把落实好国家任务与市场化和社会化的运作结合起来，进而把自身蜕变为能够为所有社会成员所有学习需求提供支持服务的一个骨干平台。

第二，由主要依靠广播电视大学系统资源办学转变为整合社会力量社会资源办学。广播电视大学创办以来，办学方式主要以系统为主。属于与社会各界联合办学的项目很多，但仅限于业务上的分工合作，教育资源的有机整合并没有进入更深的层次。这种方式无法满足终身教育需求，因为这种单摆复搁式的合作无法形成整体合力和一体化功能。改变这种现状的途径，就是实现发展方式转型，向深度和广度推进实质性合作，把不同性质的单位主体中与终身教育有关的优质教育资源，通过终身教育这条主线，凝聚在开放大学体系中，把分散的教育资源变成系统的教育资源，把具有自然属性的教育资源变成具有社会属性的教育资源，这是我国教育体制的一项重大变革。

第三，由重规模、重经济效益转变为重质量、重社会贡献。实现发展方式转型，必须科学处理质量、效益、规模、结构等办学要素之间的关系，坚持把质量作为生命线，更加重视教育质量和社会关切，从原来某些时候偏重强调规模、效益，转变为强化质量、效益、结构、规模的统一，坚持质量第一、效益优先、结构合理、规模适度，突出质量引导，强化办学特色，在提升社会效益与经济效益的同时重视办学规模的稳定发展。

四、把“提升内涵”作为战略创新着重点

建设开放大学，不是为了换个名称。最根本的目的是建设一所名至实归，

在国家教育大格局中专司终身教育之使命的新型高校。因此，在广播电视大学向开放大学转型蜕变中，应自始至终把提升学校内涵作为战略创新的着重点。内涵是一个抽象的概念，是人们通过对学校思想文化、办学条件、教育模式、办学环境等全部显性或隐性因素的接触，形成对学校本质属性的体验和感觉。为把提升内涵这个概念和命题从模糊状态中走出来，并真正在工作中落实到便于操作的基点，可以利用物化的方法，认识提升内涵的几个重点内容。

第一，建设高素质教师、管理、技术和服务队伍，为开放大学发挥新的教育功能提供人力资源保证。这“四支队伍”是开放大学承担终身教育任务的主导力量，是学校提升内涵的关键。从战略高度规划“四支队伍”建设，一是要进一步扩充队伍数量。可以由学校自主引进，也可以从高校聘请补充，打造专兼结合、数量充足的“四支队伍”。二是要加速提高队伍素质。重点围绕新知识新能力及网络教育新方法新经验，采取各种方式予以培训提高，打造专业化程度高、素质能力优良的“四支队伍”。三是要端正教风学风。适应各别化多样性学习特点，坚持“以学习者为中心”，持续深入地进行服务思想服务态度教育，打造思想作风过硬、职业风范高尚的“四支队伍”。

第二，建设高水平信息化平台，跻身现代技术与教育深度融合的制高点。信息化平台是学校把学习资源输送给学习者的运载工具。按照开放大学建设目标，中央和地方开放大学要适应现代信息技术和互联网技术发展趋势，建成技术先进、功能强大、数据共享、应用集成、覆盖全国，国家开放大学与地方开放大学标准统一、有效对接的教学平台、管理平台和服务平台，以及建成与之相适应的网络环境和应用条件，一方面，实现优质教育资源开放共享；另一方面，实现开放大学体系统筹运行。

第三，建设“开放、海量、优质、共享”的数字化学习资源，使开放大学成为人民大众满足终身学习需求的主渠道。学习资源对于学习者来说，犹如支持生命存续的食粮和攻克某一目标的武器弹药。根据终身教育的要求，开放大学的教学资源建设，必须坚持开放方式，这种开放不仅具有全部面向社会的意义，还有吞吐吸纳、剔旧换新的意义。必须建设足够的教学资源，不仅体现在数量上，还要体现在个别化多样性上，这样才能保证满足学习者各种学习需求，并且给他们创造选择优质资源的条件。在资源建设中，必须重视教学资源品质，在重视教学资源数量扩张的同时，应把教学资源的质量和特色摆到突出位置，这样才能保证开放大学教育成为优质教育。必须坚持共享原则，这种共享包括办学系统及其他教育形式办学共享，也包括全体社会成员学习共享，没有实现资源共享的开放大学，不是真正意义上的开放大学。

第四，建设具有开放大学特色的专业体系，增强学校在学历继续教育领域的竞争力。专业建设水准标志学校的核心能力，开放大学既不能淡化和荒废专业建设，又不能照搬普通大学的专业建设方式，应根据自身的任务定位，运用好普通大学高水平的专业建设成果，同时，本着错位、补位、特色的理念，开发和建设出适合终身教育要求的专业体系，把学校的学术水准提升到新的高度。

以上所述，仅是对开放大学内涵建设几个重点内容的方向性思考，其他如人才培养模式、体制机制、学校文化等都属于内涵建设的范畴。

五、把“建设与整合并举”作为战略创新基本策略

实现由广播电视大学向开放大学转型蜕变的战略任务和目标，必须有一系列正确的策略和方式方法保证落实。综观转型期间人们的全部实践活动形态，有两个常用的关键词“建设”和“整合”使用频率最高，在所有的策略和方法设计中占有极其重要的特殊地位。事实上也是如此，形成现代办学体系靠建设和整合，形成现代办学能力靠建设和整合，形成终身教育的环境和氛围靠建设和整合。因此，把“建设与整合并举”作为战略创新基本实施策略，完全符合由广播电视大学向开放大学转型蜕变的发展轨迹。

从建设的意义来说，广播电视大学作为建设主体，主要通过自身的工作，实现建设目标。在推进各项建设任务落实中，要坚持学校发展规划纳入国家和地方规划体系、高起点高标准开局、避免重复建设的原则。实行按规划目标落实、社会需求与改革结合、系统内分工合作等建设方式。从整合的意义来说，广播电视大学作为整合主体，主要通过与社会各方广泛互动，使预期的任务目标得到圆满完成。在推进合作项目落实中，要坚持市场运作、互利多赢、共建共享的原则。实行改造、合作、联盟、购买、委托等整合方式。建设与整合，互为条件，互为补充，建设中有整合，整合中有建设。无论是建设，还是整

合,都应得到政府支持,发挥政府的引导作用。

总之,实施战略创新既是开放大学创新实践的起点,又是开放大学建设发展的归宿,从这一意义上说,其他各项创新活动都必须符合战略创新大格局的要求。

第九章　体制创新——转换结构和制度

体制创新作为蜕变的必由之路，是因为体制创新是在广播电视大学基础上转换结构和制度，建立科学、高效的管理体制，保障开放大学良性运行和健康发展的关键。广播电视大学系统在三十多年的办学实践中，形成了“统筹规划、系统办学、分级管理、分工协作”的管理体制和与之相适应的教学、管理、学习支持服务、质量保障、资源建设等各种内部治理制度，在特定历史时期发挥了重要作用，也为开放大学建设奠定了良好基础。但目前原有的办学体制已经不能完全适应终身教育、全民学习的需求，影响和制约开放大学发展的不利因素日益凸显。创新管理体制的基本任务，就是要基于开放大学的办学定位、功能任务、建设基础和建设要求，建立起符合现代新型开放大学发展需要的治理结构，逐步形成适应教学、管理、运行发展的制度体系，推进开放大学规范、高效、健康发展。

一、开放大学体制创新的依据原则

开放大学体制创新要依据和遵循教育规律和时代发展要求，以推进现代大学制度建设、坚持以人为本理念、体现开放大学系统办学特征为原则。

第一，推进现代大学制度建设。建立现代大学制度是《教育规划纲要》提出的明确要求，是我国高等教育改革的重要内容。开放大学首先是一所大学实体，作为独立设置的高等院校、独立的办学主体，必须按照现代大学制度的要求，遵循高等教育规律和远程开放教育特点，在政府统筹、政策指导和法律法规保障下，依法制订开放大学章程，规定学校的性质、任务、办学功能，规划组织架构，明确职能权责，依法落实学校的办学自主权，实施规范的教育、教学管理，推进开放大学纳入制度轨道，实现持续健康发展。

第二,坚持以人为本理念。开放大学的一个重要使命就是依托现代信息技术,为广大社会成员提供灵活、多样、便捷的学习途径和接受高质量教育的机会。树立以人为本理念,首先就是要以全体社会成员为服务对象,以学生自主学习为中心,积极拓展社会服务功能,努力满足社会成员对于终身学习的多种需求。同时要注重发挥教师在教学、科研工作等提供教育服务过程中的主体作用,建立民主决策机制,保障教职工民主管理权力,倡导学术自由,加强人才资源的开发、激励和保障,创造充分发挥教师积极性和创造性的制度和人文环境,不断提高开放大学人才培养质量和社会服务水平。

第三,体现系统办学特征。建设远程开放教育的网络体系,是开放大学组织结构上区别于普通高校的特点之一。具有覆盖全国、遍及城乡的远程教育网络是成立开放大学的必要条件,广播电视大学在三十多年发展中形成的办学系统,是建设新型开放大学的基本体系框架。我国地域辽阔,各地经济社会发展不均、教育需求不一,各级广播电视大学的人、财、物都是由所在地政府和教育行政部门投入和管理,在师资队伍的配备、所开专业的建设和教学设施的配置等方面,多是根据自身需要分别进行建设,往往缺乏全系统的整体规划。系统原有服务于单一开放教育形式的管理运作体制,不能完全适应终身教育多元化、多样化的要求。这些都制约了系统整体办学实力的提升和发展。因此,由广播电视大学向开放大学转型,系统建设就必须有新的思维、新的方式。开放大学建设需要集合全系统力量,创新体制机制,理顺责、权、利关系,统筹资源、错位发展。各级广播电视大学根据自身特点和当地政府的规划要求,发挥各自优势,整合教育资源,拓展办学领域,提升服务能力,形成合作共赢、共同发展的开放大学体系格局。

二、开放大学体制创新的重点方向

开放大学体制创新要突出体现开放大学的本质特征和办学的实际需求,把构建新型办学体系、决策机制与学校组织制度作为重点方向。

第一,依据开放大学办学定位和使命任务,构建新型的办学体系。开放大学是依托现代信息技术,开展远程开放教育的新型高校,同时还必须在搭建全民学习支持服务平台和完善终身教育体系进程中发挥应有作用。就功能而言，开放大学集大学、平台、体系于一体，这正是开放大学作为新型大学形态的重要标志。在“三位一体”的整体性中，“大学”的属性是前提和基础，“大学”是“平台”的依托，也是“体系”的载体。开放大学办学体系的建设也必须以大学的实体性建设作为战略实施的重点，核心在于取得独立办学自主权和实施系统一体化管理。

开放大学办学体系建设，应严格按开放大学的理念和标准，在各级政府主导下，对原有广播电视大学系统进行全面整合、重组、提升、改造，形成由总校、分校、地方学院、学习中心组成的骨干架构。同时通过整合教育资源，强化支持联盟建设，在行业特色鲜明、教育需求强劲的行业设置行业学院，与学科专业水平高、教师队伍强的教育或研究机构合作设置专业学院。在开放大学体系内部建立教学、管理一体化的管理制度体系，建立统一的质量保证体系和监控机制，形成政府主导、社会参与、功能强大、运行高效的较为完善的开放大学办学体系。

第二，依据系统一体化办学要求，建立开放大学双重决策机制。传统的广播电视大学系统实行各级政府办学、教育行政部门管理的体制。在人、财、物等方面是属地化的横向管理，在教学业务方面是分级办学的纵向管理，两种体制之间缺乏相互协调。上级学校对下级学校教学业务管理具有浓厚的行政色彩，下级学校对上级学校的决策没有参与权和监督权，这既影响高层级学校的科学决策和有效管理，也影响低层级学校的稳定性和参与系统建设的积极性，各级学校之间责、权、利的不明确和不匹配，导致系统管理效率不高，教学支持服务力度不够，教学质量下滑，系统整体办学实力和声誉受到影响。开放大学的管理体制建设，要在建立一体化系统运作的组织结构和民主决策机制方面有所突破。可以在系统内各级办学单位行政隶属关系不变并继续实施独立决策的前提下，设立校务委员会作为开放大学系统的民主决策机构。国家或地方开放大学校务委员会主任由国家或地方开放大学校长担任，成员由总校、分校、地方学院负责人和行业、企业有关人员按一定比例组成，统筹决策和协调开放大学改革、建设、发展和办学中的重大事项，包括：制订开放大学发展规划；统筹教师、信息平台、网上教学资源的建设和共享；协调推进统一举办的学历及非学历教育办学项目开展；统筹规划和组织开展系统专业和学科建设；协调系统内部成本分担和利益分配等。总校、分校、地方学院、学习中心对于开放大学系统校务委员会作出的决策应予认真执行。这一体制创新将对完善开放大学的治理结构,健全决策程序,发挥开放大学系统各方面参与决策管理作用,提升开放大学管理效率和整体实力产生重要推动。

第三,依据现代大学管理规范,完善开放大学民主治校组织布局。开放大学作为独立设置的高等学校,必须按照建设大学制度的要求,实行"依法办学、专家治校、自主管理、民主监督、社会参与"的制度。要在教育部和地方政府的领导下加快制订开放大学章程,确定开放大学的定位、任务和发展目标,依法规范开放大学的办学行为。要积极探索党委领导下的校长负责制的实践方式,建立平衡和谐的学校治理结构,实现以党委领导、校长负责、专家治学、民主管理的"四位一体"权力框架体系的有效运行。在开放大学的组织布局上,除成立校务委员会作为决策机构外,还要成立学术委员会负责指导学科建设、专业建设,审议课程资源建设方案和科研计划,评定教学、科研成果,审议教师职务资格,受理学术争议等。成立教学指导委员会负责指导开放大学教学改革与发展,审议学校教学规划和重大教学改革实施项目等。成立质量保证评价委员会负责指导学校质量保证和评价体系的建设,评估教学、考试质量等。构建以教代会制度为核心的民主监督机制,推行校务公开,确保学校内部权力正确行使,进一步完善教代会代表选举和教代会日常工作程序,提高教代会成员的广泛性和代表性,充分保障教职工知情权、参与权、决策权、监督权,积极推进民主治校。

第四,依据开放大学内涵建设重点,合理调整校内机构设置。开放大学是以现代信息技术为支撑,通过建立适应远程学习者多元化特点的专业和课程设置、教学资源、教学模式以及教学手段开展远程教育的大学。开放大学内涵建设的重点,一是功能强大的网络平台建设,二是优质海量的数字化学习资源建设,三是优势特色的学科专业建设,四是结构合理的师资、技术、管理和服务队伍建设,还有学习支持服务体系的建设、学分银行的建设等,这些方面的工作既是开放大学建设发展的核心和保障,同时又是难点和瓶颈,亟待集中力量取得突破。在开放大学的校内机构设置中,应针对这些内涵建设的重点工作任务,建立专门的网络平台、学习资源、专业建设、学习支持服务、学分银行等建设、管理的职能部门。要改变在广播电视大学办学管理中形成的思维定势，按照科学、效能的原则，理顺原来存在的职责交叉、工作脱节、统筹不力的问题，明确目标任务，突出重点，集中精干力量，优化配置资源，力争实现重点突破带动开放大学建设整体推进。同时要理清各项业务工作的内在联系，促进开放大学机构整体运行的协调统一、高效顺畅。

第五，依据“依法治校”管理目标要求，建立完善的制度体系。开放大学的制度体系建设应基于开放大学的办学定位和建设要求，借鉴国外先进开放大学制度经验，吸收广播电视大学系统制度合理内容，植根于开放大学办学体系，探索形成的开放大学面向社会、依法自主办学、自我发展管理的体制机制综合体系。它包括学校章程、治理结构等根本制度，教学、管理、质量评价等基本制度，业务流程、操作规范等具体规章制度三个梯度。制度体系建设使学校的战略和目标有效贯彻到日常教学和管理环节中，保障开放大学办学行为的规范和教育管理水平的提升。探索建立与开放大学办学体系、管理体制、运行机制相适应的教学管理新模式和创新管理制度，是开放大学制度体系建设的中心。它包括专业课程设置、招生、教学管理、平台管理、资源建设、支持服务、督导评估、考试管理、学位管理等一系列基础制度的建立和完善。在此基础上，开放大学将全面开展管理模式和运行机制的创新，在办学实践中不断巩固特色优势，加快开放大学体系的建设发展。

三、开放大学体制创新应注意的问题

推进开放大学体制创新，实现转换结构和制度基本目标，应注重处理好一体化与个性化的关系、统筹与协调的关系、差别与均衡的关系。

第一，一体化与个性化的关系。开放大学作为大学实体，必须坚持一体化办学，建立整个系统自上而下、内部统一的管理体制，从而使学校保持一致的办学责任主体和一致的办学质量标准。同时必须充分认识到系统内各区域经济社会发展不平衡的差异，不同地域具有不同的域情特点、基础条件和特殊需求，要尊重系统内多元办学主体的自主权，倡导个性化的发展模式选择，鼓励因地制宜、积极创新、办出特色。在统筹办学规划基础上，积极开展灵活多样的、适应地方民众学习需求和经济社会发展的各类特色教育项目。在一体化

的教学、管理、支持服务平台基础上，鼓励建设具有地方、行业、企业特色的丰富教学资源。针对学习者多元的学习需求，创新教学管理模式，开展个性化的学习服务，使开放大学的办学优势得到有效发挥。

第二，统筹与协调的关系。开放大学在建设过程中，整合各类教育资源，广泛吸收社会化力量，在政府主导的前提下，必须坚持“自愿、共赢”的原则，在参与开放大学建设的各方之间实行“平等合作、风险共担、利益共享”的运行机制，引入市场和企业管理方式，实行科学的成本分摊和收益分配。开放大学在系统实施一体化教学管理，应强化指导和过程管理，淡化行政命令色彩。在统筹平台、专业、资源建设，统一调配师资过程中，要协调好各方面的权力和利益，及时解决出现的问题和矛盾，使系统运行保持良好状态。要协调好国家开放大学和区域开放大学的关系，明确各自办学定位，合理分工。要协调好与各级地方政府及其教育行政部门的关系，建立沟通机制，定期通报校情，主动接收指导、监督，主动为地方学习型社会建设服务。

第三，差别与均衡的关系。开放大学系统内部办学基础、条件规模、发展速度存在很大差异，必须处理好兼顾差别与均衡发展的问题。要实现两者兼顾，既不能“齐步走”，也不能“削峰填谷”，而是要在科学规划、加强合作、资源共享的前提下，从“培优”和“扶弱”两个方面入手。一是要建立业绩评价、激励表彰的驱动机制，支持先进做大做强，引领带动系统发展。二是要完善发展引导、项目援助、反哺基层的扶植机制，推动后进加快提升，实现整个开放大学系统的快速、协调发展。同时开放大学的体制建设，要促进开放大学提升办学效益、办学实力与提升教育质量、拓展社会服务功能的协调统一，推动开放大学的办学定位和任务使命全面实现。

开放大学体制创新是一项极为深刻复杂的系统工程，需要解放思想，大胆实验，突破陈旧的传统观念、体制和规则限制，同时也要在办学实践中不断修正完善，协调稳步推进，为开放大学建设和高效、健康、持续发展提供强大动力和保障。

第十章　机制创新——提升运行效率

机制创新作为蜕变的必由之路，是因为机制创新是开放大学建设运行中要对各组成部分之间及各办学要素之间进行优化，必须形成科学的工作原理，机制创新的基本目标是提升开放大学运行效率。开放大学运行机制的内涵，是指开放大学的内部各构成要素之间，以及与开放大学密切关联的外部要素之间相互联系、相互作用、相互制约、相互整合而成的稳定系统结构及系统正常运行并发挥特定教育功能的运行状态、运行方式、活动规律的总和。开放大学运行机制创新的核心，就是以实现为终身教育和学习型社会建设服务的特定教育功能为目标导向，以科学、高效的关系协调为特征，健全完善开放大学的内部机构设置，合理整合、充分利用开放大学内部、外部各要素和资源，保证不同层级和不同业务有机衔接、协调有序和运行顺畅。

一、基于新的体制架构把机构职能划分到位

开放大学的体制架构，是在广播电视大学系统基础上，在政府统筹、政策指导和法规保障下，依据开放大学办学定位和办学目标，按照现代大学制度要求而建立的全新的体制架构。在开放大学新的体制框架基本确定的情况下，按照开放大学全部业务内涵和与之相适应的组织结构及其相互关系，尽量把机构职能划分到位，不留真空和死角，防止扯皮推诿，实现任务与机构、机构与职能高度契合，增强内部运行协调性，这是开放大学机制创新的基础性内容。

开放大学的体制架构突出办学体系的一体性、协同性，即由国家或地方开放大学统筹国家或地方开放大学办学全局，同时支持体系内各办学实体特色互补，协调发展，积极推进办学体系社会化，融汇社会优质教育资源，拓展开放大学教育服务功能。要理顺开放大学的各构成要素之间的关系，明确各职能

部门的职责权利，重点通过建立完善开放大学的学校章程、治理结构等根本制度和教学、管理、质量评价等基本制度体系，将开放大学各部分职能明确划分、任务分解到位。新的机构职能要适应开放大学办学需要，各种组织机构和职能部门，必须改变长期形成的思维定式，加快职能转变，丰富功能内涵，有效承担起在开放大学运行中的职责任务。

二、运用联系和开放的原理再造具体工作流程

围绕提高工作效率，运用开放和联系的原理再造具体工作流程，使每一项具体业务特别是需要部门之间配合进行的业务工作，从责任主体、操作环节、衔接方式和督促检查清晰地加以界定，建立既顺畅高效又相对稳定的工作模式，这是开放大学机制创新的重点内容。

联系是指一切事物和现象之间以及构成事物诸要素之间的互相影响、互相作用和互相依赖。开放则是区别于传统、封闭式管理模式，充分考虑影响组织的内部因素和外部因素，体现事物联系的多样性和发展性。开放大学是一所既高度开放又紧密联系的办学体系，将普遍联系和开放理论运用到开放大学教育领域，就是要把学校的静态环境与社会动态环境有机结合起来，重视学校教育与社会需求的有机结合，提升人才培养的针对性和适用性。要针对办学管理中存在的职责交叉、工作脱节、运行不畅、统筹不力等问题，根据工作过程的内部逻辑联系和相互作用关系改造和建立新的工作流程。

开放大学工作流程的再造，应该是在对传统广播电视大学原有工作流程进行全面梳理、审视和总结的基础上，克服原有模式的弊端，重新设计和实施新的更加科学、更具效率的工作流程。开放大学工作流程的再造，要遵循科学、效能的原则，强化信息观念、创新观念、竞争观念、效率和效益观念，从办学成本、人才培养质量和服务水平上全面实现绩效目标。

三、围绕重点业务活动形成高效有序的实施规则

开放大学重点业务工作任务指的是任务内容相对复杂、事关全局的重大事务，包括组织决策、部署执行、联合办学，资源整合、教学管理、支持服务、质量评价、利益协调、激励约束、选人用人等，围绕这些重点工作任务，形成若干

科学有序的实施规则，这是开放大学机制创新的核心内容。

组织决策规则重点对决策项目动议、决策过程进行规范，目的是达到决策事项必要、决策程序合理、决策结果正确。部署执行规则重点对执行主体、执行方法、执行进度及质量进行规范，目的是达到责任主体明确、工作方法得体、任务落实到位。联合办学规则重点对办学资质、项目类型、合作方式、权利义务进行规范，目的是达到项目有品位、社会认同度高、合作配合默契、实现互利共赢。资源整合规则重点对资源内容、整合方式、相关政策进行规范，目的是达到按实际需求整合资源，工作重心是整合优质资源，资源整合的着眼点是实现开放共享。教学管理规则重点对教学过程和环节、教师履职尽责、管理方法措施进行规范，目的是达到管理思路清晰、管理体系完备、管理效能突出。支持服务规则重点对支持服务内容、队伍、条件和工作要求进行规范，目的是达到学习过程开放、学习选择自主、条件保障充足、支持服务有力。质量评价规则重点对质量评价标准、质量评价主体、质量评价方式和流程进行规范，目的达到是对教育教学质量作出科学公正评价，并把评价结果用于促进教育教学改革和加强质量建设。激励约束规则重点对激励约束基本内容、相关政策、实施办法进行规范，目的是达到通过激励约束机制，鼓励先进，鞭策落后，充分调动教职员工的积极性和创造性。选人用人规则重点对选人用人标准、条件、原则、办法和程序进行规范，目的是达到选贤任能、讲信修睦、客观公正、避免任人唯亲。利益协调规则重点对利益群体、利益关系、利益分享政策进行规范，目的是达到分工不同、利益一致、注重效率、兼顾公平，通过建立利益机制形成发展动力。

除以上所述若干重点事项外，还有如，鼓励创新、应变应急、安全稳定等重大业务工作，都需要创新和完善相应的实施规则。况且，在实践中还会不断出现更多更复杂的新情况和新问题，表明围绕重点业务工作创新运行规则的任务极其繁重。

四、推进开放大学机制创新应注重把握的要点

推进开放大学机制创新，实现提升开放大学运行效率基本目标，应注重把握以下几个要点：

第一,立足系统。机制创新重点是基于事物之间的关系和联系对原已形成的要素组合方式及运行方式,依据新的行动目标作出改变并重新构建,保证行动主体始终处在优化状态,使机体运行顺畅高效。开放大学是高度开放的办学体系,机制创新必须打破狭隘思维,着眼整个办学体系的有机契合。因此,设计和探索开放大学的机制创新,必须体现系统性思维,容纳系统的感受、集合系统的智慧,扩大系统的参与。除此之外,还必须把社会的因素考虑进去,这样,才能为机制创新提供科学的思想基础。

第二,强化程序。程序是为完成某项特定任务预先设计的一系列动作执行过程。对于开放大学这样一个庞大而复杂的体系来说,凡事必须对具体工作方式和步骤提出明确要求,才能真正上下贯通,承接顺达。比如,围绕开放大学办学质量保证问题,由哪个部门作出总体决策和部署,国家和地方开放大学以及其他各办学单位各自承担什么样的责任,通过什么样的方式和具体步骤把保证措施落实到底等,对于这些问题,都必须建立起明确的程序规范。反之,工作起来就会如坠云海,杂乱无章,甚至在执行中变味走样。因此,强化程序意识和程序设计,在开放大学机制创新中占有极其重要地位。

第三,注意政策。终身教育较之于其他专门教育更加复杂,是一项政策性极强的社会事业。开放大学办学动力来自广泛的社会需求,同时又必须坚持在国家有关政策指导下行动,以保证办学过程的合理性和合法性。因此,开放大学机制创新,必须注意在办学、收费、合作、发证、管理等各个环节,完全纳入国家法律和政策轨道,绝不能超越底线,发生滥办学、滥收费、滥发证的"三滥"现象。

第四,突出协调。协调是高效的前提。越是复杂的机体,协调越为重要。开放大学机制创新应把实现体系内外协调运作作为重要目的,精心规划,努力实践。在设计职责分工、业务流程和实施规则过程中,要关注机构关系的协调,使所有的机构都各有其责,不可替代,既相互独立,又紧密联系。要关注工作关系的协调,使参与某项事务的部门和个人都能找到自己的角色并很好地发挥作用,同时,对于新增加的任务内容、结合部的任务内容、共同实施的任务内容,要通过科学的协调机制,使所有的工作链条有序衔接,保证工作不断档、不误事。要关注人际关系的协调,使具有共同使命的群体内部人与人之间和谐相处，既以主人翁的姿态尽职履责，又善于在工作中积极配合。要关注学校与社会关系的协调，加强学校与社会的联系，通过相应机制营造良好的办学环境和合作氛围。要关注利益关系的协调，本着合作共赢的原则，建立起处理体系内外利益关系的协调机制。

第五，讲求时效。衡量开放大学运行机制科学化程度，一是是否有利于抓住机遇。因为只有果断地把握时机，才能及时地对社会需求作出回应，并通过自身的社会贡献实现有所作为。二是是否有利于提高运行效率。因为运行效率同样关系到学校教育对社会需求的满足程度和对社会的贡献程度。因此，应把抓机遇、求实效作为设计和规划开放大学机制创新的着眼点和最终目的，贯彻在机制创新的全部活动中。

第六，坚持以人为本。开放大学能否快速发展关键取决于是否具有科学的办学模式和办学行为。而科学的办学模式和办学行为的实现必须要关注办学行为的发出者——教师和接受者——学生的需求，坚持以人为本，最大限度地调动教师与学生的积极性和创造性。首先要真正做到以教师发展、学生培养为目标，以教学工作为中心，树立以教师发展推动学校发展的理念，认真选材、积极培养、大胆任用，打造一批用得上、留得住、干得好的名师。同时，建立一套服务、激励、支持教师发展的体系和制度，真正做到以人为本，在做好思想工作的同时，合理运用激励政策，关注职工的政治经济文化利益，以最大限度地调动专业教师及管理人员的主观能动性，提升教学行为和管理工作的绩效。与此同时，要认真研究开放大学的教育受众——学习者的诉求，着眼于开放大学提升应用能力、培养应用人才的职业教育目标，以真实任务为驱动，以灵活、实用的教学模式、教学手段吸引学习者、激励学习者，建立学分银行等新型考核方式，塑造和谐、文明的校园文化环境，为学生搭建现代远程教育、开放教育，乃至终身教育的立交桥。

开放大学机制创新是开放大学建设和内涵发展的一项核心任务，同时也是一项复杂的系统工程，它需要科学的理念指导，需要突破传统观念和体制的束缚，同时也要在办学实践中不断调整完善。

第十一章　标准创新——把握方向盘和驱动器

标准创新作为蜕变的必由之路，是因为标准创新是衡量与评价开放大学教育水平与人才培养质量的基本准则，标准创新的基本目标是把握开放大学建设的方向盘和驱动器。随着广播电视大学向开放大学战略转型的实施和各种创新活动不断展开，区别于其他办学形式新的开放大学因素也在快速增长。与之相适应，加速推进标准创新，已经成为一项非常迫切的任务。

一、标准创新的动因与作用

标准创新是开放大学建设路径之一，是保证教育教学水平和人才培养质量的重要因素。

第一，标准创新的内涵。标准是为在一定范围内获得最佳秩序，对活动或其结果规定共同的和重复使用的规则、导则或特性的文件。创新是更新、改变、创造。从社会学的角度讲创新是指人们为了发展的需要，运用已知的信息，不断突破常规，发现或产生某种新颖、独特的有社会价值或个人价值的新事物、新思想的活动。开放大学的标准创新应该是在广播电视大学的基础上，通过更新和创造，建立指导开放大学建设和运行的规则和标准。经过创新的标准，与现行的标准比，应该有三个方面的变化：一是设置标准的内容应突破固有的条条框框，体现开放大学建设发展的新要求；二是适应整体转型需要，实现创新标准体系化和刚性化；三是立足于现实又高于现实，只有经过努力才能达到。

第二，标准创新的动因。广播电视大学处于一个新的发展时期，面临新的形势和新的挑战，需要创建新的体制与机制，而建立新时期的学校标准体系，是改革与发展的需要,学校必须与时俱进,站在新的起点,新的高度去研究、探索,建立更适应新形势的标准体系,形成新的建设标准、发展标准、行为标准、质量标准等,推动和促进学校向更高的目标迈进。标准创新的动因主要有以下三个方面:一是现行标准开放度不高要求创新。广播电视大学在“人才培养模式与开放教育试点”的探索实践中,形成一套比较完善的教学管理制度、工作规范和质量标准,在教育部的总结性评估中顺利通过,使之成为一种常态化的教育形式。但随着国家教育格局的变化和开放大学的建立,广播电视大学现行的办学能力、教育理念、系统形态、管理服务其开放程度与开放大学终身教育使命不相适应,需要有新的标准来明确规范。二是现行标准定性有余定量不足要求创新。制订标准,既要定性,又要定量,但原则上要尽量使定性的指标通过量化的形式实现,这样才便于执行。广播电视大学系统原来的综合性的评估标准,在实际操作中发现其中定性的指标较多,中间又缺少可以准确认定的桥梁,因此,难免发生主观误判与评价失当。因此,需要进一步创新考核评价的方式方法。三是现行标准制定程序不完善要求创新。过去制订评价标准,往往缺少社会各方特别是广播电视大学系统的广泛参与,仅由少数人制订方案然后经领导批准实施,这样很容易在落实中出现认识茫然和把握不准的情况,这就需要在标准制订程序上进行调整完善,标准形成的过程,要经过自上而下、自下而上地反复讨论,这样才能使标准更接“地气”、更加完善,得以更好地在实践中发挥重要作用。

第三,标准创新的作用。标准创新是以新的标准指导和规范学校发展层面、运行层面、工作层面的行为,对于开放大学建设具有重要作用。一是标准创新具有引导方向的作用。制订科学规范的标准,对于提升工作效能,保证工作质量具有重要的作用,通过制订完善各项标准,促进各项工作和项目按照标准努力实施,引导学校各项工作达到基本要求,是由广播电视大学向开放大学转型蜕变不可缺少的创新活动。二是标准创新具有规范行为的作用。标准的本质是统一,它是对重复性事物和概念的统一规定;标准的任务是规范,学校的标准是对学校重复性工作作出的统一规定,以此调整规范各个工作项目和工作行为。通过创建标准尺度检验教学、管理和服务行为,衡量工作完成质量是学校决策和个人履职实施正确行为的必要前提。三是标准创新具有驱动发展的作用。学校的标准与学校的定位任务是相适应的,开放大学建立与运行,使各项标准在原有的基础上进一步得到突破,而适应战略发展实施的具有前瞻性的标准创新,会使学校建设发展的方向和任务更加明确,通过对科学规范新标准的执行与实施,能够为学校的发展和个人发展提供强大动力。

二、标准创新的重点方面

标准创新与开放大学条件下的人才培养模式改革紧密相连,开放大学的标准是多元的,也是多层次的,它既包含办学质量标准、人才培养标准、教学管理服务标准、评价考核标准等,也包含开放大学各种形式、各种项目的质量标准。开放大学的标准不同于其他行业和产品,具有自身的特质。这种特质突出表现在开放大学的教育性质、任务定位、办学理念和建设道路与普通高校不同,其标准的设定也应与其他高等院校有所区别。在开放大学建设中,标准创新的重点体现在发展建设、教学管理、工作行为、质量评价等方面标准的建立。

第一,学校发展建设综合标准。即是关于学校总体发展、基础建设、条件形成的要求和规定,重点包括核心能力、体系建设、队伍建设、领导班子建设等内容。一是核心能力建设标准。即是依据终身教育新任务新使命对开放大学提出的特殊的能力要求制订的标准。从开放大学业务层面思考,特色办学能力、质量保证能力、学习动员能力、教育教学资源整合能力以及网络媒体现代技术手段的开发运用能力,这"五种能力"是开放大学核心能力重点建设内容,应制订相应的标准予以强化。二是体系建设标准。即是完善体系办学功能,提升办学能力的条件标准。形成一套以国家、省市县行政层级为依托的各层级实体学校的建设标准,以及联合办学生成的专业学院、行业学院建设标准,使开放大学办学体系构成处于优化状态。体系建设标准强调体系的全面发展、共同发展、协调发展、规范发展,以建设标准促进办学条件的完善,推动办学质量的提高。体系建设标准既是开放大学准入的基本条件标准,也是保证各级开放大学有效运行的客观基础。办学条件标准包括学校硬件设施、教学资源、技术资源、人力资源、财力资源等配置标准,在制订标准时,应明确配置的数量和质量，满足开放大学运行的需要，保证人才培养质量。三是队伍建设标准。即是依据办学规模、办学项目、教学管理的需要配置教学、技术、管理和服务各类人员的数量和质量要求，是保证工作落实和完成的最重要基础条件之一，各级办学单位必须按标准配备相关人员。四是领导班子建设标准。即是领导班子配备必须结构合理，具有先进的办学理念、丰富的网络教育经验以及创新型的领导能力等。制订学校建设综合标准的目的就是达到以标准彰显特色，以标准提升活力，以标准凝聚实力。

第二，教学、教学管理和支持服务工作标准。即是学校教学、教学管理、支持服务等方面工作标准和规范。既是约束指导规范办学单位教学、教学管理和支持服务质量的准则，也是衡量各项工作落实和执行情况的尺度。一是教学工作标准。即是对教师在与学习者互动中的教学态度和教学行为提出的规范要求。包括发挥教师教书育人作用、在教学全过程各环节履职尽责的完整程度、学习者学习成绩及满意度等内容。二是教学管理工作标准。即以各项管理制度为核心，建立适应人才培养模式和课程教学模式需要的各类教学管理服务制度，构建完整的教学质量保证的制度和文件体系。形成主要工作过程、教学环节、支持服务的制度要求和管理办法，建立以教学环节的质量标准为核心的覆盖面广、针对性强、可操作、易管理的规范要求，用教学管理制度约束和规范教学行为，使教学环节、教学过程按照质量标准实施。要重点建设完善主要教学环节管理制度、教学资源管理制度、学习支持服务制度、学习考核测评制度、教学质量监控制度等。三是支持服务工作标准。即围绕相关岗位和主要工作项目，建立制度化、规范化、人本化的服务标准和工作标准，以服务的意识、服务的理念，创新服务方式，实现“向服务要质量”。

第三，教学资源与网络技术建设标准。教学资源的种类、形式、作用和使用方式的不同，对其建设过程中的标准和技术要求必须要明确。在对教学资源包括文字教材、视频资源、精品课程、网络课程、网上文本资源等提出建设标准要求的同时，也要对包括各项信息化设备设施、软硬件配置等提出相应的技术标准要求。制订教学资源与网络技术建设标准，目的是有力促进教育资源与教育技术深度融合。

第四，教育教学质量评价考核标准。即是针对办学过程的主要环节、影响因素以及预期结果，研究制定适应开放大学办学特点的教育教学质量评价考核标准以及各环节的质量评价标准，这是保证学校持续发展、规范发展，提升竞争力和影响力的重要手段。

三、标准创新的基本原则

建设开放大学是对原有学校教育、成人教育的一种创新与变革。适应多维性、社会性、差异性的特点推进开放大学标准创新，应当坚持以下几项原则：

第一，要坚持与任务定位相适应的前瞻性和系统性原则。开放大学的基本任务是以现代信息技术和优质教育资源为支撑、以成人教育为主、面向社会覆盖城乡开展学历和非学历继续教育、为全民学习和终身学习提供支持服务。其任务定位是与普通高校实行错位发展，承担普通高校不可替代的教育功能。开放大学的标准要与其特性和任务相适应，要与开放大学的发展趋势相一致。因此，在标准的制订与形成过程中要以发展的眼光，站在新的高度来研究、探索和实践；要以系统的思维方式研究构建开放大学的各项标准，包括从核心能力到教学管理、科研服务、资源建设、技术支持、考核评价等为内容的系统性标准，形成一套纵向统一、横向关联、相互呼应、有机结合的标准体系，以标准创新提升开放大学的竞争力和影响力。

第二，要坚持与现实可能相适应的可行性和操作性原则。标准是对重复性事物和概念所做的统一规定，是科学、技术和实践经验的总结，是共同遵守的准则和依据。因此标准在实践中一定要适应工作实际，要建立在现实的基础上，不是空中楼阁，不是纸上谈兵，不能虚无缥缈，不能高不可攀。标准创新是对工作的规范和引导，是理论与实践的有机结合，要落实在具体的工作中，学校制定的各项标准应该规范、可操作，应该在实践中不断总结、完善和提升。

第三，要坚持与其他创新实践相适应的关联性和覆盖性原则。开放大学标准创新不是单一的，也不是孤立的，它与其他创新活动相互联系、相辅相成，共同实施、共同作用于开放大学建设过程并涵盖各个方面，并通过形成合力，推动学校全面发展。标准创新包括学校的建设标准、质量标准、制度标准、工作标准、技术标准、评价标准等方面，既有内容上的，也有形式上的，因此标准创新要与实践相结合，在创新实践中不断完善标准和创新标准，要全面、深入、系统的实施标准创新，单纯的某一个方面标准创新，都无法达到预期效果的。

四、标准创新的关键问题

通过上述分析，我们可以看到实施标准创新的基本目标是把握开放大学建设的方向盘和驱动器。推进标准创新，可以有效地把若干相对独立的建设项目连接起来，从中枢机构向各实施主体传输出各种行动指令，之后可通过大量信息反馈，识别实践中出现的偏差，校正和控制运行方向，进而使开放大学办学功能加速完善和提升。在推进标准创新过程中，要着力解决好三个关键问题：

第一，推进标准创新必须打破思维定式影响。广播电视大学在开放教育的长期实践中，已经逐渐形成了一套比较成熟的标准规范，人们在对这些标准规范的认同基础上形成了难以突破的思维定式并将长期产生影响。因此，要勇敢地对已有的标准规范进行改革和创新，首先必须具有强烈的改革创新意识，从思想认识改变入手，突破固有的思维窠臼，这样才能切实把标准创新与时代要求结合起来。

第二，推进标准创新必须克服行为惰性的掣肘。好的标准如果不能执行和落实，那就变得没有意义。现行标准规范是从过去经年历久的实践经验中总结提炼而成，因此，人们不仅对其内容耳熟能详、铭记于心，而且执行起来也能得心应手、顺风顺水，这样很容易形成人们对原有做法的依赖并导致行动惰性，不仅对原有的东西不愿意碰触和改变，而且对于已经出台的一些新的改革、新的试点、新的制度标准也不愿意去执行和落实，出现工作拖沓进展缓慢的现象。因此、克服行为惰性，变被动跟随为主动进取，是推进标准创新中必须坚持和倡导的工作作风。

第三，推进标准创新必须坚持科学态度。标准创新不是对已有标准规范、规章制度的全盘否定和推翻，而是在总结的基础上，保留可行的，改革不适应的，进而达到完善可行的要求。任何创新都具有提高科技含量的意义。不是所有不一样的做法都是创新，也不是只要对原来作出改变了就是创新。创新是符合事物发展规律、激发活力动力、代表未来方向的改革实践。因此，推进标准创新，必须坚持科学态度，对每一项标准的设立和制订以及修订完善，都应该经过充分研究和专家论证，都要经过实践检验，以最大限度地吸纳大家智慧，保证实现标准创新的科学性。

第十二章　管理创新——实现资源利用效率最大化

管理创新作为蜕变的必由之路，是因为管理创新是开放大学建设各项创新发展的综合集成，关系全局任务能否顺利实现，在由广播电视大学向开放大学转型蜕变过程中，其意义和作用举足轻重。任何管理的基本任务，都是在特定环境下，以人为中心，对组织所拥有的资源进行有效的决策、组织、领导和控制，以便达到既定的组织目标。开放大学管理创新的基本目标就是通过创新管理思想、创新管理制度和创新管理方法，实现资源利用效率最大化，产生更大的管理效能。

一、奉行开放管理理念，促进管理思想创新

管理要创新，观念要先行。实现开放大学建设管理创新，管理思想观念转变是前提。开放大学作为现代远程教育的新型高校，其管理创新就是要突破以往传统的管理思想，围绕开放大学建设目标，积极倡导开放性思维，挖掘管理创新深刻内涵，形成富有时代精神的管理思想。

第一，管理思想要从封闭性管理向开放性管理转变。梳理广播电视大学管理思想和管理制度，可见三十多年来积累了以“一个系统、二级办学、三级平台、四级管理、五个统一”为特征的系统办学管理方式，这是宝贵的精神财富。但从宏观上来看，还缺少开放大学应有的开放性。管理机制，管理范围、管理主体等基本上是局限在广播电视大学系统内，其管理思想基本上是封闭性占主导。封闭性管理在特定情况下有其必要性，但总体上有一定的缺欠，系统管理体制内各层级间功能、职责、领域、时间和空间等存在差异，由此也引发其管理规则上严谨、缜密、衔接程度以及管理主体要素间的动力与和谐程度不

够；对外过于依附并听命政府和上一层级学校管理的指令和决定，导致注重社会多方面需求与直接联系不够；管理主体中学校领导和师生员工创新思维和主观能动性不能得到很好的发挥。为适应广播电视大学向开放大学战略转型和构建开放大学"社会化导向"人才培养模式的需要，管理思想要从封闭性管理向开放性管理转变。开放性管理思想作为开放大学建设管理思想的创新成果，主张管理的核心思想是开放性，要吸纳各层级管理的师生员工参与管理并对管理作出评估，使层级管理的师生员工感受到即是被管理者，又是管理者；强调充分发挥人的主观能动作用、社会支持作用及监控评价作用，让学校和社会更多人积极参与管理，凝聚各方智慧；注重社会化导向，在明晰学校管理内涵的基础上制定科学的，公正、公平、公开的管理制度。开放性管理思想更能客观的显示开放大学教育目标与管理工作动态的本质特征，能有效地指导开放大学管理不断创新并取得更大的管理成效。

第二，管理思想要从被动性管理向主动性管理转变。回顾广播电视大学管理制度的形成，大多为被动性或应对性管理。被动性管理虽然具有符合客观需求的必然，但因其管理思想正能量不足，显现的是被动应对、少于反思，研究不深、进取乏力，从管理思想上探究根源应是管理者自身的本位缺失。开放大学建设管理创新，在其管理思想创新上，要回归管理本位，打破传统管理的思维定式，改变就事论事、单纯管理的思想，即管理思想要从被动性管理有向主动性管理转变。主动性管理思想作为开放大学建设管理思想的创新成果，主张增强管理者的角色意识和管理的主动性，承认和客观对待管理的不确定性，并以此为基础和前提，放大管理背景，完善预测方式，发挥多元思维，提升预见性思维能力；强调管理制度要遵循和符合学校的发展战略目标，明确实现管理目标的具体要求和准则，保持管理目标与发展目标的一致性；注重调查研究，积极探索和分析把握学校发展的内外部环境，形成明晰的管理目的意识，并按其发展动向思考和确定管理的重心，使学校各项管理制度和管理目标具有一定的前瞻性。主动性管理思想将管人与管事相统一，这样就进一步增强了提升管理者综合素质的重要程度，其中最重要的是提升领导者的管理水平和组织领导能力。实现广播电视大学向开放大学战略转型，推进开放大学建设创新发展，确立主动性管理思想尤为重要。

第三，管理思想要从校本性管理向系统性管理转变。纵观当今学校管理，校本管理和系统管理都是现代管理思想的表现形态。校本管理，即以学校为本体的管理思想，主张以学校为基础实施管理，强调学校管理的自主性、独立性、创造性，注重提高学校管理的针对性、实践性、有效性。作为一般高校实施校本管理无可厚非。然而，对于开放大学管理来讲，因其整体办学组织体系具有从中央到地方的系统性和相关管理具有层级性的衔接等特征，开放大学建设管理思想创新，不能仅局限在校本管理的层次，在管理思想上要从校本性管理向系统性管理转变。系统性管理思想作为开放大学建设管理思想的创新成果，主张倡导共同决策、层级服务理念；强调加强系统管理，提高系统办学的统筹能力；注重建立管理信息共享机制，改善系统管理信息沟通状况。系统性管理的核心思想是实行人本化、制度化、规范化、一体化管理；管理目标是把开放大学系统作为一个有机整体，推进广播电视大学向开放大学整体转型升级。系统论认为，系统整体功能大于部分功能之和，将开放大学各层级学校整合为有机整体，相互分工负责、共同协作，提升管理制度和管理行为的亲和力和执行力，这是开放大学建设管理创新的理想境界。因此，系统性管理思想完全符合开放大学建设管理创新的方向和目标。

二、融入现代管理要素，促进管理制度创新

管理要创新，制度要完善。完善的学校管理制度是学校各项工作有章可循、有据可依，有效实现管理目标的前提和保障，是实行依法治校的集中体现。管理制度创新所涉内容非常宽泛，在开放大学建设管理制度创新中，应积极融入人本、开放、多元、协调、信息技术等现代管理要素，紧密围绕自身建设与发展需要，建设更加科学完善的管理制度体系。

第一，管理制度创新的核心内容。管理制度创新是创新之本，没有制度创新，创新行为难以有序。开放大学建设管理制度创新的目标是根据学校和办学组织管理系统的变化、学校与其外部环境相互关系的变化，为实现开放大学建设与发展目标，对现行的管理制度进行全面改造和创新。开放大学建设管理制度创新的核心内容是以开放大学社会化导向人才培养模式为中心，以服务全民学习、终身学习、促进人的全面发展为宗旨，以培养高素质应用型人才

为己任，以构建现代信息技术为支撑的远程开放教育管理新秩序和提升优化教育教学资源整合共享效能为目标，突出开放大学系统性与开放性本质特征，抓住招生办学、教学科研、支持服务、学生管理、后勤保障等主要方面和主要环节，制订管理目标和实现管理目标的行为准则，建立全面目标计划体系、质量管理体系、全员业绩考核体系，形成相互衔接、相互支撑的制度规范体系。从目前现实紧迫需要来看，建立推进一体化办学、加强教学组织管理、完善招生考试办法、优化资源整合与共享措施、提高队伍建设水平、加快体系构建进程等管理制度是开放大学建设管理制度创新核心内容的侧重点。

第二，管理制度创新的本质要求。管理制度的功能是协调和规范人的行为。管理制度创新的本质要求包括人本、民主、科学、效率四个方面。人本，即开放大学建设管理制度创新要突出体现以人为本，一切以人为中心，重视人的因素，注重对人的积极性、创造性的保护和开发；实施人本化的管理策略，体现管理无情人有情，严而有度、刚柔并济，各项规章制度，既要强制规范师生员工的行为，以确保学校工作的高效运转，又要兼顾激励和鞭策，保护师生员工创新激情，使师生员工的个性潜能和主观能动作用得到充分发挥。民主，即开放大学建设管理制度创新要突出体现民主性，要善于吸取来自多元渠道的管理信息，使管理制度创新具有广泛的群众基础，以利于师生员工明确开放大学建设奋斗目标和价值追求，形成共识的价值取向。科学，即开放大学建设管理创新要突出体现科学性，要遵循教育发展的客观规律，要符合开放大学建设本质特征的客观需求和发展方向。效率，即开放大学建设管理创新要突出体现效率性，提高效率是管理创新综合成果的集中表现，能否提高工作效率和优化资源整合共享，并收到预期效果，是对管理制度创新的实践检验。在管理制度创新过程中，要综合考察，客观看待管理创新带来的效率变化，折射到具体制度条文中总结修正，进而使制度内容日臻完善。

第三，管理制度创新的关键因素。管理制度创新的关键所在是提升管理主体的创新力和执行力。创新是人类特有的认识能力和实践能力是人类社会进步的动力源泉。然而，实践证明，创新不可能立刻见效，创新有一个实践、认识，再实践、再认识，循环往复，螺旋式上升的过程。开放大学建设制度创新，能否体现各种创新成果的集成，其关键所在是管理主体自身综合素质和执行力。即各层级管理者应打破思维定势的束缚，以一种新的视角来看待学校转型升级提出的新需求和新任务，发挥主观能动作用，增强管理制度创新力和执行力，这一点，对管理制度创新来说具有关键性的意义和作用。从管理制度创新的基础来讲，基层管理实践是创新的源头活水；从管理制度创新的支撑条件来讲，搞好顶层设计又是使制度创新迈上更高层次的根本保障。因此，推进开放大学建设制度创新，首先应着眼于各层级管理主体以时代精神为主导的思想品质素养和以开拓创新为核心的能力素质的提升。开放大学是在广播电视大学基础上转型提升，由于战略目标的变化和发展，其管理目标、具体任务和实现条件也必然发生变化。各层级管理决策者和管理者，都要跟进社会发展需求，勇于提出问题、发现问题，敢于开拓创新，且能脚踏实地、不畏艰难地去研究、去实践、去探索开放大学建设创新之路。作为管理制度创新的领导者，要注重目标定位和管理创新的策略选择，要有独具特色的管理理念和办学主张，创造性地采用新的措施和手段，对管理要素进行扩展更新和优化组合，以形成新的管理格局，产生新的管理效果。在推进制度创新中，尤其是要重视教师队伍的建设。教师是学校的首要资源，教师既是被管理者，又是管理者。开放大学建设管理制度创新，从一定意义上讲，其实质是要形成有利于教师创新精神和实践能力生成的措施保障，是达到“人事合一”管理境界的刚性约束。

三、借鉴企业管理经验，促进管理方法创新

管理要创新，方法要科学。科学的管理方法能充分调动和发挥人的主观能动作用，可收到事半功倍的管理成效。开放大学建设管理方法的创新，首先应以符合自身使命和特征为基本原则，按着教育规律开展一系列创新活动；同时，还应适应开放大学必须按着高度社会化方式来加强学校建设的要求，合理借鉴现代企业管理的新经验新办法，形成包括领导力、决策力、执行力、经营力多种能力高度集成的胜任组织领导开放大学建设和办学的新能力，进而通过提高管理水平获取更大的管理效能。

第一，管理方法创新的原则。一是以突出开放性特征为原则。开放性既是现代管理理念，也是开放大学建设的本质特征。开放大学建设管理方法创新，以突出开放性特征为原则，即要注重管理措施和管理方式的开放性，倡导

管理主体内外的广泛介入，并留给他们相当多的时间空间，去思考、去拓展，以达到对管理制度更深入的阐释和理解，同时，还要形成管理信息输出和输入畅通回路，并构建起随时进行信息处理的实施规则和必要程序，进而完善自我激励和自我约束的管理方法。二是以体现系统性建设为原则。系统性建设既是现代管理方法，也是开放大学建设的固有特征。开放大学建设管理方法创新，以体现系统性建设为原则，即坚持管理方法创新要注重适合系统建设的特征，系统内各层级管理目标要符合系统建设的总体目标，致力于各层级管理制度目标一致，职责明确，紧密配合，相互衔接，达到整体优化。三是以可行、管用、增效为原则。开放大学建设管理方法创新，要把可行、管用、增效作为衡量管理系统状态优劣的客观尺度，所有的管理办法都要有利于最大限度地调动管理主体人员的积极性、主动性和创造性，有利于提高管理效率和工作质量。

第二，创新性管理方法的主要类型。开放大学管理方法创新，要坚持以人为核心，以规章制度为基础，以自我约束为重点，以完善监督管理机制为关键，以提高队伍人员素质为保障，以提高办学系统管理效能与质量为目标，以保证人才培养质量和实现学校发展目标为根本。从一般意义上看，学校的管理方法多种多样，数不清、道不尽，但从更适合开放大学管理任务的角度看，创新性的管理方法重点表现为三种类型：一是人本化管理方法。人本化管理方法的基本理念是以人为本。管理方法内容是侧重于人的自我管理和自我约束，管理方法是通过管人达到管事。人的因素是管理创新的决定性因素，“人事合一、目标一致”是人本化管理方法的最高境界。人本化的管理方法要求实现学校发展与个人发展协调统一，要把提高师生员工的整体素质作为首要管理目标，依靠、尊重、开发师生员工的管理潜能，充分调动和发挥师生员工参与管理的积极性、主动性和创造性，形成人力资源凝聚力和向心力，通过管理方法创新形成管理主体的整体合力，从而达到促进学校发展的目的。二是制度化管理方法。制度化管理方法的基本理念是凡事都必须有规矩。管理方法内容是侧重于指导和约束、鞭策和激励、规范和程序，并且是按章办事和按章考核。管理过程中制度不可或缺，没有完善的管理制度，任何先进的管理方法和手段都不能充分发挥作用。制度是为实现某种功能和特定目标，要求管理者主体和相关人员必须共同遵守的办事规程和行动准则，管理者主体和相关人员的执行力是实施制度化管理方法的基本素质要求。制度化管理方法要求实现管理过程的规范化、制度化和标准化，科学、合理和明晰地规定管理者主体和相关人员的职责及工作目标，明确管理过程的相应规则和程序，使各主要管理环节有章可循，指导和约束管理者按一定规则实施管理，并按统一标准进行督导、考核和评价。三是系统化管理方法。系统化管理方法的基本理念是层级管理、分工负责、信息共享、整体统一。管理方法内容侧重于管理过程中各层级管理的相互衔接与支撑，按不同职责和分工组成管理整体共同完成管理任务。系统管理方法要求在管理过程中，要充分运用现代信息化管理平台，整合管理功能，以实现快捷高效的管理效能。具体到当前开放大学建设，要坚持系统一体化办学规则，统一各管理环节的管理目标和管理制度，明确各层级管理的职责和管理流程，为各层级管理提供完善管理制度依据和解决问题的方法及途径。系统化管理方法不仅顺应了现代管理的方向，也体现了开放大学建设管理创新的主要目标要求。以上三种类型管理方法并不能涵盖所有管理办法，根据实际需求，应该大胆探索求证更多更好的管理办法，以保证开放大学管理工作真正体现高度开放和与时俱进，通过创新和完善管理，达到资源利用效率最大化。人本化管理方法、制度化管理办法、系统化管理方法各因基本理念不同而具有不同的特定内涵，在实际应用中，更多的是有机融合与相互渗透，成为集合多种先进理念和创新经验的科学方法。

开放大学建设是动态的发展过程，从一定意义上说，开放大学的建设和发展速度取决于创新管理所产生的驱动力度。因此，以科学严谨、推陈出新的理论勇气和实践魄力，不断创新管理思想、管理制度和管理方法，对于正在转型蜕变过程中的广播电视大学来说，无疑是一项必须随时跟进、贯穿始终和须臾不能停顿的重点任务。

第十三章　模式创新——提炼教育新经验

教育模式是对教育经验和规律的抽象和升华,是解决某一类问题的有效方法。开放大学模式创新是基于开放大学的办学定位和目标,通过对远程开放教育规律的深化认识和对现行各种传统模式的改造完善,形成若干包括学校发展、体系办学、人才培养、教学组织、管理服务、监控评价等重大事务处理的新经验和新方法,全面推动开放大学转型升级和内涵建设。

一、开放大学模式创新的指导思想

开放大学模式创新不能站在原有起点就事论事,必须着眼于完善国家终身教育体系的战略高度,来认识和把握创新方向和创新要求。

第一,着眼于推动终身教育体系建设的使命。开放大学模式创新,必须放在实现教育发展方式转变和完善国家终身教育体系的层面上来考量。建设开放大学作为党和政府的战略决策,是实现教育结构转型升级和推动学习型社会建设的重大举措。开放大学要成为终身学习的践行者、创新型人才的培养者、教育均衡发展和教育公平的促进者、教育与信息技术深度融合的开拓者,必须探索出一整套开放、灵活、全纳、终身、优质的全新模式。这种模式使它能够跨越不同教育层次和教育板块的壁垒,充分挖掘数字技术、网络技术、移动技术的巨大潜力,搭建突破时空限制的广阔求知平台,满足社会转型进程中催生的多样化学习需求。在实践中不断创建高等教育的新理念、新模式、新机制,为完善国家终身教育体系探索理论依据和开拓实现路径,这是开放大学所承载的重要历史使命,也是开放大学建设内涵的核心要素。

第二,着眼于深化高等教育体制改革的要求。《教育规划纲要》提出“办好开放大学”并将其确立为国家教育体制综合改革重大项目。国务院批准将中央广播电视大学和5所地方广播电视大学列为国家重大教育改革试点单位，启动了开放教育模式的实践性探索。6家试点单位对原有学校功能定位、培养模式、发展机制等方面进行了全面改革，试点工作取得了明显的进展。经过严格的评估程序，几家试点单位先后获批成立开放大学，这是落实教育规划纲要、深化教育体制改革和制度创新的重要成果。“1+5”试点的真正意义，不在于中国高等学校序列中增加了6所开放大学，而在于为破除教育体制藩篱提供新鲜经验，为深化高等教育综合改革开辟道路，为又好又快建设国家继续教育体系发挥引领作用。开放大学的模式创新，成为教育体制改革的先行者，成为最能体现终身学习先进理念的载体，成为高等教育体系中最具改革活力和拓展潜能的重要领域。

第三，着眼于开放大学能力构建和内涵提升。开放大学建设是我国教育改革的重大突破。我国继续教育体系规模巨大，但因为缺乏龙头和支柱的支撑，不能很好地合理配置公共教育资源、形成核心竞争力。开放大学定位于努力成为国家和地区终身教育服务体系的“主服务器”，其办学体系和办学能力必须与“主服务器”的定位相匹配，这是转型升级所要达到的奋斗目标。开放大学模式创新必须服从和服务于开放大学提升能力、凝聚内涵的本质要求，探索总结以现代远程开放教育为特色，全力推动高等教育大众化，深入基层、行业、乡镇和社区，广泛开展社会化的非学历继续教育和为全民终身学习服务的新经验和新办法。以推动开放大学既要成为国家开展远程学历教育的高等学府，更重要的是全力整合、拓展教育服务功能，发展成为国家远程教育资源中心和学习型社会建设服务中心。

二、开放大学模式创新的重点任务

开放大学模式创新不是搞花拳绣腿，不是做表面文章，其出发点和落脚点都必须体现在实现开放大学建设发展目标上。

第一，在宏观层面上，要重点解决好学校发展模式问题。建设开放大学既是教育改革的重要战略，也是社会发展的重大课题。开放大学建设的现实依据是社会转型催生出的新的教育理念和教育模式，是满足全民学习、终身学习需求的实践途径，是推动教育公平、社会和谐的民生工程。基于我国基本国情,因应社会转型发展要求,确立开放大学的发展模式,就是建设开展现代远程教育的“大学”,搭建全民学习的“平台”,完善终身教育的“体系”,形成“三位一体”的战略格局。要依托现代信息技术,面向社会大众举办学历和非学历继续教育,为提高全民综合素质,建立人力资源强国提供支撑;要拓展社会服务功能,建设覆盖全国城乡的数字化远程学习公共服务平台,引入市场机制和企业管理理念,为办学者和学习者提供社会化的学习支持服务;要促进优质社会教育资源共享,探索搭建各级各类教育“纵向相接、横向沟通”的立交桥,积极推动国家和区域学习型社会建设步伐。发展模式的确立,有利于把握广播电视大学向开放大学战略转型的核心和方向,制订具有科学性、可行性、前瞻性的发展规划,引领开放大学建设实践在关键领域实现突破。因此,由过去主要依赖政策提供办学项目实现学校发展转变为主动为满足社会需求提供服务实现学校发展,走出一条国家主导与市场运作相结合的办学道路,这是开放大学模式创新的首要任务。另外,广播电视大学以往办学特别重视办学规模的扩张,而开放大学则更应重视教育质量和对社会的贡献,这也应通过创新发展模式予以解决。

第二,在中观层面上,要重点解决好人才培养模式问题。教育类型、教育对象、教育目标和教育方式不同,决定不同的人才培养模式。以“社会化导向”为核心深化开放大学人才培养模式改革,是实现开放大学“开放办学”和“社会化服务”两大功能的重要模式选择。“开放办学”的核心是办学项目、人才标准、培养过程、技术手段、教育资源、学习成果、管理服务、质量评价等要素全方位的开放,其实践表现形式就是全方位的社会化。“社会化服务”功能的实现和拓展,需要人才培养模式改革的成果作为支撑和根基。因此,在由广播电视大学向开放大学转型进程中,应以“社会化导向”理念作为指导,全面深化人才培养模式改革,遵循远程教育规律,适应成人学习的需求和特点,科学制定培养目标和标准,充分发挥现代信息技术的作用,创新教育教学方法,完善质量保证体系,不断提升远程教育水平。有了这样的办学基础,开放大学就有能力为全民终身学习提供更高质量、更具特色、更加便捷、更低成本的社会化综合服务。这正是开放大学的意义和价值所在,也是开放大学建设实践的重点所在。

第三，在微观层面上，要重点解决好教学模式、教学管理服务模式及其他各种工作模式创新问题。在开放教育理念的引领下，不断加强对一系列具体教学、管理服务模式的优化与创新，是开放大学实现内涵发展和保持长久生命力的重要保障。要围绕教师与学生、教与学何者为中心，两者关系如何处理开展“中心型互动”教学模式创新。与教学模式创新相适应，组织开展适合个性化学习特点的管理模式、支持服务模式和质量评价模式创新。除此之外，还包括其他若干模式创新，如以需求导向为主要特征的专业培养模式，以有机衔接为主要标准的课程建设模式，以信息技术为主要手段的学习模式，以富有弹性为主要标志的注册、学习、考试模式，以社会合作为主要机制的资源整合模式，等等。这些都需要依据新任务新使命的要求，大胆实践，不断总结，成熟一个，推出一个，进而逐步实现整体性的模式创新。

三、开放大学模式创新的基本方法

开放大学模式创新不能自我束缚，闭门造车，而应以兼收并蓄的包容心态，客观审视原有模式的缺陷，坚持好的，摒弃弊端，融合各种先进教育经验。

第一，继承与创新相结合。作为改革开放的产物，广播电视大学从一开始就确立了开放的办学理念，致力于开放教育模式的探索，特别是1999年以来，在教育部批准中央电大组织实施“人才培养模式改革和开放教育试点”项目的推动下，办学的开放程度不断提高。基于信息技术的教学形式可以灵活多样地满足各种学习需求，宽进严出的招生管理制度成为广大学习者获得学习资格的便捷通道，初步形成了中国特色的远程教育办学体系，具有突破时空、资源开放、方便快捷、覆盖面广、成本较低等优势。从某种意义上说，开放大学的建设是广播电视大学开放模式探索的拓展和深化，其重要依托是我国广播电视大学在三十多年发展中积累的优势和形成的特色。但与开放大学应当具有的模式构建目标相比，广播电视大学模式仍然存在很多局限。一方面开放模式服务的对象主要局限于广播电视大学注册的学员，而没有能向社会所有学习者覆盖，仍然具有校本的特征，还不能有效适应全民学习、终身学习的需要；另一方面开放模式的内涵主要局限于教学的过程，而没有与学习者的学习过程相融合，还主要表现为狭义的教学模式的开放，还没有能成为完全开放的学习模式。因此,广播电视大学以其相对的优势和鲜明的特色构成了开放大学建设的实践基础,但开放大学绝不是广播电视大学在形式上的“翻牌”。开放大学的模式构建,必须依据对开放大学建设战略目标及任务的把握,既要对三十多年发展积累的相对优势进行系统的总结,也要对转型发展面临的挑战做出认真的分析,同时要对发展思路和战略重点进行创新性的调整。

第二,借鉴与创新相结合。众所周知,中国的广播电视大学是借鉴英国开放大学的成功办学经验应运而生的。包括英国开放大学在内的众多国际远程教育大学,为中国开放大学的建设带来许多可资借鉴的宝贵经验。例如,英国开放大学以严密有效的质量保障体系和对学科、课程、师资建设的高投入,使其办学规模、教育质量、学术水平多年来始终处于英国大学的前列。法国远程教育中心成为信息技术条件下的资源共享平台,其学习资源实现了全世界范围的广泛交流。而美国凤凰城大学的特色是建立了超级强大的学习支持服务体系。这些国际先进的开放大学办学系统的成功模式,都可以成为中国开放大学建设的启示和参照。但与此同时,我们的开放大学建设必须从国情出发,立足实际走出一条自己的道路。英国开放大学、印度甘地国立开放大学等均实行一元化管理,从总部到分院、到最基层的学习中心,人、财、物都由总部统一收支分配,教学管理和质量监控皆由总校负责。而在我国各级广播电视大学的人、财、物都是由所在地政府和教育行政部门投入和管理的历史条件下,实行这种模式显然没有可行性。上述提及的国家开放大学还有一个共同特点:本身都是有几十万到几百万学生的办学实体,并配备了相应设施、支持服务体系和教学、研究和管理人员。而我国的国家开放大学并不是一个直接面对学生的办学实体,实行多层办学、分级管理的系统办学体制,对发挥中央和地方积极性,多快好省发展继续教育起到重要作用。我国开放大学的建设模式,从实际出发,采取了“大学、平台、体系”三位一体的设计,这是开放大学作为新型大学体制的重要创新,也是对丰富国际远程教育形态的重要贡献。

第三,改革与创新相结合。开放大学的模式创新是“破”与“立”的统一。“破”标志着改革的深化,要打破传统体制和模式的束缚,破解建设与发展中的难题。“立”标志着创新的行为,要确立开放的教育模式,建立开放的新型大学制度。在开放大学的建设进程中,存在着诸多需要破解的难题,包括办学自主权的落实、社会教育资源的整合、建设经费的保障、运行机制的创新等，这些问题客观存在、成因复杂，涉及传统与现行的学习制度、管理体制等诸多方面，解决这些问题需要教育改革的整体推进，具有长期性和艰巨性。但这也同时充分体现出开放大学建设作为党和国家战略决策具有的改革意义和创新价值。总结实践成果，立足现实基础，以思想解放为先导，以创新战略为驱动，以破解难题为抓手，以制度建设为重点，是推进我国开放大学模式创新的正确思路。

第十四章　行为创新——加速创新主体自适应

行为创新作为蜕变的必由之路，是因为开放大学建设作为一项创新性的伟大工程，它需要通过从思想到行为等一系列创新活动来完成。行为创新作为其中的重点内容之一，具有极其重要的地位和作用。行为创新，包括组织行为创新和个体行为创新。组织行为创新通过推出一系列改革举措实现创新目标，个体行为创新则通过创新主体自身的行为改变达到与组织行为创新目标相适应。这里所说的行为创新重点指的是个体行为创新。

一、行为创新是开放大学建设提出的新课题

建设开放大学是在新思想、新实践、新制度、新目标相互作用中提升发展的崭新事业，这种崭新的事业要求作为建设主体的广播电视大学教职员工无论是思想境界还是行为方式都不能停留在原来的状态，必须以新的精神风貌、新的行为方式来应对新的挑战和新的岗位职业要求。

第一，实现开放大学的创新，首先是实现人的创新。创新是人的一种行为，是人的有目的的活动。创新的主体表现形式即人的创新。马克思主义认为，在生产力三要素中，人是最积极、最活跃的因素。掌握一定劳动技能的劳动者即人作用于劳动资料和劳动对象，才能构成生产活动和生产过程，形成生产力。劳动者掌握的劳动技能水平越高，生产力水平就越高。所以，只有劳动者不断创新劳动技能，才能不断提高劳动生产率，推动生产力发展。从创新主体的角度和马克思主义的群众观来看，在广播电视大学基础上建设现代开放大学，广播电视大学的教职员工是实践改革创新的主体，开放大学的创新首先是他们的创新，其重要程度决定开放大学建设的成败。只有实现教职员工自

身的创新，使之具备先进的教育理念和思维方法，掌握先进的专业技术知识和技能，拥有先进科学的管理方法，才能实现对原有学校的功能定位、办学模式、培养模式、评价模式和服务模式等方面的重大改革，才能实现开放大学的创新，实现战略转型。

第二，实现人的创新，最根本的是行为创新。人的创新包括思想创新和行为创新。思想创新支配和决定行为创新，行为创新作为思想创新的表现形式或成果体现又反过来影响思想创新。按照马克思主义认识论的基本观点，思想创新和行为创新的关系正是认识与实践的关系。开放大学的思想创新作为教育变革实践的真理性认识，必然要经过开放大学建设的实践检验，而这一实践的主体就是广大的教育工作者，这种检验的过程正是人的行为创新的过程。通过行为创新的实践来检验思想创新成果的应用价值并使之不断丰富和完善，这是马克思主义认识论的基本规律和实践第一的基本观点。

第三，行为创新的源泉和基础是个体行为创新。个体行为创新是组织行为创新的直接来源，没有个体行为创新就没有组织行为创新。同时，组织行为创新又是对个体行为创新的凝聚和概括，并反过来指导和影响个体行为创新。因此，行为创新首要的、最基本的是个体行为创新。依据开放大学的总体建设任务，个体行为创新的主要方向应当是：每一个教职工必须牢固树立主人翁意识，用永不满足的眼光审视自己，在创新实践中逐步形成新的思维、新的观念、新的模式、新的习惯；要使自己始终处在研究探索过程中，善于通过自身行为的改变来实现创新活动的设计要求；要始终坚持服务和奉献两个基本点，把办好人民满意的终身教育目标落到实处；要自觉培育并强化恪尽职守和抓铁留痕的执行力，使每个岗位每项工作都能达到相应的规范要求，同时要更加重视团队凝聚和协调功能，努力使个体力量在集体运作中得到强化和放大；努力提升熟练运用现代信息技术的能力，掌握便捷处理业务和高效沟通人际关系的工具和桥梁。

二、行为创新因职业性质不同而各有特殊要求

行为创新是创新的主体表现形式，是人以自身为改造对象的实践活动，是

以多种方式对人及其行为的重新塑造。按照开放大学关于“开放”的基本内涵和满足人民群众多样化学习需求、构建终身教育体系、形成学习型社会的基本要求，广播电视大学教职员工在开放大学建设中除加速提升思维、观念、习惯、能力等个人综合素质外，由于个人职业性质和工作岗位的不同，个体行为创新要求也各有不同。不同群体应依据岗位要求改变行为模式，遵循不同的行为规范，开展不同的行为创新实践。

第一，教师。作为教师，个体行为创新的重点是开展教学模式、教学策略和教学方法的改革和创新。变单纯组班授课的教学组织形式为指导学生个别化学习、学生间讨论、师生间交流等多种方式组合的教学组织形式，形成真正适合网络教学、学生多样化学习的教学模式，由以“教”为主转变为以“学”为主，为学习者提供支持服务。教师个体行为创新要把启发和培育学习者创新能力作为首要目标。

第二，教学管理人员。教学管理人员是由各种不同职务和岗位构成的，其个体创新行为的重点是围绕为满足教师和学习者多样化教学和学习需求提供管理和服务开展改革创新。探索在统一的管理和服务系统支持下，包括选课、教学计划安排、考试管理服务、学籍管理服务、学分互认与替代、学分银行、毕业办理、信息咨询服务、教材与课程资源服务等新模式和新办法。

第三，教育技术人员。作为教育技术人员，其个体行为创新的重点是为满足教与学和各项管理服务做好技术支持，实施课程资源开发与建设、共享与推广的改革与创新，紧密配合教师、教学管理人员制作微课、慕课和网络平台，整合课程资源以及及时做好网络设备维护并进行技术应用的培训指导等，不断提高多样化教学、学习、管理、服务的技术支持和保障能力。

第四，党务、行政管理人员和后勤服务人员。作为党务、行政管理人员和后勤服务人员，其个体行为创新的重点是围绕多样化学习、教学、管理和技术支持等需求，实施党务、群团、人事、财务、资产、科研和后勤等改革与创新。不同岗位人员根据各自不同的职责任务创新相应的工作内容、工作策略和工作方法，分别为开放大学人才培养全过程和各部位工作需求提供精神动力、人文关怀、政策支持、资金和物资保障。

三、行为创新的主要内容和切入点

行为创新表现在主体活动的各个层次与方面，包括内心行为创新与外部行为创新。内心行为是人的意识的、内省的、观念的活动，是一种心理操作；外部行为是人的言语的、动作的、社会的活动，是一种可观察的、可作用于外物的、可影响他人与环境的行动。马克思在描述生产者自身改变时指出，“他炼出新的品质，通过生产而发展和改造着自身，造成新的力量和新的观念，造成新的交往方式，新的需要和新的语言”①。因此，行为创新应主要从以下几个方面入手：

第一，改革和创新思维习惯。思维作为行为的先导，对行为创新具有支配和决定作用。要实现开放大学的行为创新，既要突破传统的普通高校校园教育理念和办学模式，也要突破传统的广播电视大学的教学模式和管理模式，改变传统的思维习惯，以全新的思维视角和思维方式审视开放教育，以实现教育观念、办学方式、学习对象、培养模式、管理方式和教育资源等全方位开放，构建学习型社会和终身教育体系为目标，改革和创新思维习惯。

第二，改革和创新语言表达。语言作为表达、交流、承载、传递信息和思想的工具，是创新开放大学建设行为不可或缺的直接载体。语言与思维互为表里、互相依存，相互统一。思维习惯的改革和创新，依靠语言表达得以实现。因此，个体行为创新必须突破校园化局限和“电大化”的语言表达模式，构建全新的适应现代开放大学教育，包括具有时代特征和生命力的网络语言在内的语言内容和表达方式。

第三，改革和创新工作方式。正确的工作方式方法是确保开放大学新模式有效贯彻的关键。开放大学作为一种全新的办学形式，其运作模式和行为规范都将呈现新的特点。这就要求教职员工必须从原来习惯了的工作方式中跳出来，以“开放、质量、服务、特色”为理念，创新工作方式。创新工作方式应突出体现敬业、协调、效率三个重点要求。因为，敬业是履行职责的基本素质，没有这一条，工作方式创新就无从谈起。协调是由开放大学人才培养过程的

① 《马克思恩格斯全集》第30卷，人民出版社1995年版，第487页。

开放性所带来的人际关系的复杂性决定的，没有高超的协调能力，任何人都无法在频繁的人际互动中做好自己应做的事情。效率是工作方式创新的落脚点，做事不能光凭激情，不断做无用劳动、重复劳动，即使是再勤奋、再辛苦也没有多大意义，只有善于总结、不断发现规律并应用规律的人，才能有成果、有效率、有作为。

第四，改革和创新人际交往。行为创新最明显的外在表现往往首先在于人的精神风貌，表现为创新主体在人际交往中接人待物的态度、言谈举止、处理问题的能力和水平。开放大学的行为创新，应该围绕提升接人待物的素质、能力和水平，创新接人待物工作内容和形式，优化人际交往环境，构建新型的人际关系和工作关系，营造良好的工作氛围，展现出开放大学人的新的精神风貌。

第五，改革和创新互动手段。互动手段作为教学、管理和各项工作的交流方式，在开放大学建设和运行中具有极其关键的作用。开放大学建设必须把互动手段的创新作为行为创新的重点内容，按照"开放"和"多样化"的核心理念，继承多年的办学经验，借鉴国外先进做法，充分利用现代教育技术手段，不断开发和拓展互动途径、方式和技巧。

四、开放大学行为创新的条件和环境

个体行为创新不是孤立的，需要一定的条件和环境。行为主体作为一定社会环境和组织氛围的一员，其行为创新必然受到社会环境和组织氛围等诸多因素的制约和影响。因此，学校应努力为个体行为创新创设相应的条件和环境，保证个体行为创新健康发展。

第一，个体行为创新应与组织行为创新协调一致。任何个体行为创新都是社会一定组织结构状态下具体职业岗位工作的实践行为，开放大学个体行为创新与开放大学的组织结构、功能体系和管理体制机制等密切相关。在推进个体行为创新中，应对其加以正确引导，使教职工的行为目标、动力、规范、方式等，符合开放大学的宗旨、理念和基本要求，与开放大学的组织行为创新协调一致。

第二，汇集个体行为创新正能量推动组织行为创新。个体行为往往具有自发性和群体意识的不确定性。但是，它作为群体意识和群体行为的源泉和基础,对群体意识和群体行为的形成具有非常重要的作用。若干不同个体行为朝着同一个目标努力,就汇集成一种正能量,从而凝聚和提炼出正确的群体意识,形成正确的群体行为。因此,学校应依据这样一种发展脉络组织和运用好个体行为的创新成果。

第三,为个体行为创新创设外部环境和内部条件。按照瑞士近代著名儿童心理学家皮亚杰的定义,行为"是指有机体为了改变外部世界的条件,或改变他们自己与周围环境有关的处境,而指向外部世界的一切活动"。① 可见,"行为"和作为行为主体的人(有机体)与"外部世界"或"周围环境"有着密不可分的关系。换言之,"外部世界"或"周围环境"对行为主体具有极其重要的影响。因此,学校领导者应为教职工个体行为创新创设良好的外部环境和内部条件:一是情境营造。行为是个体和情境因素共同作用的结果,良好的社会文化背景是影响行为创新的重要因素。先进的文化成为社会意识形态,就可以作为一种社会规范和文化氛围,对人的行为起着积极的导向作用,成为指导、制约、协调人的行为的外部力量。在开放大学建设问题上,对办学宗旨和理念的学习、宣传以及对运行模式的研究探索等,都是在创设一种情境,将极大地促进人的行为创新。二是授权。授权,作为一种管理艺术,体现了领导者对其教职员工的信任、鞭策和激励。它为教职员工创造了锻炼能力和展示才华的机会,让他们拥有自主权,能够独立处理问题,使其积极性和创造性得以最大限度地发挥,从而提高组织成员的士气。因此,授权也是影响教职员工行为创新的重要方法。三是信任度。信任度作为学校、上司、同事以及合作者对教职员工的一种赞许和认可的标量尺度,对他们的心理和行为具有重要影响。在工作和人际交往中,教职员工得到的信任度高,就会受到鼓舞和激励,从而更加增强他们的自信心和进取心,发挥出更大的积极性和创造性,取得新的业绩。反之,可能会丧失自信,不求进取。四是激励。激励作为一种调动教职员工积极性和创造性的管理方法,也是对他们具有非常重要影响的因素。正确合理的激励措施会有效地激发他们的工作热情,主动创新工作行为,使他们的潜能得到更充分发挥,从而努力完成本职工作任务,实现组织行为创新目标。

---

① 皮亚杰:《行为——进化的原动力》,商务印书馆 1992 年版。

第十五章　文化创新——培育特质和灵魂

文化创新作为蜕变的必由之路是因为文化是历史的凝结,文化是现实的存在。每一所高校都不可或缺的要有其特定的大学文化作基石、作灵魂。广播电视大学向开放大学转型蜕变,必然与之相适应的呈现出更高层次的大学文化形态。因此,推进文化创新是开放大学建设创新的题中应有之义。

一、文化创新作为上层建筑领域特殊活动将体现在开放大学建设全部实践中

大学文化是大学内涵的高度凝结,是物质文化、精神文化、制度文化和行为文化的总和。大学文化是一种氛围、一种精神,是凝聚人心、展示学校形象、提高学校文明程度的重要体现。对教师和学习者的人生观、价值观产生着潜移默化的深远影响,而这种影响的深刻程度往往是任何课程和说教都无法比拟的。开放大学文化创新作为上层建筑领域特殊活动,将融合在开放大学建设全部实践中,体现其开放大学的本质特征。

第一,开放大学文化创新要体现不同于一般高校的文化特征。大学的根本任务是培养优秀人才,大学的宗旨与使命是继承文化、传播文化、创造文化,通过文化的传承、传播和创造,促进受教育者的社会化、个性化、文明化,从而塑造健全的人、完善的人。开放大学的建设必须把满足全民学习的需求、促进人终身的自我发展作为根本宗旨,这就使其在学生受众面和学习时间跨度上区别于一般高校,把开放性和包容性作为其文化创新的起点,即在思想和意识层面摆脱束缚,以开放、自由、自主的理念接纳所有被教育者。由此可见,开放大学独特的大学文化特征集中表现在它具有独特的办学目标和负有独特的教育使命上。

第二,开放大学文化创新要体现实践基础地位和文化能动作用。实现由广播电视大学向开放大学战略转型,在创生着负有更高使命的物质形态的新型高校的同时,也在创生着蕴涵于新型高校之中的新型大学文化。开放大学建设每向前推进一步,都无不体现着实践的基础地位和文化的能动作用,两者是相伴全程融为一体的关系。因此,开放大学文化建设,在整个开放大学建设中,是一项具有全局性、战略性、前瞻性的工作,既需要结合其他建设内容统筹设计,同步展开,又需要在建设实践中及时总结提炼,以不断彰显开放大学的学校特色和教育特色。

第三,开放大学文化创新要体现在全过程全方位的教育活动中。开放大学文化是教育者和受教育者共同创造并获得广泛认可的物质财富和精神财富的总和,它反映开放大学的教育思想和办学精神,体现学校物质文明和精神文明的总体发展水平。开放大学教育工作者和学习者是一个有机整体,任何一方都是文化的创建者、参与者和受益者。因此,开放大学文化创新贯穿在全部教育活动之中。在物质文化方面,一是要体现教学文化的独特性,即要体现远程开放教育条件下教学内容与教学方式和发展特征与发展趋势,要体现教师以学习者基于教与学的互动过程而呈现出来的文化形态与文化意蕴、学习方式与思维范式等;二是要体现技术文化的全面性,即要体现远程开放教育实施教学过程所运用的媒体和信息技术状况与程度,并将教育技术作为一种文化渗透到开放大学文化的各个环节。在制度文化方面,一是要体现开放大学教育功能特征在管理政策上的确定性;二是要体现开放大学自主学习和支持服务两大焦点问题,这也是凝聚开放大学制度文化的核心内容。在精神文化方面,一是要体现对社会发展的价值,即要体现开放大学教育在国家终身教育体系构建和学习型社会形成过程中所发挥的作用和产生的影响,同时要体现对学习者个人发展的价值,即依据社会发展需求,对学习者实施“社会化导向”人才培养模式,使学习者学习成果既符合社会需求,又有利于持续发展;二是要体现开放大学教职工和学习者所认同和遵循的精神成果与文化观念,即在教育实践过程中形成的以教育理念、价值取向为核心内容的精神文化。

二、文化创新的推进方式是挖掘比较优势，在传承的基础上实现扬弃和升华

开放大学是在广播电视大学基础上的转型升级，开放大学建设与发展过程中文化创新的推进方式应是挖掘比较优势，在传承的基础上实现扬弃和升华。在传承广播电视大学优秀文化的同时，要清醒理智地认识存在的问题，取其精华去其糟粕，使原积淀的学校文化向开放大学文化升华。

第一，吸纳传承优秀文化。广播电视大学优秀精神文化的精髓可以归纳为以下四个方面。一是巨大生存压力下的危机意识。危机意识体现的是一种居安思危的高超智慧，是一种对可能遭遇到的困境和危难抱有警惕并由此激发奋斗图强，战胜困境的决心和勇气。广播电视大学自建校以来，办学项目频繁更替，生存成为首要问题，这就迫使在这里工作的教职工具有了强烈的危机意识。正是因为有了强烈的危机意识，才使得整个学校统一步伐，适应形势，应对挑战，取得胜利。二是对待学校事业的主人翁责任感。在危机压力下，教职员工尤其感到责无旁贷，以当家做主的态度积极参与学校决策，关心学校发展，在工作岗位上充分发挥主动性、积极性和创造性，正是这种精神的支撑与推动，使广播电视大学教育得以不断发展和逐步提升。三是勤恳踏实励精图治的奋斗精神。教职员工在危机意识和主人翁责任感的引领下，坚持面向市场，积极拓展生源，脚踏实地，勤勤恳恳，向规模要效益，使招生规模不断扩大，有效地应对了生存压力。可以说，正是广播电视大学人的这种隐忍坚韧、百折不挠才成就了今天开放大学的发展契机。四是善于合作大度共事的包容传统。广播电视大学从创办之日起，便与社会各方在办学上形成比较广泛的合作关系，经年历久，造就不欺生、不排外的处事风格，当今成为开放大学大学精神的基本因子。开放大学文化创新首先要传承广播电视大学三十多年来积淀下来的优秀精神文化。

第二，摒弃传统文化糟粕。开放大学文化创新，在传承广播电视大学优秀文化的同时，必须对广播电视大学文化存在的局限性保持清醒的认识。广播电视大学在其发展过程中，因其诸多因素的影响，在长期系统办学层级管理条件下所形成的线性思维方式，不利于开放教育服务社会功能的进一步拓展；传

统的人才培养模式在基于网络满足全民终身学习需求面前已显现出严重的不适应;还有办学过程中重招生规模轻教学质量的倾向一定程度地存在并产生影响,等等。因此,开放大学文化创新,要在传承优秀文化的基础上实现扬弃。一方面要从广播电视大学的历史传统文化中汲取养分;另一方面则要摒弃传统文化中的糟粕。

第三,提升文化内涵。在开放大学文化创新实践中,首先要坚持解放思想、实事求是的思想路线,弘扬与时俱进的精神,在教育实践中不断探索,逐步凝练出体现新时代发展特征的新型大学文化,提升开放大学文化内涵,使广播电视大学向开放大学转型升级中,学校文化得以升华。

三、开放大学文化创新的核心目标是培育和形成具有时代特征的大学精神

顾秉林院士认为:"广义上的大学文化包括大学精神、大学环境、大学制度等方方面面的整个大学教育;狭义上的大学文化主要指大学精神,强调大学师生的科学素养和人文精神,表现为一种共同的行为准则、价值观念和道德规范。"精神文化是大学文化中最为稳定的一个维度。大学精神文化主导着物质文化和制度文化的变化和发展方向,是大学文化的核心和灵魂,是在长期实践过程中逐步形成和发展的。开放大学文化创新的核心目标是培育和形成具有时代特征的大学精神。开放大学大学精神集中概括为以下几个方面:

第一,高度开放、科学严谨的思维方式。思维方式是人们观察、分析、解决问题的模式化、程式化的"心理结构",决定是人们看待事物的角度,它对人们的言行起决定性作用。开放性的思维方式就要求我们用发散思维,在一定的时空中从不同的视角,全方位地观察事物。科学严谨又要求我们求真务实,在发散思维的基础上,结合实际,使用科学的方法来分析和解决问题。开放大学要真正实现"时时、处处、人人"的多元化、个性化的大众终身学习局面,就要转变思维方式,不受线性思维束缚,不只在学历教育层面上打转,而是大胆突破,将非学历职业培训纳入人才培养体系中来。把住地方经济建设需求的脉搏,为其提供学历教育及职业培训、闲暇教育等非学历教育多层次、多形式的教育项目,以满足学习者个性化的学习和发展需求。

第二，服务民众、服务社会的价值取向。管理心理学把价值取向定义为“在多种工作情景中指导人们行动和决策判断的总体信念”。人的价值取向直接影响工作态度和行为。大学通常具有教学、科研、服务社会三个职能，对这三个职能的侧重点不同，可对大学进行分类。侧重于教学的为教学型大学，侧重于研究的为研究型大学，侧重于社会服务的为服务型大学。毫无疑问，开放大学属于服务型大学。开放大学就是要服务学习型社会、服务经济转型、服务工业化建设。开放大学的办学面向社会大众，面向一切有学习需求的群体，这与传统大学文化的精英教育理念截然不同。实际上，开放大学的出现对传统精英式教育来说是一场重大革命。由此，决定了开放大学的价值取向中要突出其构建全民终身教育体系的社会责任。服务民众、服务社会的价值取向也可以使我们避免盲目地走上“精英”教育的迷途。

第三，海纳百川、兼收并蓄的品行格调。品行格调是一种品格、风范，是看不见、摸不着的某种存在，人们在创造“品行格调”的同时，“品行格调”又反过来“创造”某个群体。开放大学作为一种新型高校，新就新在它作为一种载体，秉持大视野、大资源、大服务的思路，所谓“海纳百川，有容乃大”。心胸有多大，事业就有多大；包容有多少，拥有就有多少。开放大学在办学过程中，就服务对象而言，坚持“有教无类”的办学理念，面向所有社会成员，而且对残疾人等弱势群体的发展给予特别关注；就教学资源而言，把分散的优质资源通过社会化方式整合利用，实现学校体系、能力、任务的改造和重组，使教育资源在灵活配置的同时，呈现出极强的创新力；就教师队伍而言，开放大学本着“不为所有只为所用”的理念，广泛聘请国内外高校的专家、教授及社会上的行家里手来担任主讲教师或辅导教师，有效地加强校企之间、学校与社会之间的沟通与联系，从而实现“纵向衔接、横向沟通”，充分展示开放大学的开放性和包容性。

第四，诲人不倦、质量至上的职业风尚。职业风尚是指一种在一定职业范畴内且于一定时间阶段流行的风气和习惯。作为21世纪中国大学革新先行者的开放大学，兼具适应全民终身学习、推进信息技术与教育深度融合等多重使命，按照“社会化导向人才培养模式”的要求，坚持以“提高人自觉学习角色技能、适应社会生活以及服务社会和改造社会的能力”为己任。为此，开放大学要确立教学和科研的中心地位，提高教育教学质量。一方面组建一支年龄结构、学历结构、职称结构、专兼职教师结构合理的教师队伍；另一方面利用网络平台，加强教学资源共享，创新学校发展模式。同时，还要创建一种可以激励教职工成长发展的文化氛围，使其将服务学生、服务社会内化为自己的工作动力，从而发挥更大的积极性和创造性，进而在社会上展示开放大学的新形象。

开放大学是目前世界上唯一以办学理念命名的大学类型。它以推进全民教育和终身教育为宗旨，秉承开放办学理念，为所有寻求受教育者提供教育机会，利用现代科技手段，坚持学生入学开放、教学人员开放、学习媒体开放、学习方法开放、学习环境开放、教学模式开放，在顺应终身学习、全纳教育新理念、适应教育达到最边缘人群的新趋势上走到了前列。为此，开放大学的文化创新更需要发挥比较优势，把握前进的方向，缩小存在的差距，在逐步培育和积累新型大学精神的同时，改造大学环境，创新大学制度，进而形成符合开放大学使命要求的文化体系。

第十六章 系统创新——强化系统性、整体性、协同性

系统创新作为蜕变的必由之路,是因为由广播电视大学向开放大学转型蜕变过程中,必将作为一个有机的统一整体,对系统及系统内的子系统、子系统之间、诸要素、诸要素之间、系统结构、系统流程以及系统和环境之间的关系,按照开放大学新使命新功能新战略的要求,进行全面和动态地设计、组织和实施,以促进广播电视大学向开放大学整体功能的升级和优化。整体性、系统性、协同性方法是开放大学系统创新的基本方法。

一、以系统性方法制订系统创新目标并统筹决策指挥实施控制

开放大学是一个复杂的开放系统。开放大学系统创新就其自身来说,是从有序到无序再到新的有序的自组织过程。从其作为一个社会化的开放系统来说,又是不断通过与环境交换能量信息更新变化的过程。总之,开放大学系统创新是蜕变和飞跃的过程,是系统重构和再造的过程。因此,实现开放大学建设创新目标,必须坚持系统性的方法。

第一,运用系统性方法有利于科学设定系统创新目标。系统性把实现开放大学系统创新的目标规定为结构最优、功能最大化。开放大学系统创新不仅取决于每个子系统、每个要素在重构和升级中的质量和状态,更重要的是在广播电视大学向开放大学转型升级中,追求在整体结构上达到最合理,在功能上达到最优化。因此,在开放大学建设中,既要做好每个子系统、每个要素的创新和升级,更应从全局把握各子系统和要素的优化组合,使开放大学整体结构和功能达到适应开放大学建设目标的理想状态。

系统性规定了开放大学系统创新应是完整的创新体系。开放大学系统

创新不是某一点、某一方面、某一要素、某一子系统的创新，而是总体性的综合性的创新，是构建一个完整的创新体系。系统性首先关注开放大学创新系统构建的完整性，必然要把所有涉及创新体系构建的要素和条件纳入视野、统筹规划、总体布局，而不是以点代面、以局部代整体。同时，系统性更关注创新体系中各种要素、各种条件的相互影响、相互作用和内在的逻辑关系，如思维创新、战略创新和其他各种创新活动，不是简单的罗列、机械的堆砌，而是在相互联系和动态中规划、运筹和实践，进而推进开放大学系统全面创新。

第二，运用系统性方法有利于对系统创新活动实现有效协调。开放大学创新体系的功能首先取决于每一方面、每一要素改革创新的状况和质量，而在各要素既定的前提下，则取决于把各要素联系起来的结构，如体系结构、组织结构、管理结构、办学结构等。只有最优的创新体系结构，才能使开放大学系统创新释放最大的功效，取得系统创新整体功效大于各要素创新成果之和的效果，所以，优化开放大学创新系统结构至为重要。一是优化的结构必然是根据各要素创新的性质和作用，正确确定其在整个创新系统结构中的地位，形成创新体系结构的节点。核心创新要素和基础性创新要素起主要作用，应在创新系统结构中居于主导地位，占据体系结构关键节点。而其他创新要素则围绕关键节点合理布局。二是优化的结构应深入研究探讨各创新要素之间内在、本质、必然联系，依据各创新要素彼此间的影响、作用构建联系、形成结构，而不能是简单链接、无序堆砌。三是优化的结构既要关注横向结构合理构建，又要关注纵向结构合理构建，正确规划纵横交集，立体化的优化结构。四是优化的结构应反映出开放大学创新系统实施中的层次、顺序、重点、难点。

第三，运用系统性方法有利于对系统创新实施全程控制。系统性要求对开放大学系统创新进行全程控制。开放大学系统创新作为系统工程，是一个动态的平衡过程，为实现系统创新的目标，必须对全程进行控制。这种控制可以运用控制论的方法，如信息方法、反馈方法、黑箱方法等，也可以从开放大学创新系统自身特点来规划制定。一是目标的控制。开放大学是一个开放系统，开放大学系统创新目标必然决定于国家发展战略、经济社会发展需求、科学技术发展变化以及教育现代化的要求，尽管以上决定因素具有相对稳定性，一旦有所变化将对开放大学系统创新目标发生重大影响,对整个创新体系发生重大影响,创新体系目标应及时调整,整个创新体系应及时调整跟进。二是过程控制。即在开放大学系统创新过程中及时矫正各要素、各阶段出现的偏差,及时纠正错误。三是全程质量控制。形成开放大学创新机制的质量保证体系,构建全程质量控制的机制,制订质量评估的标准和方法,把每个要素创新结果的质量评估与阶段性、终结性质量评估在时间和空间上有机结合起来。四是时效的控制。要控制好开放大学系统创新的前进节奏,控制好阶段分期和整体时限,按照"时不我待、时不我在"进行控制。

二、以整体性方法规划系统创新格局并作出全面具体安排部署

开放大学是一个有机统一整体。任何具体创新活动都不能孤立进行,必须纳入整体行动之中,才能成为推动整体创新的重要组成部分。因此,实现开放大学创新目标,必须坚持整体性方法。

第一,运用整体性方法有利于着眼大局规划创新。从办学体系看,开放大学是由国家(中央)、省、市(地)、县(区)以及行业构成的多级办学系统;从办学功能来看,既包括学历教育,又有非学历教育。学历教育又是多层次、多规格的,非学历教育则是多功能的;从实现办学功能的要素看,它必须具备相应学历教育办学层次的专业和举办各种非学历教育的项目、满足办学要求的以教师为核心的队伍、适应远程教育的信息化平台和网络环境、满足教学和学习的高质量的学习资源、具有开放大学特色的人才培养模式等构成。开放大学是一个由各个子系统及要素组成的有机统一整体,在这个系统中,子系统之间、诸要素之间以及系统和环境之间是相互依存、相互影响、相互作用的。子系统和要素最优,不等于系统最优,即 1 加 1 可以等于 2,也可大于 2,亦可小于 2。开放大学建设本质上是系统整体转型、升级和重构,通过改革创新,实现系统蜕变,实现整个系统质的飞跃。因此,开放大学构建,不仅应追求各环节、各要素和各方面的改造和升级,更应把开放大学作为有机统一整体,把创新和构建最优系统作为目标。整体性要求在开放大学系统创新顶层设计和方案形成中坚持全面性,即要把所有与开放大学系统创新相关的因素无遗漏地纳入设计范畴。不仅考虑核心要素,还要考虑非核心要素;不

仅考虑要素，还要考虑影响要素和系统的条件。整体性并不否定改革创新中有主次之分、轻重之别，而是依据各种要素和条件相互依存、相互作用的动态关系规划全局。

第二，运用整体性方法有利于正确处理各种关系。开放大学系统创新整体性，不仅是管理技术层面的问题，更重要的是为开放大学建设提供了具有指导意义的方法。其基本要求是：在开放大学构建和创新中，要整体设计，整体运作，要正确处理全局与局部、整体与个体、系统与要素的关系。这是对领导者大局意识和把握全局智慧、能力的考验。每一个开放大学的建设者，不论是领导，还是教师、技术人员、管理人员，都不能孤立地进行自身担负的建设任务，都应把建设的每一项工作、每一个要素放在系统整体之中思考和运作，放在与其他相互联系、相互依存、相互作用的要素和条件的联系中思考和运作，都要把构建开放大学最优系统作为终极目标。在考量和检验每一具体建设创新成果时，不仅要看其自身质量和水平，更要检验其在整个开放大学系统优化中的作用和效果，看其在开放大学全局中的作用和地位。

第三，运用整体性方法有利于对创新实践统筹安排部署。整体性要求在开放大学系统创新运作实践中坚持统筹兼顾、全面推进。开放大学改革创新必须全面推进，因为每一要素、每一环节的改革创新都受到其他要素或环节的制约和作用，改革创新不可能单打一，教学模式改革必然受到信息化水平、教学资源状况的制约和作用；支持服务体系的创新构建必然受到信息化水平和队伍状况的制约和影响。整体性并不否认改革创新有轻重缓急、应循序渐进，而是通过科学规划、统筹兼顾科学合理地全面推进改革创新，进而消除非同步造成的时差制约、成果抵消的负面结果，达到整体效应大于各要素之和的改革创新效果。

三、以协同性方法把握系统创新方向并实现协调有序高效长效

系统创新要求系统内部按照新的规则协调运行，并与外部环境和谐共振，进而实现时间、空间及功能上的结构优化和功能最大化。因此，实现开放大学建设创新目标，必须坚持协同性方法。

第一，运用协同性方法有利于把握系统与开放相统一的创新本质。开放

大学既有系统性，又有开放性，运用协同性的方法，可以使这两种看似矛盾的特性很好地协调起来，通过一系列创新活动，把这项事业提升到新的境界。协同性方法是一种自组织方法，是开放大学系统创新有序结构形成的内驱力，通过这种内驱力，使开放大学系统创新内部子系统及要素之间按照一定的规则形成既定的结构和功能，形成新的有序结构。开放大学系统创新能否达到结构最优和功能最大化，取决于创新系统内部各子系统、各要素或各组成部分协同作用，协同得好，就会达到创新系统结构最优、功能最大化，实现改革创新目标。否则，就会造成创新系统内部的内耗，形成相互掣肘、离散、冲突和摩擦，使开放大学创新系统陷入混沌无序状态，葬送整个开放大学改革发展成果。

第二，运用协同性方法有利于规范创新方向的一致性。开放大学改革创新实质上是广播电视大学系统向开放大学转型升级的自组织过程，协同是自组织的形式和手段，通过协同，推动整个系统的改革创新和升级，实现系统的自我完善和自我发展。在运用协同性方法推进改革创新过程中，要把创新要求一致性原则贯彻始终。一是协同性规定了开放大学系统创新必须思想一致。即所有参加开放大学系统创新的人员必须统一思想、达成共识，这是协同的思想基础和保障。要做到思想一致，就要有全局观念，要识大体、顾大局。每个人，特别是组织者，要站得高、看得远，从全局和根本利益出发，而不是从局部和近期的利益出发。思想一致性并不否认有不同思想和认识的存在，也不否认对局部利益的考量，其根本要求是在全局与局部，整体与个体发生矛盾时，坚持局部服从全局、个体服从整体，即在开放大学系统创新中始终坚持全局观念和大局意识。二是协同性规定了开放大学系统创新必须目标一致。即开放大学系统创新的总体战略目标只有一个，所有分目标和布局、工作都要围绕总体战略目标确定和展开，所有资源配置都要围绕总体战略目标进行组织。目标的一致性使开放大学系统创新的各子系统、单位、部门始终目的明确、方向坚定、精神凝聚、资源聚集，这是统一思想的基础，也是统一行动的前提。三是协同性规定了开放大学系统创新必须行动一致。即开放大学系统创新必须按照统一规划、统一指挥、统一组织展开和前进。在时间和空间维度上，行动一致要求每一创新的子系统、要素必须按照统一计划、统一要求和改革创新的内在逻辑，把握好顺序、节奏、时效、展开数量、所居位置、功能作用等，并落实到实践之中。行动一致要求在创新实践中不得各自主张、各行其是，因为它会使整个系统创新陷入离散和内耗，导致效率低下，致使系统创新结构变形、功能扭曲，系统创新失败。

第三，运用协同性方法有利于保证创新达到预期结果。开放大学系统创新协同的模式符合系统创新的目标和创新体系的结构特点以及内在的逻辑需求，以合理的结合、高效率的运行、无障碍的流程实现开放大学系统创新目标。协同的模式是多样的，如统筹规划分工负责、协作、联合、共建、互补、配合等。不同的目标、特点和需求可以采用不同的协同模式，同一协同模式又可以为不同的创新系统所采纳。协同模式不仅有合作，还有竞争和制约。竞争作为积极主动的因素，要么优胜劣汰，要么互利共赢；制约的积极意义在于不仅规范着创新系统的行为，而且使各要素在相互依存和作用的联系中运行。

第四，运用协同性方法有利于催生系统创新长效机制。开放大学系统创新的多维性决定了协同方式的多样性和复杂性，为保障开放大学系统创新的高效和良性运行，必须通过一定的规则、制度来规范、协调、激励行动中的各种关系及行为。例如：协同中的利益机制，它是在规范、调整整个大系统中各创新子系统利益关系的机制，包括成本分担、利益分配、成果共享等规则；协同中的行为协调机制，包括行为的规范、约束、整合、纠偏、调整等规则；协同中的激励机制，包括行为导向、行为评估、奖惩内容、奖惩标准、奖惩效果等。不管建立什么样的协同机制，都必须体现以下共性要求：一是协同机制是规范、是制度，必须有制约性，否则只是白纸一张；二是协同机制主张责、权、利清晰明确，不得模棱两可、含糊不清，要具有可操作性，否则会造成相互推诿和扯皮；三是协同机制力求科学合理，制订制度规范不能走极端，以适度为界，如激励机制不是惩罚越严厉、奖励越高越好，这样做有时会适得其反，最好的奖惩是适度，在合理的区间。

综上所述，开放大学系统创新着眼于宏观布局和整体运作。系统性、整体性和协同性不是局限于某一具体创新实践的简单方法，而是着眼于开放大学系统创新全局的一般性方法。系统性考量了开放大学系统创新的体系构建、系统目标和系统控制;全局性则对开放大学系统创新的整体与局部的关系以及系统创新的全面设计、全面推进进行了探索;协同性对开放大学系统创新中协同的作用、原则、模式、机制进行了研究。深化开放大学系统创新的探讨研究将对开放大学全部创新实践起到指导作用。

第四部分

蜕变而成的新型人才培养模式

第十七章 “社会化导向”人才培养模式理论及实践依据

从广播电视大学向开放大学战略转型视角来考量，把“社会化导向”作为开放大学人才培养模式提出，不仅具有逻辑上的合理性和实践上的必要性，而且可以把开放大学较之其他教育方式不同的更加复杂的人才培养过程及众多环节统领起来，有利于把握广播电视大学向开放大学战略转型的方向性核心问题，有利于把握开放大学人才培养模式体系中相应模式创新的着眼点问题，有利于把握开放大学建设中的价值取向问题，对开放大学的建设来说无疑具有极其重要的决策及实践价值。（见图2）

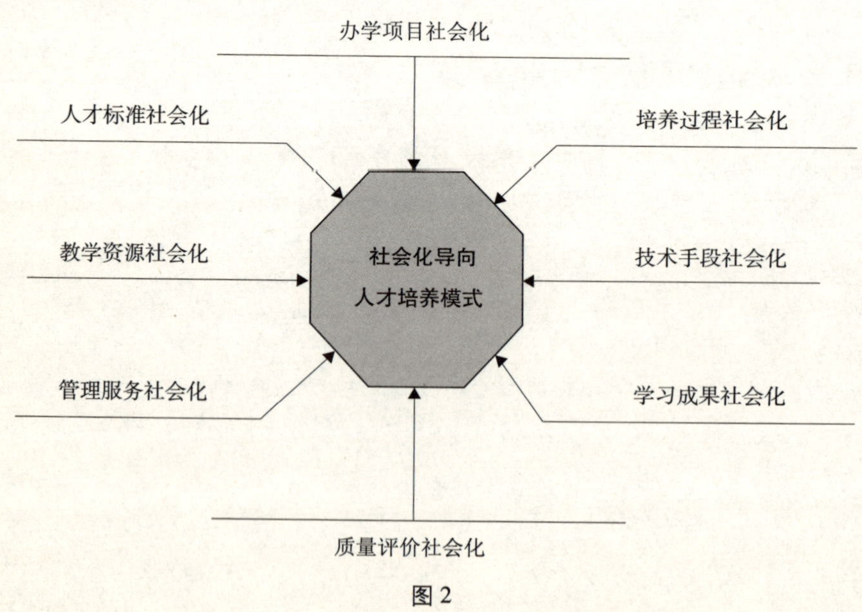

图2

一、“社会化导向”人才培养模式的提出依据

先从何谓人才培养模式及何谓“社会化导向”人才培养模式说起。人才培养模式:是教育在自然人向社会人转变过程中所形成的相对稳定的人才培养目标、规格以及相应的过程、方法和手段,是指导一般教育人才培养的方法论。“社会化导向”人才培养模式是教育遵循社会对自然人向社会人转变过程中发挥导向作用所形成的相对稳定的人才培养目标、规格以及相应的过程、方法和手段,是指导开放大学教育人才培养的方法论。“社会化导向”人才培养模式提出的缘由是社会化是个体对社会的认识与适应,它是通过个体与社会环境相互作用而实现的,是一个逐步内化的过程,人的社会化是通过社会教化和个体内化实现的,教育是社会化的主要途径。所有教育形式其首要功能都是通过社会对个人的教化进而实现个人社会化,通常少有将其概括为培养模式的范例,是因社会化对教育来说本是蕴涵其中的应有之义,是全部教育活动的无模之模。把“社会化导向”作为开放大学人才培养基本模式特别提出,其最根本的缘由是来自于对开放大学特殊的性质定位、功能作用及发展目标的综合考量。

为什么提出“社会化导向”人才培养模式? 概括说,是由开放大学承担的对所有学习者生命全程社会化教育的任务决定的,具体可从三个方面来思考:

第一,从开放大学的性质看,开放大学是按着高度社会化要求建设的新型高校,这样的学校其人才培养模式必须体现高度社会化导向。开放大学的核心办学理念是开放。包括对象、方式、手段、资源、管理、服务、时间、地点全方位开放。这种开放理念在实践上的具体形态就是全方位的社会化。开放大学作为新型高校的标志有两条:一是学校办学能力的形成来源于社会。学校通过整合社会资源蜕变为凝聚优质资源的重要载体。秉持大视野、大资源、大服务的思路,把分散的优质资源通过社会化方式整合利用,实现学校体系、能力、任务的改造和重组,这就从根本上改变了原有教育资源的自然属性,扩大了它们的社会属性。经过这种蜕变将生成一种功能更加强大的新型教育方式和人才培养模式,无疑是一种高效率、低成本的人才培养方式,是教育体制的一项重大改革。二是学校一切教育活动的目的又回归到社会。学校通过释放经过

整合的教育能量蜕变为满足和服务于社会及社会成员各种教育需求的骨干平台。这种平台一经建立起来，实施的是面向全体社会成员有教无类的教育，这种教育对于摆脱“二元结构”制约，促进教育公平具有极端重要的意义。我国由于教育发展不平衡，教育资源分布不均，还没有达到使所有人都能享受到优质资源的教育。解决这种公共资源不能均衡共享的现状，只有通过社会化的方式，把优质资源整合起来，运用现代教育技术手段提供给有学习需求的人民大众，而开放大学这所新型大学，无疑是一种高效率、低成本的人才培养渠道。

“社会化导向”人才培养模式高度表明了开放大学推动教育资源社会化和教育公平化的教育宗旨，高度体现了开放大学实行学历继续教育与非学历继续教育并重的功能定位，高度涵盖了开放大学以服务社会为己任的办学灵魂和本质属性，高度凝聚了指导开放大学建设与发展的开放、整合、质量、特色等一系列新理念与新思维。以“社会化导向”人才培养模式为方法论，即以人本、社会、开放、未来为根本导向，指导开放大学教育实践，会有效破解建设中遇到的问题和困难，实现全面健康持续发展。“社会化导向”人才培养模式符合党的十八大提出的“坚持教育为社会主义现代化建设服务、为人民服务，把立德树人作为教育的根本任务”的最新教育方针，符合建设具有中国特色的现代开放大学的正确观点和逻辑思维，符合开放大学现实与长远发展的正确方向。

第二，从终身教育性质看，终身教育是具有高度社会化特征的教育形式，这种教育形式其人才培养模式必须体现高度社会化导向。教育功能就是使人实现社会化。社会化有狭义和广义之分。狭义社会化：从出生到青年期，经过学习初步形成个性，具备在社会生活中的资格，从生物人到社会人过程。广义社会化：是终身学习，包括婴儿、幼儿、学龄初期、少年、青年、中年、老年各阶段，活到老、学到老。开放大学从事的是广义的社会化教育。终身教育具有对象和需求的广泛性和时间空间的无限性。面对如众星弥漫和汪洋大海般的个性化、多样性学习要求，只有通过社会化的方式才能使之得到满足。开放大学所承担的任务是构建全民终身教育体系，从教育规律分析，个性化学习需求越强，与之相适应的社会化教育程度越高，两者之间成正比关系，没有高度社会化的教育，个性化学习需求的满足只是停留在理论上的虚幻憧憬。“社会化导向”人才培养模式高度概括了开放大学所承担的使命。提出开放大学“社会化导向”人才培养模式的实践基础，是广播电视大学三十多年办学实践的科学总结，是全系统教育工作者集体智慧的结晶，是广播电视大学教育文化的积淀。从各级广播电视大学发展的历史与现实来看，对“社会化导向”办学理念都有其一定的共识性和继承性，是学校在不同时期得以生存和发展并具有旺盛生命力的源泉。从广播电视大学教育改革实践来看，传承“社会化导向”办学思想与理念是深化教育改革，突破瓶颈，快速发展的关键点。最重要的是“社会化导向”这一理念揭示了现代远程教育发展方向。就教育与经济、学校与社会相互作用规律而言，这一理念不仅系统地揭示了教育、经济、学校、社会等相互关联的事物彼此相依、密不可分、相互促进、协调发展的规律；而且也深刻地揭示了开放大学人才的培养目标、培养方式、培养途径、培养质量等一系列本质性问题。将“社会化导向”这一理念转换为开放大学人才培养模式，是广播电视大学向开放大学战略转型跨越发展的集中体现；是现代远程教育实现效益最大化的有效方式；同时，也是构建终身教育体系加快建设学习型社会的根本途径。

第三，涉及开放大学人才培养的所有要素、所有环节都与社会化思维和社会化运作密不可分，这就更加夯实了“社会化导向”人才培养模式的确立基础。开放大学办学体系由终身教育这条主线牵动和凝聚起来，体系构成单位除相关办学项目具有合作关系之外，其他事项及业务内容与体系本身往往没有直接的关系，如行政隶属关系、人财物关系等。开放大学原有系统内是如此，与其他高校及企业合作更是如此。因此，在共同办学过程中，不能简单沿用行政命令方式，如学校对下属学院，学院对系那样，只能用社会化思维社会化方式来组织实施。这种情况不仅出现在人才培养全过程，而且还出现在人才培养的所有要素、所有环节之中。人才培养，没有定式。不同立足点，可以归纳出不同模式。纵观人才培养模式不同表述，可从目标、原则、功能、环节、方法不同角度切入概括，各自都有值得肯定的特色和优长，也不同程度存在偏颇和局限。狭义社会化可以通过某种专门教育形式来完成，期间可以依据特定的人群、年龄、教育任务及教育实践，形成特定的人才培养模式。但这些模式用于终身教育领域，从覆盖面上、教育特色上、指导性上考察，往往很难具有普遍适用性。因此，综合权衡，比较取舍，把“社会化导向”人才培养模式作为开放大学人才培养模式提出总体上看更为确切。之所以这样认为，是因为这种模式能够把开放大学较之于其他教育方式不同的更加复杂的培养过程及众多环节统领起来。

二、“社会化导向”人才培养模式的体系框架和建构的必要条件

“社会化导向”人才培养模式把开放大学人才培养过程的各个主要环节统领在“社会化导向”模式之下，形成了一个较为完整的人才培养工作体系。

第一，“社会化导向”人才培养模式的体系框架。“社会化导向”人才培养模式既是一种思想体系，也是一种实践模型。以开放大学人才培养过程构成要素为逻辑起点，“社会化导向”人才培养模式体系框架可具体概括为以下八个方面内容：一是办学项目社会化——坚持有教无类、面向全体社会成员，依据社会和学习者需要设置专业或培训项目，实行多层次、多规格办学。二是人才标准社会化——办学层次、人才规格、质量要求按社会需求区别定制、构建符合国家和社会需求的人才规格和质量标准。三是培养过程社会化——学习者通过多种互动包括师生互动、人机互动、生生互动、学习者与社会互动得到学习指导和各种支持服务，最终达到提高个人知识、能力及综合素养的目的，进而使自己作为社会成员以新的面貌融入社会。四是教育资源社会化——从社会和高校聘请高素质教师和知名专家做开放大学专业带头人或主讲教师，整合社会优质教学资源提供给所有学习者共享利用，学校与企业及相关单位共建实习实训基地，实行产学研相结合。五是技术手段社会化——推进“电信网、互联网、广播电视网三网融合”的广泛运用，搭建云平台、布设多终端，充分发挥现代信息技术在开放大学为终身教育服务中的支撑作用。六是管理服务社会化——坚持过程开放，环节控制，个性服务原则，一方面学校对学习者学习过程实施有效管理和提供支持服务；另一方面，组织利用社会力量，参与学习管理和服务业务，完善人才培养质量保证体系。七是学习成果社会化——学习成果具有其他教育形式学习成果同等效力，学历证书、资格证书、培训证书等均可依托学分银行，搭建起终身教育“立交桥”，实现与其他学习成果互认、转换和衔接。八是质量评价社会化——引入社会评价方法对人才

培养效果进行评价,实行多渠道监督和信息反馈,形成完善的人才质量评价机制。

第二,“社会化导向”人才培养模式体系间相互关系。“社会化导向”人才培养模式体系框架的八个方面是该模式作用下人才培养的基本过程,涵盖了人才培养过程的主要环节。八个方面是一个统一运作的整体链条,相互关联密切,彼此相辅相成,互为前提,各自作用不同,不可或缺。“社会化导向”人才培养模式体系框架下的八个方面体现的也是开放大学人才培养过程的核心要素。办学项目社会化体现的是开放大学的办学方向;人才标准社会化体现的是人才培养目标;培养过程社会化和学习成果社会化体现的是人才培养基本方式;教育资源社会化、技术手段社会化体现的是人才培养的条件要求;管理服务社会化和质量评价社会化体现的是人才培养保障措施。“社会化导向”人才培养模式是开放大学人才培养基本模式,有着统领性意义和作用。“社会化导向”人才培养模式在开放大学教育实践中定将会被不断认识、不断探索和不断开发,使之得以不断的充实和完善。

第三,“社会化导向”人才培养模式建构的必要条件。“社会化导向”人才培养模式的培育和生成,尤其是模式体系基本框架的建构,必须在遵循客观规律性的同时发挥主观能动性,即着重发挥政府、学校和社会三个层面的作用。政府、学校和社会三个层面各司其职并系统运作,是建构“社会化导向”人才培养模式的必要条件。一是政府指导推进。构建“社会化导向”人才培养模式,首先有赖于发挥政府的组织、引领和推动作用。各级政府应从落实国家终身教育和学习型社会建设的战略高度,加强对开放大学建设的规划和领导,利用国家行政职能推动社会优质教育资源面向开放大学教育载体的流动与整合,为满足人民大众学习需求提供服务,并在政策上、经费上为开放大学完善功能、壮大事业提供强力支持。离开政府的指导和推进,任何对开放大学所作出的设计和预期都将是纸上谈兵。二是学校能力突出。构建“社会化导向”人才培养模式,开放大学应凝神聚力建设好自身作为终身教育载体的核心能力。只有办学主体具备如前所述的各种能力,才能有条件吸引整合其他的教育教学资源,进而把自身的事业做大做强。三是社会环境适宜。构建“社会化导向”人才培养模式至关重要的条件是具有相应的社会环境和舆论氛围。

开放大学作为一种成长中的新型高校能够得到大专院校、科研院所、行业企业以及社会各界的支持配合，进而实现各种优质资源的整合集成，并内化和凝聚成开放大学的综合实力。社会组织和社会成员对开放大学教育形式认同感较强，社会成员愿意到开放大学平台实现自己的学习愿望，同时也能得到各种学习型社会组织与开放大学联手合作的支持服务。这样的环境和氛围会随着社会建设发展和开放大学办学公信力提升逐步营造形成。

三、"社会化导向"人才培养模式在开放大学建设中的重大意义

把"社会化导向"作为开放大学人才培养模式提出，并能在实践中逐步成为开放大学文化建设的核心价值体系，逐步形成一种创新的思维方式和教育方式，使"社会化导向"人才培养模式在运作中发挥其引领作用，对开放大学的建设来说无疑具有极其重要的决策及实践价值。

第一，"社会化导向"人才培养模式引领开放大学在建设中把握核心问题。一是"社会化导向"人才培养模式引领开放大学在建设中把握正确的方向。开放大学建设是适应构建学习型社会的需要，是以人为本科学发展观的一项惠民工程；是教育适应社会发展需求的一项重大改革任务。因此，建设好开放大学必须首先确立社会化、人本化以及开放性、系统性的思维方式。继承广播电视大学原有优势，坚持"社会化导向"思维创新的科学发展观，是实现广播电视大学向开放大学战略转型蜕变的必由之路。只有坚持"社会化导向"人才培养模式及思维方式，才能使开放大学建设找到现实的依据和正确的方向，从而提高认识上的科学性，定位上的准确性，目标上的创新性。只有以"社会化导向"人才培养模式为开放大学建设思维创新的起点，继而才能实现其他各种创新任务目标，尽早实现广播电视大学向开放大学的战略转型。二是"社会化导向"人才培养模式引领开放大学在建设中突破广播电视大学教育的传统理念，突破多年的固有模式，突破发展的校本思维。教育的本质就是促进个体的社会化，社会化进程的本质就是教育水准的提升；教育资源公益性的实现是社会建设优先目标的根本体现，也是教育资源的核心价值所在；教育资源的开放共享是开放大学本质要求，整合社会教育资源是开放大学建设的根本意义之所在。从开放大学长远发展来考量，整合重组教育资源应注重

把握“四化”:注重社会化,即将分散在广阔社会中的教育资源汇总整合为开放大学拥有的教育资源;注重本地化,即开放大学教育资源应该具有本地化特征,在本地化过程中保持可持续性的运用与更新、满足不同地区的不同需要;注重模块化,即将不同学科、不同专业、不同课程资源,按模块化整合重组;注重优质化,即整合重组的教育资源必须是优质的。整合重组开放教育资源使其在教育、教学中得以更加有效的应用是一项系统的社会建设工程。开放大学建设只有适应社会发展和社会需要,尊重人人终身学习的权利,才能实现教育理念、教育机会、教育资源、教育模式和教育过程的全面开放;才能以社会大众尤其是缺少高等教育和其他学习机会群体为关注对象,提供一种“社会化导向”的全新的教育范式;才能进而凭借信息技术的巨大潜能,搭建起开放、灵活、突破时空的全新公共学习服务平台。三是“社会化导向”人才培养模式引领开放大学准确把握发展建设的出发点和落脚点。开放大学是学习型社会构建的内在要求,离开了社会发展的学习化进程以及学习型社会构建的目标,开放大学的建设就没有了现实的基础和决策的依据。因此,开放大学建设必须把学习型社会的构建作为出发点和落脚点,使开放大学的建设真正成为构建学习型社会的推动力量和重要支撑要素。

第二,“社会化导向”人才培养模式引领开放大学在建设中把握战略目标。一是“社会化导向”人才培养模式引领开放大学在建设中把握构建全民学习、终身学习,“基本形成学习型社会”的战略目标。构建终身教育体系、建设学习型社会是我国当前后今后长时期社会建设面临的一项重大而紧迫的任务,大力推进终身学习,提升人力资源优势、应对全球化挑战,已经成为建设和治理国家的基本国策。只有坚持“社会化导向”来建设开放大学,才能实现政府、学校、社会协同一致,共同为建设学习型社会而努力。二是“社会化导向”人才培养模式引领开放大学在建设中把握创建中国特色开放大学的战略目标。“社会化导向”不仅是开放大学建设与发展的主体内容,也是开放教育模式探索及构建的主体内容。这就意味着开放大学在其建设与发展中必须以社会化为导向,才能真正实现与普通高校错位发展,形成自身的特色,走出一条符合中国国情,具有中国特色的发展道路。三是“社会化导向”人才培养模式引领开放大学在建设中把握创建以现代化为主要特征新型高等学校的发展战略目标。作为新型高等学校的开放大学，其现代化的主要特征就是以高度社会化的方式，实行全方位的开放办学，只有朝着这样的方向持续深入推进，才能实现由传统远程教育向现代远程教育转型的发展战略目标，进而成为学习型社会建设的重要推动者。

第三，"社会化导向"人才培养模式引领开放大学在建设中把握正确的价值取向。一是"社会化导向"人才培养模式引领开放大学在建设中把握人本化和学习化的价值取向。我国社会发展正实现着模式与形态的创新与转型，其主要特征及主要标志就是社会发展的人本化及学习化。人本化是社会发展模式创新的主要特征，学习化是社会发展形态转型的重要标志，所以，开放大学就是要构建人本化、学习化的教育体系，成为推进社会发展的一种方式，这是开放大学在建设中必须准确把握的价值取向。二是"社会化导向"人才培养模式引领开放大学在建设中把握满足全民学习的需求、促进人的自我发展的价值取向。就开放大学的功能而言，开放大学的设立旨在满足全民学习的需求，成为全民学习的平台，为每一个学习者提供支持。这不仅是开放大学"新型"性的重要标志，也是其存在价值的集中表征。因此，在实践的层面上，开放大学的建设必须把满足全民学习的需求、促进人的自我发展作为根本宗旨和价值取向。三是"社会化导向"人才培养模式引领开放大学在建设中把握社会化与人本化相统一的价值取向。社会的学习化进程和人本化的发展是一个复杂的系统工程，需要全社会的协同努力。开放大学作为社会教化任务的承担者，应发挥相应的功能，履行相应的责任。秉持"人本化服务理念，推动社会化学习进程"；注重突出"教育社会化，管理人本化"的教育特色。

可见，把"社会化导向"作为开放大学人才培养模式，必将在开放大学人才培养过程中充分发挥其特有的统领和指导作用，必将有助于课程设计、自主学习、课程教学、实践教学、教学管理、支持服务、课程考核及质量评价等具体模式的构建，必将有助于开放大学在建设中形成最佳方案，找到解决问题的最佳办法，高效完成开放大学建设任务。

第十八章 “社会化导向”人才培养模式之办学项目社会化

办学项目社会化是“社会化导向”人才培养模式的重要组成部分。它秉承办学项目从社会中来到社会中去的社会化过程，要求开放大学的办学项目要遵循社会发展需求生成，根据社会需要选择和确定，采用社会化的方法去实践，从而把办学项目与社会发展紧密结合起来，并以此为起点展开培养各级各类人才的教育实践。

一、办学项目社会化的提出依据

开放大学办学开端于各种办学项目。由开放大学承担的终身教育使命所决定，要求学校改变过去主要依赖政策提供办学项目的传统做法，代之以主动为满足社会及社会成员提供教育支持服务，保持学校与社会“水乳交融”，协调共振，以社会需求为指挥棒开展学校的各级各类人才培养活动。终身教育对开放大学提出的，必须按照办学项目来自社会需求服务于社会需求的本质特性组织办学的要求，成为开放大学实行办学项目社会化的根本原因。

第一，办学项目来自于和服务于社会结构完善的教育需求。社会结构是指一个国家或地区占有一定资源、机会的社会成员的组成方式及其关系格局，包含人口结构、家庭结构、社会组织结构、城乡结构、区域结构、就业结构、收入分配结构、消费结构、社会阶层结构等若干重要子结构，其中社会阶层结构是社会结构的核心。社会结构具有复杂性、整体性、层次性、相对稳定性等重要特点。在人口结构方面，不只是年轻人需要高等教育和其他各种教育，其他各年龄段乃至老年人也有各种各样的学习需求。这些不同的群体，通过学习提高，在不断完善自己的同时也在不断地完善社会结构。由此可见，开放大学社会化办学项目有着广阔的市场空间。

第二,学校办学项目来自于和服务于产业布局转型升级的教育需求。产业结构亦称国民经济的部门结构,即国民经济各产业部门之间以及各产业部门内部的构成。社会生产的产业结构或部门结构是在一般分工和特殊分工的基础上产生和发展起来的。研究工业结构主要是研究生产资料和生活资料两大部类之间的关系;从部门来看,主要是研究农业、轻工业、重工业、建筑业、商业服务业等部门之间的关系,以及各产业部门的内部关系。国家的产业结构在变化,各个地区的产业结构在调整,导致对人才的需求也千差万别。开放大学可以抓住机会,整合资源并且利用自己的办学优势,与政府、行业、企业联合,适应产业结构的变化,开展各级各类的教育培训,为产业结构的转型升级提供人才支持。

第三,学校办学项目来自于和服务于文化发展繁荣的教育需求。文化结构包括:物质文化:满足人类生活和生存需要所创造的物质产品及其所表现的文化,这种文化具有物质性,基础性和时代性。制度文化:反映个人与他人,个体与群体之间的关系,具有强制性,权威性,缓慢变迁性和相对独立性。精神文化:人类在社会实践和意识活动中长期育化出来的价值观念,思维方式,道德情操,审美趣味,宗教感情,民族性格等是人类文化心态在观念心态上的反映,包括书面文化,行为文化,心理文化,艺术文化等。随着社会的发展,人们在物质追求逐渐得到满足的情况下,开始要求精神满足。然而一般的高等教育没有设置专门的文化或艺术课程,而设置专门的文化或艺术课程的专门院校又太过于专业化。所以开放大学应弥补两者的不足,根据市场调研开设满足大众需求的物质文化、制度文化和精神文化办学项目。

第四,学校办学项目来自于和服务于社会成员的教育需求。一是社会角色需求。人们在社会生产和生活中扮演着不同的社会角色,社会既需要高级管理者,同时也需要生产流水线上的操作者;既需要办公大楼里的公务人员,同样也需要马路上的环卫工人。不同的社会分工和社会角色要求人们拥有不同的社会技能。开放大学应当根据他们个别化多样性的学习需求,提供优质高效的学习支持服务。二是完善自身素质需求。根据马斯洛的需求层次论,人在满足基本温饱之后,会有更高层次的精神需求。当许多人坚持继续学习不再是出于维持生存的动机，而出于完善自身素质的目的时，他们的学习需求往往更加随机和多变，开放大学应适应这种新的变化，主动跟踪和捕捉到新的教育项目，并及时开发和推广。四是满足个人生活情趣需求。社会成员学习的目的不仅是要满足工作与社交的需要，有时也是为了满足自身的生活情趣，使生活更有意义。从少年儿童、青壮年到老年人，不同的年龄段各有不同的兴趣爱好。开放大学应该根据不同社会群体的不同生活情趣，举办健康向上的教育培训项目，为广大社会成员培育高尚的道德情操发挥积极的作用。

二、办学项目社会化的基本内涵

办学项目社会化的基本内涵包括：在全面了解和分析社会及社会成员各种教育需求的基础上，科学选择和确定办学项目，用社会化方式组织实施好办学项目。在认识理解办学项目社会化的基本内涵时，应注意把握三个要点：

第一，坚持合规办学和量力办学是实行办学项目社会化必须遵循的基本原则。开放大学选择和开设办学项目必须遵守国家以及地方政府对于开放大学办学项目制定的相关法律法规。此外还要确保开放大学拥有开设办学项目的相应能力，如师资力量、相应设施、办学场地等。既不能违背国家政策法律任意而为，又不能超越自身能力搞“皮包公司”。这样，才能保证学校办学的正确方向。

第二，兼顾各类办学类型全面发展是实行办学项目社会化的第一要务。适应社会需求而形成的办学项目类型有：一是国家规范性项目。此类项目是相关部门根据国家规定和发展需要出台政策鼓励和扶持的办学项目。二是社会通行性项目。此类项目在社会上已经长期存在，并且受到人们广泛接受的办学项目。三是需求催生性项目。此类项目是随着社会发展形成新的教育需求而催生出来的新的办学项目。四是前瞻准备性项目。此类项目是学校根据自身发展需求，通过预测未来社会的教育需求，通过可行性调研而开办的具有一定方向性和带动型的教育培训项目。开放大学应根据需要和可能，对各级各类人才培养项目统筹规划和布局，以保证学校功能全面发挥。

第三，追求人才培养效率最大化是实行办学项目社会化的落脚点。在推进办学项目社会化过程中，需要认真对待和正确处理好相互影响的各种重要因素。这些因素有:一是社会效益因素。社会效益是指最大限度地利用有限的资源满足社会上人们日益增长的教育需求。开放大学的社会化办学项目应首先重点关注社会效益,在选择办学项目时应优先考虑该项目是否对社会有益,然后从中选择社会效益最大的项目。二是经济效益因素。经济效益是教育资金占用、成本支出与有用教育成果之间的比较。所谓经济效益好就是资金占用少,成本支出少,有用成果多。开放大学在进行项目选择的时候,首先应考虑社会效益,同时必须兼顾到经济效益。尽量选择那些经济效益好的项目,为学校办学积累更大的发展后劲。三是人才培养效率因素。人才培养效率在整个人才培养过程中占有极其重要的地位。开放大学办学如果只考虑社会效益和经济效益,而忽略了人才培养效率,那就等于把学校混成为企业,把学习者当成了产品,其结果是违背基本教育规律。因此,应把社会效益、经济效益和人才培养效率有机结合起来,并最终体现在实现人才培养效率最大化上。

三、办学项目社会化的实践重点

开放大学实行办学项目社会化要发挥学校的主导作用,重点采用社会化的方式来展开运作,保证多样性的教育任务达到预期目标。

第一,通过与地方政府、行业、企业和社会组织开展联合办学,落实社会化办学项目。广播电视大学与社会各界实行联合办学已有较长历史,也取得了不少成功的经验。在开放大学办学中应把这种合作关系推向新的广度和深度。根据经济社会对人才的需求情况,实行学校与合作单位共同商定项目设置和招生规模,共同制订人才培养目标、规格与教学计划,共同组织教学管理。开放大学在搞好学历教育,为地方培养各类专业技术人才与管理人才的同时,还要根据政府、行业、企业经济结构调整和提高在职人员素质的需要,大力开展岗位培训、专业证书、继续教育等形式的非学历教育,为提高行业、企业、社区职工和居民科技文化素质提供多种形式的教学服务。

第二,通过市场机制共享社会优质资源,加速提升学校办学能力。在办学项目实施过程中,开放大学要学会借力而为,通过项目引进、资源引进、技术引进、服务引进等方式融合外部资源,逐步消化吸收并内化为自身的办学能力。

一是实行人力资源共享。人力资源共享是开放大学与社会沟通的主干道。共享方式不仅仅是聘请兼职教师参与教学工作，还应该广泛聘请社会上具有特殊专长的人员参与到教学活动之中。开放大学聘请社会兼职教师直接参与教学，可以弥补开放大学本身普遍存在的专职教师实际操作经验和技能不足的缺陷，更好地培养提高学习者符合社会需求的实用技能。学校与企业人员合作进行科学研究和技能培训，有利于扩展教师的研究领域，提升学校的研究能力，而且可以为企业解决技术难题，促进学校科研工作社会化。二是实行物质资源共享。共享物质资源是开放大学缓解办学资源紧张的有效措施。近年来，我国开放大学和广播电视大学每年招生百万人左右，许多院校办学资源严重短缺，特别是网络条件、技术支持和实训设施等不能满足培养各级各类人才的需要，严重影响教育教学质量的提高。因此，按照市场规则加速实现物质资源互通有无，成为低成本高速度建成开放大学的便捷途径。三是实行教学资源共享。普通高校和科研院所具备丰富的教学资源，开放大学可以利用引进、改造和共建方式，将优质教学资源整合起来为我所用，学校自身可将工作重点投放到特色资源开发建设上。

第三，通过全方位立体化向社会开放，扩大开放大学教育服务功能。开放大学和其他普通高校一样，承担教学、科研、社会服务三大职能。就学历继续教育来说，以大专层次学历教育为重点，向下延伸到中等学历继续教育，向上拓展到本科教育，以及部分专业的研究生教育，形成学历教育的系列化。同时也是地方重要的人才培训基地，具有帮助行业、企业、社区进行各级各类在职人员培训的职能。开放大学还应是地方特别是基层的科研基地，有责任、有义务围绕地方经济社会发展，开展经济结构、产业结构调整的调查研究，协助地方中小企业开发新产品，采用新工艺，吸纳和消化高新技术，帮助乡镇企业进行技术革新、技术改造，提高企业产品的竞争力和附加值，以及推广科技新成果，培训企业技术人员等。开放大学应当发挥图书资料和情报信息优势，在地方精神文明建设和社会主义文化建设中发挥导向、辐射、带动和促进作用。

第十九章 “社会化导向”人才培养模式之人才标准社会化

人才标准社会化是“社会化导向”人才培养模式的重要组成部分。开放大学人才标准应以社会人才需求为导向,认真进行人才需求调查,合理定位人才培养目标,科学制订人才培养方案,用体现高度社会化要求的人才标准体系引领学校培养各级各类人才全过程。

一、人才标准社会化的提出依据

没有人才标准和规格要求的教育会导致教育理论与实践陷入误区,是盲目的、不规范的教育。开放大学承担终身教育任务,面临很重要的一项创新任务是把国家、社会、公众多层次多维度价值取向汇集起来,融合形成与个别化、多样性学习教育相适应的教育规格和评判体系。终身教育对开放大学提出的,必须按照国家社会及公众价值取向来培养人才的要求,成为开放大学实行人才标准社会化的根本原因。

第一,实行人才标准社会化非常符合邓小平科学人才观。21 世纪的中国究竟需要什么样的人才或者说确立什么样的人才标准,对此,不同的专家尚有不同的看法,但对以邓小平人才思想为基础的人才标准的认识具有基本方向上的一致性。一是道德——各级各类人才的基本素质。相比于常人,虽然作为人才的劳动者共同的优势是都“能够进行创造性劳动”,但这种创造性劳动只有在良好道德方向的前提下才能转化为积极贡献,否则只会带来损失甚至灾难。二是知识、技能和经验——各级各类人才的突出特征。邓小平曾指出,“没有真才实学,还是不能实现四个现代化”。他认为“才”由知识、能力和经验三部分构成:知识是“才”的基本要素,人才要知识化;能力是知识经过实践升华后转化而成的才干,能力是“才”的主要因素;经验是从实践中积累起来的正反两方面知识,是指导能力发挥的重要条件。三是业绩——各级各类人才的重要评价标准。他认为业绩是人才运用知识和技能进行的符合国家和社会需求的创造性劳动成果的总和,是知识、技能的外在表现形式,两者“对于人才的揭示互为表里并且统为一体”。邓小平关于人才标准的这些精辟论述,放射出人才由社会造就而成的思想光芒,作为一种科学的人才观,对开放大学制订体现终身教育本质要求的人才培养方案,具有直接的现实的指导意义。

第二,实行人才标准社会化可以涵盖社会对人才需求的层次性和多样性。搞清楚社会对人才提出的实际需求,是开放大学有针对性地培养各级各类实用人才的重要前提。只有紧跟社会需求培养的人才才是受社会欢迎的人才。因此,开放大学应按照社会化的思维和导向来建设人才标准体系,一要按照国家的统一要求,把德智体美全面发展的标准具体化。二要以社会用人标准为导向,体现以能力为主导。三要根据社会功能与社会角色相匹配的原则,规范相关社会角色的素质要求。四要从实际出发,不搞“高、大、上”,按大众基础水准量身定制。

第三,实行人才标准社会化能够对复杂的人才培养活动提供具体指导。开放大学人才标准,应符合以下几点要求:一要体现实用性和差异性。即在人才培养过程中遵循社会各种需求,有区别的制订不同类型的人才标准,不能千人一面,上下一般粗。二要具有相对确定性。这里所说的相对确定性,主要指人才标准一经确立,就应保持相对稳定,以作为学校及学习者“教”与“学”的行动指南。三要突出可行性。即标准内容力求准确明晰,避免出现模棱两可的表述条款;操作方式要力求简便易行,减少无所适从的措施安排。四要注重公信力。无论是标准内容还是工作步骤,都必须符合国家规范和政策精神,全面真实地反应和表达社会大众的意愿和要求。

二、人才标准社会化的基本内涵

人才标准社会化的基本内涵包括:国家、社会及公众对人才需求的价值取向是开放大学人才标准形成的直接依据,对各级各类人才而言,因需求不同,国家、社会和用人单位均有各不相同的价值取向，开放大学应运用社会化的思维和工作方式制订、检验和完善科学的终身教育人才标准体系，更重要的是发挥好人才标准的引领作用。在认识理解人才标准社会化的基本内涵时，应注意把握三个要点：

第一，综合各种需求区别定制人才标准。开放大学人才培养既包括以开放教育、继续教育为代表的远程终身教育，又包括以高职为代表的普通学历教育，这样的多种办学形式决定了开放大学的办学层次、人才规格、质量要求也必须体现个别化多样性多层次的基本特征。学校要根据社会的需求区别对待，构建"专业知识+职业技能+综合素质"一体化的人才培养方案，注重社会需求与人才培养模式的紧密衔接，全面提高学习者的能力素质。开放大学在制订人才标准过程中，应以审慎的态度，研究国家政策，洞悉社会需求，了解学习者实际，从社会对各类人才需求中抽象出人才标准，并在实际办学全过程中全面贯彻下去。比如，制订职业教育的人才标准，根据多年来大量企业调查的结果，从多数企业选人用人一般要求看，具备以下几个方面的素质非常重要：一是良好的职业道德，包括政治进步、吃苦耐劳、团队意识等，这是无论从事何种职业都必须具备的基本素养。二是比较扎实的专业基础和专业技能，这是胜任生产、管理和其他岗位职责的基本能力。三是一定的企业管理或社会管理知识，这是从工作一线转换到管理岗位的基本潜力和后发资质。四是比较熟练的专业外语水平，这是适应现代企业技术、设备和对外交流的一个基本工具。其他各级各类教育也各有各的特殊需求，人才标准的内容也应有所区别。

第二，与时俱进调整和优化人才标准。提倡人才标准相对确定，并不意味着所有的规定事项都不可更改，因为任何简单的处理方式都不能对复杂的社会需求达到全面覆盖的程度。为提高开放大学的人才培养质量，学校要定期对照社会人才需求，认真检查和审视自身人才培养方案，采取有效措施，努力把各类办学人才标准建立健全起来。一是依据社会提出的新需求进行调整和优化。只有坚持对人才需求深入调研分析，不断把社会的新变化对人才素质提出的新要求吸纳进来，这样的人才标准才能真正体现时代的特色。二是围绕学校教育改革创新成果进行调整和优化。要把学校在转型过程中形成的办学优势和教育特色体现在人才标准中，以逐步树立起开放大学的品牌效应。

三是抓住教学过程中的薄弱环节进行调整和优化。运用好学习者自主分散的学习规律,在强调实现学习项目主要任务目标前提下,应把思想道德培养和实践能力训练作为刚性要求列为人才标准重要内容。

第三,逐步实现人才标准体系化。开放大学人才标准建设是一项系统工程,需要经历渐进完善的过程。提高人才标准的科学化程度,必须着眼于人才标准的体系化建设。人才标准体系化建设的基本含义是开放大学所实施的各级各类人才培养活动,包括学历教育和非学历项目,都必须制订出相应的规格和要求,并尽可能地做到标准前置。随着办学业务的拓展,人才标准体系建设要逐步实现从个别到一般的提升,从特殊性到普遍性提升,从单项标准到系统化标准的提升。完成这种提升的过程,需要对现行人才标准和新建人才标准,进行大量的除旧布新和补充修改的工作。如果这个体系能够尽快建立和完善起来,将对开放大学改革、建设和发展产生强大的推动力。

三、人才标准社会化的实践重点

开放大学人才标准体系是“社会化导向”人才培养模式中关键环节,它不仅与学校各项业务有着很紧密的关联性,而且还一定程度规范着其他各项业务的趋势和走向。因此,建设好这个体系,使之发挥应有的作用,成为上演丰富生动教育活剧的必要剧情,而绝不能使之华而不实、束之高阁,成为虚拟出来供人观赏的海市蜃楼。

第一,用科学的人才标准体系引领开放大学办学项目选择和专业布局。人才标准体系体现国家和社会的人才需求本质,开放大学应按相应的人才标准,根据不同地域、不同条件和不同时期,选择并举办相应办学项目,为培养各级各类人才提供教育支持服务。同时,应按相应的人才标准体系要求来安排专业布局,决定设置哪些专业、调整哪些专业、加强哪些专业。这样就能很好地解决学校办学和专业建设的方向问题。

第二,用科学的人才标准体系引领开放大学人才培养模式改革。人才标准体系建设必须与创新人才培养机制统筹规划和实施。首先,应以人才标准为“龙头”形成人才培养总体方案,人才培养方案的科学性取决于贯彻落实人才标准的全面性和彻底性。整个人才培养方案,应以人才标准为统领,全面体现教育教学改革精神，包括招生考试、教学内容、教育教学方法、教学组织管理、学习效果考核评价等，把探索人才培养新机制与落实人才标准的具体实践有机统一起来，使人才标准既管事，又管用，进而很好地解决终身教育条件下的人才培养方式问题。

第三，用科学的人才标准体系引领开放大学办学条件建设。学校办学条件是完成教育任务的物质保证，特定的教育任务又对学校办学条件提出相应要求。开放大学必须按照能够满足实现人才标准的要求，来建设和完善学校各种条件，包括师资、资源、设施等，这样才能很好地解决办学条件与办学功能相适应的问题。

第四，用科学的人才标准体系引领开放大学规模效益质量关系调整。如何处理规模质量和效益的关系是学校教育理念在发展方式选择上的外在表现，说到底是学校办学综合能力在起着决定性作用。当这些能力能够与规模质量和效益协调一致的时候，这三者之间就能达到相对均衡；当办学能力不足而又在指导思想上出现偏差的时候，这三者之间就会紊乱失调。开放大学应当依据人才标准要求，以保证质量为前提，坚持量力而为的原则，正确处理规模质量和效益的关系，进一步端正办学指导思想，解决好学校办学能力与持续协调发展要求相适应的问题。

第二十章 “社会化导向”人才培养模式之培养过程社会化

培养过程社会化是“社会化导向”人才培养模式的重要组成部分。它指的是学习者无论处在哪个阶段，无论学历教育还是非学历教育，只要为完善个人素质某种需求而求学，都要通过个体与社会的互动作用，发展自己的社会性，成为能够履行社会角色的社会人。学习者不仅属于学校，而且也属于社会。开放大学就是按这样的要求来完成培养各级各类人才全过程。

一、培养过程社会化的提出依据

开放大学培养人才，主要的不是通过课堂和师生面对面接触方式完成培养过程，实现培养目标，而是通过网络手段把学习者融入社会性广泛互动之中，使他们在更加开放的环境下完成学习过程，实现自身的学习目标追求。终身教育对开放大学提出的，必须按着学习者在社会互动中成才的教育规律来完成培养过程的要求，成为开放大学实行培养过程社会化的根本原因。

第一，终身教育学习对象和学习需求的广泛性特点，要求开放大学应秉承“有教无类”、“因需施教”的社会化思维和教育方式来完成人才培养过程。开放大学实行教育对象开放，不分男女老幼，为社会上因各种原因而失去接受高等教育机会的人，以及有各种各样学习需求的人创造学习条件，满足其与生俱在的接受教育的天赋人权；实行教育资源的开放，不受学习者学历基础的限制，为广大远程学习者提供丰富多彩的远程学习媒体形式、课程资源和学习手段，创设可供其个性学习的远程教育平台环境，为其提供可以自主选择各取所需的专业菜单、课程超市和学分银行等，实现学历教育和继续教育的有机衔接，学历教育与非学历教育的互通，为人们终身学习创造良好的远程学习条件;实行教育观念开放,以广阔的胸怀和极大的包容,借鉴人类文明中的一切先进成果,随时吸纳和补充开放大学教育内容,通过远程教学或远程学习,为开放大学开启持续发展的思想活力和新知识的源泉,从而使得远程开放教育成为引领人们学习风尚的重要教育形式。

第二,终身教育学习时间学习空间无限性特点,要求开放大学应秉承"超越时空"、"有求必应"的社会化思维和教育方式来完成人才培养过程。开放大学教育把学习者自主学习作为主要方式。学习者自主决定学习时间,最大限度减少学习与工作、家庭和社交之间的矛盾;学习者自主选择学习地点,无论在任何地方,只要有学习的意愿和要求,都能及时得到相应的学习资源和支持服务;学习者自主安排学习活动,可以在辅导教师的指导下决定进行哪些学习活动,比如阅读文字材料、观看视频资源、听音频资源或者完成课程规定的作业等,在最合适的时间选择最适合自己学习环境的学习活动,还可以通过面授辅导课、组织学习小组、驻校学习或网络平台等互相帮助获得支持。开放大学应从学习者的需要出发,充分考虑学习者个性差异和方便快捷的需要,围绕学习者的特点、需求和学习过程,坚持"以学习者为中心"的办学理念,创建穿越时空的远程终身教育公共支持服务体系,实行混合式教学和学习方式,最大限度地消除由于地理的限制和时间的阻隔对于远程学习所产生的消极影响,为广大社会学习者提供源源不断的优质远程教育服务。开放大学在办学过程中,应注意加强面向特定人群的教育工作,积极探索非学历教育工作模式及体制机制,拓展老年教育和社区成员闲暇生活娱乐学习教育服务项目,开展满足社会成员多样化需求的职业教育、技能培训等项目,致力于将开放大学建设成为值得当地民众信赖的、理想的人文精神家园。

第三,终身教育学习过程自主性和灵活性的特点,要求开放大学应秉承"尊重个性"、"有效教学"的社会化思维和教育方式来完成人才培养过程。依据学习者入学基础、学习能力、接收信息方式的巨大差别,开放大学应坚持"有效教学"的理念,采取不同的支持服务对策。一是从学习者的角度创新多种服务模式。通过学生问卷调查、网上问卷、学生学习申请、办学单位调研等方式,在不同专业全体学生中组织开展"学生个性化学习需求调查",构建助学中心服务模式、助学服务站服务模式、助学专人定向服务模式、网上助学服务模式和学习小组服务模式，制作学员服务手册和服务卡。为参加个别化导学的学生和服务站免费提供教材、形考作业册、自主学习光盘、课程表和课程教学辅导、视频课件等。对于学生提出的问题，不能当时解决的在规定的工作日内给予答复。通过各种个性化服务方式，保证学习者个性化学习需求得到满足。二是从教育者的角度整合有效学习资源。学习者学习强调以教师为主导，针对学习者学习资源杂乱，针对性不强等实际问题，辅导教师应对现有的网上教学资源，按照网络课程的形式进行梳理。以专业为单位，以教学资源光盘或其他形式提供给学生，保证参加学习的学习者有可供学习的教学资源。对于学生考试压力大、没有复习范围的实际问题，辅导教师要对课程期末复习内容进行整理和提炼，满足学生期末复习使用。三是从管理者的角度加强网上教学管理。强调以网络为支撑平台，实行混合式学习，实现有效服务。通过制定并出台网上教学管理办法，明确网上教学的指导思想、内容及形式，赋予学习者自由选择权，引导学生充分利用国家开放大学和各地方开放大学在线学习平台，根据自身实际情况决定学习课程的时间和形式。在教学安排上多形式引导学生参加上网学习，主要讲解课程的重点内容、形成性考核作业、学生提出的疑难问题和布置课后习题，从而实现教学质量的提高和资源利用的最大化。

二、培养过程社会化的基本内涵

培养过程社会化的基本内涵是：开放大学人才培养过程是包括学习者以学习过程为主并同时与工作过程、生活过程相互交织渗透的总过程。坚持以学生为中心，通过师生、生生、人机、学习者与社会之间多向互动，实现人才培养目标是开放大学实施人才培养计划从过程开始到过程终结的基本形态。在认识和理解培养过程社会化的基本内涵时应注意把握四个要点：

第一，实施专业及课程教学计划体现社会化特点。围绕人才培养规格和目标，全面组织落实专业及课程计划，这是人才培养过程社会化的核心环节。开放大学组织落实教学任务，应立足社会需求和学习者学习需求的变化，以更宽阔的视野和社会化方式做好四项重点工作：一是积极探索专业建设新机制，在梳理现有专业基础上，制订专业建设和改造方案，推进共享专业、合作专业、特色专业建设,逐步形成具有开放大学办学特色的专业体系。二是改造课程体系,把课程内容的“适”与“微”作为课程开放的前提,开展开放大学教学内容和课程体系模块化研究,将所有课程分为通识模块、基础模块、专业模块和实训模块,为学习者创造选择条件。三是加快“学分银行”建设,整合社会资源,促进学历教育和非学历教育的纵向衔接和横向沟通,形成低门槛、多入口、多通道、立体化、多出口的修习制度,提供多层次、多类型的学术资格证书,满足社会发展和个人多样化的学习和发展需求。四是依靠社会力量组建专业教学团队,明确教师讲课、建资源和搞科研三大职责任务,有针对性地解决网上教学、资源建设和教学服务中相关问题,提高专业建设力量和教学服务水平,对学习者学习过程实施有效管理。

第二,全过程的学习支持服务体现社会化特点。所谓全过程的学习支持服务,指的是学习者在学习时无论何时何地都能得到辅导教师以及学校其他相关部门或人员的及时指导和帮助。这就要求学校以“学生需求”为目标,以“一切为了学生,为了学生一切”为出发点,多角度、多层次、为学生提供一站式全过程支持服务。树立开放大学全体教职工人人都是服务者的观念,努力为学习者提供及时、灵活、便捷、多样化、个性化的学习支持服务。探索“一站式”教学平台环境下的网上学习、教学、管理与服务模式及运行机制。对学习者实行全过程的学习支持服务,从思想上看,前提是“包容”;从工作上看,核心是“灵活”。开放学习需要支持,只有“支持”和“服务”跟上,“以学习者为中心”才不是一句空洞口号。因此,无论是哪一层级的开放大学,都应成立相应的学习服务机构,配备包括相关合作单位和社会组织在内共同组成的学习支持服务队伍;都应把建设开发各种学习资源作为一项重点任务,及时提供课程教学、辅导答疑、平时作业、考前辅导和支持服务所需的学习资料;都应创新服务手段,制定学习支持服务卡,按专业制订授课课程表,进行开篇导学,制作学生调查问卷,了解学生对学习形式的需求,辅导教师要积极引导学生学习课程资源,提出学习建议,通过书信、电话、电子邮件、在线论坛、辅导课或专题讨论课对课程作业的完成情况给予全面反馈。编制网上教学工作流程和工作规范、教师教学服务手册。在现有远程接待系统的基础上,全面启动开放大学远程接待系统;都应为学习者提供丰富多彩的社交平台,组织开展与学业相关的各类技能比赛，做好对学生的日常管理、奖励和评优工作；都应主动热情地帮助学生解决包括学分转换、学习技能、就业指导、职业规划等方面实际问题。

第三，社会实践的安排和组织体现社会化特点。开放大学实施人才培养计划必须高度重视学习者社会实践环节，把提高学习者解决实际问题的能力作为人才培养主要目标。组织学习者参与社会实践的基本方法，一是围绕学习中遇到的重点难点问题，开展各种形式的学习研讨，培养学习者的批判精神和创新性思维。二是依据学习内容需要，开展情景模拟演示，把学习者置于真实场景之中，变枯燥的学习为灵动的学习，强化学习者的学习动力和认知能力。三是让学习者直接参与实践操作，结合本职工作，亲自动手进行生产、管理和服务活动，增强学习者的动手能力和专业技能。四是为学习者提出课题指南，包括论文、调研报告、产品和特定项目，让他们在社会实践中形成作品，提高学习者分析问题、解决问题的能力和综合素质。

第四，学习效果考核评价体现社会化特点。学习者学习效果考评应该是动态的而非静止的，是通过一系列社会活动而实现的一个重要教学环节。多年远程教育经验证明，唯有过程性、发展性评价才是学习发生和持续的助推器。开放大学应根据学生的实际和开放教育培养目标的要求改革传统的考试考核办法，首先要改变“一考定评“的评价模式，将原来以纸笔集中考核方式调整为“阶段考试、网上学习过程考核、网上预约考试、案例和实践作品考试等多种形式。以此为前提，做好教、学、评一体化设计工作，推进基于网络的测评模式改革，逐步实现以终结性考试为主向以形成性考核为主的多元评价模式转变。适应多元化培养目标的要求，应建立和完善的多元化学习评价体系，包括评价标准和评价机制。在整个学习过程的设计上，应为每一个特定的学习者建立一个专门的成长包，涵盖各种形式的学习规划内容。在评价机制的构建上，注重内部质量监控和外部质量监控的双效互动。在评价主体的选择上，注重教师、学生、用人单位等多元评价。

三、培养过程社会化的实践重点

开放大学人才培养通过学习者与教师、同学以及教学信息的相互作用获得知识、技能和态度，并不断内化为社会价值标准、社会角色所需的各种素质以及适应社会生活的实践能力，进而使学习者本身作为社会成员以新的面貌融入社会。开放大学实行培养过程社会化，应把保证实现德、智、体、美全面发展的人才培养目标作为工作重点。

第一，实现政治品质方面的培养目标。学习者通过在广泛的社会交往中按需所学，除了完成学习任务，还有更多的机会接受到学习内容之外的优秀思想、情操和意志品质的陶冶，这对形成个人的政治信仰、人生态度、价值取向和行为习惯，无疑会潜移默化地产生重大影响。因此，培养过程社会化，就是学校要使学习者的学习过程成为不断完善自身政治品质的过程。

第二，实现社会角色方面的培养目标。所有学习者都在社会生活中承担一定角色。每一个学习者主观上具有学习动机，其本质的追求，大多是为了更好地使自己成为合格的社会人，进而更好地履行自己的社会责任。社会化的人才培养过程，不仅使学习者通过学习"充电"，促进社会角色的人格得到完善，同时，还能通过学习过程，进一步深入体会个人在社会关系中必须依赖社会分工的道理，增强学习者的团队意识和沟通协调意识。因此，培养过程社会化，就是学校要使学习者的学习过程成为不断完善社会角色的过程。

第三，实现能力素质方面的培养目标。当代社会，任何人都不能为自己的成长进步设置终点，必须不断进行知识更新和提高能力素质，才能适应新情况新变化对本职工作提出的新要求。开放大学教育为全体社会成员生命全程各阶段学习进取提供了支持服务平台，并通过培养过程社会化，使学习者能随时做到利用网络学习，向社会和他人学习，达到缺啥补啥的目的。因此，培养过程社会化，就是学校要使学习者的学习过程成为不断完善能力素质的过程。

第四，实现道德修养方面的培养目标。社会是培养人锻炼人的大课堂和大熔炉。开放大学坚持培养过程社会化，不仅能够通过社会互动方式满足个人某些方面的求知欲望，而且还能通过社会互动方式完善个人的社会公德、职业道德和家庭美德，提升自己的道德水准。因此，培养过程社会化，就是学校要使学习者的学习过程成为不断完善道德修养的过程。

第二十一章 “社会化导向”人才培养模式之教学资源社会化

教学资源社会化是“社会化导向”人才培养模式的重要组成部分。由开放大学的办学性质以及教学资源的社会化和全球化趋势所决定，在开放大学实施人才培养过程中，教学资源的源泉来自社会、建设教学资源必须依靠社会、教学资源的传播和使用的目的是服务于社会。因此，推进开放大学教学资源社会化是新的时代背景下，关于人才培养新机制理论研究和实践发展的一个无争议论断。

一、教学资源社会化的提出依据

教学资源对学校和学习者来说，好比人生存所需的粮食、水、阳光和空气。开放大学承担建设学习型社会和终身教育体系的重大使命，是面向所有社会大众的一种教育形式。这种教育对象的全面化、多样化、差异化，决定了其对教学资源需求数量的海量化、种类的多样化、内容的差异化。终身教育对开放大学提出的，按照适应需求保证供给目标来建设和应用教学资源的要求，成为教学资源社会化的根本原因。

广义的教学资源是学习支持系统、教学资料、教学环境和能够为教与学提供支持和帮助的所有物质、信息的总称，包括为教学和学习活动服务的各种人力、物力、财力资源。狭义的教学资源是广义教学资源中所指的“教学资料”。它一般是指在教学和学习的过程当中所使用的，以各种形式呈现的常规教育教学内容，包括知识性教学信息、课程性教学信息和教育性信息等，如教材、教学音频、视频、课件、图形、图像、网络课程等。根据教育部及相关机构制订的标准规范，教学资源从类型上可以分为媒体素材、试题、试卷、课件、案例、文献资料、网络课程、常见问题解答、资源目录索引九大类;从课程类型上可以分为学历教育课(包括基础教育、中等教育、职业教育、高等教育所有学科的课程)及非学历教育课(包括职业资格认证、岗位培训、证书培训、就业指导、社区健身、文化等课程);从适用对象类型上,则包括从中小学生到离退休人员等社会各类有学习需求的人员。这里所说的教学资源指的是狭义的教学资源。

从以上分类可以看出,开放大学对教学资源的需求是全方位的,数量庞大,种类繁多,囊括所有媒体形式,应用面非常广泛。所以,教学资源的需求、获取、建设、推广应用等各个环节都必须有社会全面参与。依据教学资源对人才培养的重要作用,可以断定教学资源社会化是开放大学实现人才培养目标的核心要求。

第一,实行教学资源社会化是动员社会力量共同培养人才的重要抓手。从开放大学资源需求的全方位、全面化可以看出,教学资源的获取、整理必须突破单一的渠道,需依靠社会力量来实现。面对开放大学无边无际的教学资源需求,光靠一所学校有限的教师和制作人员来搞教学资源建设,其结果是数量上无异于杯水车薪,质量上也难免粗制滥造。教学资源建设必须调动全社会各方面,包括高校、行业、企业、协会等多方面的力量,依靠广大教师、技术人员、一线工人、资源制作企业的共同建设才能完成。比如,实施社会上各行业、企业的教育项目,来自于各行业和企业的教学资源就更有针对性和实用性;对于各层次学历教育的项目,来自于相关学校和教育机构的教学资源,其规模、质量及成熟程度就能得到有效保证。当然,开放大学也要结合各方面的需求,形成分类、分层次的教学资源需求分析和建设发展规划,依靠自身力量建设急需和特色教学资源。从教学资源的实际应用看,任何教学资源只有被合适的对象应用在合适的环境下时,才能发挥其作用,而来自于社会各方面的教学资源,回馈和应用于相应领域,是实现其社会价值的唯一正确途径。所以教学资源的应用必须面向社会、依靠社会,才能产生最好的社会效果。

第二,实行教学资源社会化是提升学校教学资源"整合力"和"释放力"的动力源泉。开放大学具有强大的网上教学平台和资源管理平台,面向城乡大众各类人群,覆盖面广、应用范围大。面对终身教育的任务,开放大学教学资源建设势必会出现两种新的情况:一方面,由于人们不断增加新的多样性的学习需求，而学校目前的教学资源无论是数量还是质量都不能为学习者提供有效供给，这种教学资源严重匮乏和不饱和现状，与人们的实际需求之间形成巨大反差，这种状况必然迫切要求和有力推动着开放大学教学资源快速充实和凝聚，形成一种强大的“整合力”；另一方面，由于开放大学建立了强大的学习网络和覆盖广泛的学习项目，方便社会大众共享资源，这又使其成为最好的教学资源应用、推广平台。凡是进入这个平台的教学资源都能够快速高效地得到利用，形成一种强大的“释放力”。无论是“整合力”，还是“释放力”，均源于社会的广泛参与，是坚持“社会化”导向的结果。

第三，实行教学资源社会化是解决教学资源与人才培养严重不适应问题的关键举措。当前远程教育领域教学资源建设与应用存在的主要问题有：“执行标准、规范不力；适用性资源不多；重复性建设严重；资源开放整合陷入困境。”①如果以社会化导向指导教学资源建设，坚持统一的建设标准、从社会的需求出发、统筹建设资源，就能够避免重复、不适用等问题，同时也方便资源的整合、共享。坚持社会化导向，会使当前资源建设和应用中存在的问题迎刃而解。

二、教学资源社会化的基本内涵

教学资源社会化的基本内涵是：终身教育又一个重要规律，社会成员个性化学习需求程度越高，对相应的教学资源配置的社会化程度要求越高，两者成正比例关系。开放大学必须从社会资源中获取满足民众学习需求的教学资源，在教学资源建设和利用的谋划上，不仅要致力于加速推进其社会化的进程，而且还要朝着全球化的方向逐步向前迈步。在认识和理解教学资源社会化基本内涵时，应注意把握三个要点：

第一，突破围墙限制建设和应用教学资源。开放大学教学资源建设与应用要改变过去主要由广播电视大学一个系统或一个办学单位孤军奋战的局面，要把社会作为教学资源建设的主要来源和依靠力量；同时又要以满足社会对教学资源的需求为目标，要以全社会的大视角来看待教学资源建设和应用，

---

① 刘泽照：《远程开放教育教学资源建设研究》，《江苏开放大学学报》2010 年第 3 期。

取之于社会，用之于社会；但对开放大学来说，绝不是把教学资源建设的任务完全推向社会，开放大学要在其中承担大量重要工作并起主导作用。

第二，顺应社会要求建设和应用教学资源。开放大学教学资源建设与应用的社会化还表现在，学习社会上教学资源建设与应用的通用方式和标准，挖掘社会对教学资源的需求，学习最新的方法和理念，按照社会能够接受的方式进行教学资源建设和应用等方面。这种着眼于社会文化延续和传递建设与应用教学资源的方式是站在社会这个巨人的肩膀上，而不是从零开始的科学方式。

第三，围绕学校发展完善建设和应用教学资源。开放大学教学资源建设与应用社会化的过程是开放大学自我完善、形成独特的教学资源建设与应用方式、形成开放大学特色的过程，也是开放大学的教学资源建设与应用在社会“立足”的过程。

三、教学资源社会化的实践重点

开放大学教学资源建设与应用坚持社会化导向，在实践中的主要做法应该是：

第一，要做好“整合”与“融合”两篇文章。首先，要做好教学资源“整合”这篇文章。就是通过网络信息平台和科学的管理模式，把社会上已有的、分散的教学资源集中起来，把无序的资源变为有序的资源，分别建立索引，方便用户查找、使用和共享。通过整合成为开放大学教学资源，使其在自然属性上附加社会属性，增加了应用价值。同时，通过整合把已有的教学资源，通过现代信息技术组合优化应用、共享，具有“盘活”存量、做优增量的重要意义。同时，要做好教育教学与现代技术“融合”这篇文章。就是将普通的教学资源用现代信息技术加以改造，使原有的教育资源与先进的网络和信息技术相融合，把原来孤立的、只用于特定环境的优质资源，加工改造成为能够在网上共享使用的资源，低成本、高效率地实现优质资源的传播，放大其效用，加快优质资源的社会化共享。

第二，要坚持走“公益”与“市场”相结合的道路。在资源建设与应用中坚持“公益”性原则是开放大学建设目标所要求的。开放大学建设重要的目标就是要扩大教育机会,实现教育公平。在进行教学资源建设时,一定要依据人民群众最迫切的需要,优先建设最具社会价值的资源,并且要尽量扩大教学资源无偿共享的使用范围。只有这样才能体现开放大学的社会价值,完成其“学习型社会”和“终身教育体系”建设的重大使命。同时,由于开放大学教学资源建设与应用是一件长期的工作,要兼顾质量、效率和建设运行机制问题,所以必须积极利用“市场”对资源配置的决定性作用,充分利用“市场”调动各方面的积极性参加开放大学教学资源建设和应用,实现互利共赢、长期发展。

第二十二章 “社会化导向”人才培养模式之技术手段社会化

技术手段社会化是“社会化导向”人才培养模式的重要组成部分。依据国际国内远程教育发展的新趋势,开放大学应通过社会化的思维和运作方式逐步推进传统教育技术转型升级,形成功能更加强大的新型教育技术,并以此为支撑完成培养各级各类人才的新使命。

一、技术手段社会化的提出依据

广播电视大学教育所应用的教育手段已经满足不了经济发展和社会进步的需要。构建终身教育体系和学习型社会必须建立一种新型教育方式,而这种教育方式的基础就是建设和应用好能够支撑为所有社会成员多种学习服务的信息网络技术。终身教育对开放大学提出的,按照现代标准和学习方式变化来发展和完善办学技术手段的要求,成为技术手段社会化的根本原因。

第一,实行技术手段社会化能够推动教育技术与社会发展与时俱进。教育技术由自然科学技术、工程科学技术、社会科学技术相关技术成分集合而成,是社会发展水平的一种具体表现形态。采用什么样的教育技术在一定程度上,直接影响教育的质量和人才培养效率。我国不断向前推进的工业现代化建设,从技术层面来说正在逐步实现与信息技术深度融合,最近几年并把现代教育技术与教育深度融合提到特殊重要的位置。教育如不加速实现这种融合,就会严重滞后于经济社会发展。事实上,我国的教育已经开始出现了这种融合的趋势,而且已经扩展到普通教育、继续教育及社会培训各个领域。因此,现代技术与教育深度融合是知识经济和信息革命时代呼唤出的新型教育方式。这种教育方式的出现,从本质上说,是实行教育技术社会化的结果。开放大学应抓住历史机遇，继续促进和加速这种融合的进程，使这种融合不再停留在比较肤浅层面，而是围绕新技术出现带来的教育理念、教育制度、教育内容和教学方法的变革要求，开展进一步的探索和实践，进而达到教育技术应用与社会发展协调同步。

第二，实行技术手段社会化能够为传统教育技术转型升级提供强大动力。传统教育技术是以教师为主体，以教室为主要教学场所，以纸质教材为主要学习材料，通过语音、幻灯、录音、录像等直观技术手段进行教学。学生基本上是被动学习，教师教什么知识、学生就学什么知识，而对为什么学这些知识，这些知识将来有什么用，却不能作出立体化的反映。传统教育技术的优点是师生面对面交流、教学直观，学生易于接受、没听懂的问题可以马上问；传统教育技术的缺点是传输的信息量小，复杂问题没办法用语言准确描述又不能进行直观演示、学生不易理解、学习困难，实验实训受经费、场地等条件限制开出率普遍较低，即使能开出的实训项目，由于实训耗材的成本控制，也基本上是以教师演示为主；学生在自学过程中遇到问题不能及时跟教师沟通，需要一段时间才能解决。虽然近些年来已开始把电信网络，电视网络和计算机网络应用到办学之中，但因相互独立运行，音频、视频和数据之间的融合程度还远远满足不了高等教育大众化、终身教育和学习型社会建设的需要。传统教育技术种种缺陷都可追溯到因社会化程度低所造成。开放大学教育由传统教育技术向以信息技术手段为主导的教育技术转型升级，是基于社会技术现状和社会成员学习需求所作出的必然选择。

第三，实行技术手段社会化能够给现代教育技术构建和应用找到最佳途径。现代教育技术是以社会成员为主体，教师在网络上提供丰富多彩的数字教学资源，社会成员以固定终端、移动终端为主要学习场所，社会成员可以根据自己的需要和感兴趣的学习内容，主动通过视频直播、音视频点播、电视等现代教育技术手段进行学习，学习目的明确、学习动力充足。现代教育技术的优点是信息传输量大，社会成员学习不受时间、空间限制，学习手段多样化，复杂问题可以用虚拟实验和动画形象表现出来，学习内容形象、生动、逼真、易于理解，虚拟实验实训成本一次投入可以反复使用，社会成员学习过程中遇到问题可以通过远程支持服务系统的 QQ、语音、在线留言等多种方式及时有效得到解决,学生在知识扩展方面更加容易实现;现代教育技术的缺点是社会成员和教师不能面对面直接交流,但可以根据教师答疑时间安排通过视频形式进行远程交流。构建和应用以信息技术为中心的现代教育技术,从技术、设施、人才和经验多方面对号入座,光靠开放大学自身,势必难以独立完成这样系统、高端和复杂的技术整合,只有把视野转向社会,充分利用社会技术积累和人才资源,才能加速把设计目标变成现实形态。

二、技术手段社会化的基本内涵

技术手段社会化的基本内涵是:开放大学应根据人才培养目标要求,运用社会化的思维和工作方式,构建代表教育发展前沿水准的现代教育技术,在学习者学习过程和全部办学活动中推进数字化、网络化和智能化广泛应用,保证对学习者学习全程支持到位,保证提高开放大学教育人才培养效能。在认识和理解技术手段社会化基本内涵时,应注意把握三个要点:

第一,综合不同技术社会分工形成教育技术主导能力,是技术手段社会化的基本任务。我国原有三大信息技术系统建设的已经相当完备:一是电信网络,主要以传递语音为主;二是电视网络,主要以传递视频为主;三是计算机网络,主要以传递数据为主。三大信息技术系统相互独立并存,各自的特点都非常明显。随着信息技术的不断发展,电信网络、电视网络、计算机网络由原来各自独立的业务范围逐步发展成业务属性趋同,这就引发并出现了既相互竞争又趋向融合的新变化。2010 年国家决定加快推进电信网络、电视网络、计算机网络的三网融合,要求建立适应三网融合的管理体制和运行机制,形成全新、科学的监管体系。开放大学应凭借这样有利的客观条件和政策环境,顺势而为,抓紧组织力量,综合不同技术社会分工,形成适合开放大学人才培养的主导教育技术能力,朝着音频、视频、数据、图形等多种媒体的综合运用方向不断发展。

第二,完善学习者学习和学校办学全过程技术支持能力,是技术手段社会化的基本目标。构建和应用现代教育技术,应在六个方面实现对学习者和学校的技术支持功能:一是将网络课程、微课程、精品课程、学习辅助资料、学习指导、问题库、试题库等相关学习资源进行数字化处理、存储和管理,实现所有学习资源数字化,并以电脑版和手机版两种形式呈现给社会成员。二是通过教学平台和教学资源管理系统,实现在网上进行课程建设、课程管理、课程查询、视频课程直播、音视频课程点播等,实现所有教学活动网络化。三是运用虚拟现实技术把真实实验、生产过程用数字化方式在网络上呈现,在网上建立仿真实验室、仿真实训室、虚拟生产环节,虚拟操作流程等,实现所有实验、生产过程环境虚拟化,为社会成员提供理论教学和实训教学的有机融合。四是教学管理、教务管理、办公管理(包括文件传阅、签发和电子印章)、图书借阅管理、后勤服务管理等都在网络上进行,实现所有管理过程现代化。五是建立统一综合查询系统,可以根据需要将学校各种数字化资源以表格或图表等多种形式呈现和进行比较,为学校职能部门和校领导决策提供有效数据支持,实现决策支持智能化。六是通过互联网、无线网络、办公系统、邮件系统、固定终端、移动终端等实现相关信息的快速传递和提醒,更好地为教师和学生服务,实现校园信息便捷化。实现以上这些技术支持功能全部体现在各种各样的社会性活动中。

第三,坚持传统教育技术与现代教育技术相结合是实行技术手段社会化的基本方法。开放大学的办学特点简单表述就是千差万别,包括学习需求千差万别,学习者基础千差万别,地域分布千差万别,学习条件千差万别,学习方式千差万别,等等。因此,开放大学培养人才,选择和应用什么样的教育技术,不可能做到绝对的一律和排他。正确的方法应当是一切从实际出发,在坚持以现代信息技术为主导的前提下,只要是有利于实现人才培养目标,适合什么样的技术,就采用什么样的技术,行之有效的传统教育技术也可以有选择地发挥作用,这是实行技术手段社会化的必然结论。

三、技术手段社会化的实践重点

构建和应用现代信息网络技术是开放大学技术发展的根本方向。学校在具体实施过程中,应首先把建设好包括教学平台、管理平台和支持服务平台在内的远程教育平台作为重点建设任务,把电信网络、电视网络、计算机网络整合在一个平台上,满足超大用户量、大用户量在线和高并发的访问规模,体现开放大学办学的开放、共享、交互、协作的社会化特点,以形成开放大学建设的重要技术支撑。

第一,教学平台。教学平台主要用于教师网上视频直播教学、网上制作各种数字教学资源、其他海量优质学习资源、网上布置作业和批改作业等,学生通过教学平台进行网上学习,包括音视频点播、在线完成作业和提交,查询个人学习进展情况,包括完成多少门课程、考试成绩、获得多少学分等内容,使所有教学资源都能进行数字化处理、存储和应用,真正在一个平台上实现语音、视频、数据、图形的相互渗透相互融合的传输,建成集多媒体为一体的交互的实时的远程教学平台,满足社会成员对学习类别、学习内容、学习方式、学习时间多样化的要求。

第二,管理平台。管理平台主要用于教学管理、教务管理和行政管理等。教学管理主要包括专业管理、课程管理、教学团队管理、教师管理等;教务管理主要包括学籍管理、试题库管理、考试管理、成绩管理、学分管理、毕业管理等;行政管理主要包括日常办公管理、人事财务管理、公文运转管理、公章管理、安全管理等。通过推进管理工作的网络化和智能化,全面提高学校运行效率和工作水平。

第三,支持服务平台。远程支持服务平台主要为学生学习提供远程服务支持,主要包括在线留言、语音服务、视频服务等多种方式,及时解决学员在学习过程中遇到的各种问题;要覆盖城乡各个角落,通过智能化、网络化应用服务,为社会成员提供网上报名、网上注册、网上学习、网上考试、网上办理毕业等一站式管理和服务。

第二十三章 "社会化导向"人才培养模式之管理服务社会化

管理服务社会化是"社会化导向"人才培养模式的重要组成部分。它作为学校与系统、学校与社会、学校与学习者之间沟通与对接的桥梁和纽带,而成为向构建终身教育服务体系迈进的一项复杂的社会工程,是办学项目、人才标准、培养过程、技术手段、教育资源、学习成果、质量评价七个方面社会化理论和实践的重要支撑和实施保证。

一、管理服务社会化的提出依据

管理服务社会化是针对学校在办学中的管理和服务形态和主要特征而言的,终身教育对开放大学提出的,按照个别化、多样性、全天候、动态性、即时性特点来履行管理服务职责的要求,成为管理服务社会化的根本原因。

第一,实行管理服务社会化是构建终身教育体系和学习型社会的迫切需要。面对各行各业不同年龄、不同层次的教育需求者,利用开放大学的体系优势,构建终身教育体系和学习型社会,无疑是最佳选择。构建终身教育和学习型社会是一项庞大而复杂的系统工程,学历教育与非学历教育、正规教育与非正规教育、从业资格认证与职业技能培训等并存,与政府、企业、行业、学校等合作办学将成为重要办学方式。与此相伴随,学习者招生注册、学籍管理、考核试考核、毕业环节等各类事务咨询解答与业务办理也必然变得纷繁复杂起来。面对这样多层次、多规格的教育培训方式,很难设想学校关起门来搞管理服务就能保证实现人才培养目标。因此,依靠社会力量和资源,实行社会化的管理和服务,是构建终身教育体系和学习型社会的迫切需要。

第二,实行管理服务社会化是广播电视大学向开放大学战略转型的重要突破口。开放大学的开放特点集中体现在对象开放、内容开放、时空开放、过程开放。与之相对应的管理服务必须是全天候、动态化、个别式和即时性的。完全开放的办学特色决定了管理服务也必须是开放式的,而开放式的管理服务又必须通过社会化的途径才可能实现。因此,管理服务社会化是实现广播电视大学向开放大学战略转型的不二选择。

第三,实行管理服务社会化是推行“社会化导向”人才培养模式的保证措施。在“社会化导向”人才培养模式的基本框架中,从办学项目的设置到人才标准的制订,从技术手段的革新到教育资源的开发,从培养过程的设计到学习成果的产出,再到质量评价体系的构建,都离不开学校管理服务质量的因素。单纯依赖学校自身,不能充分调动、协调和利用社会力量,没有高效的社会化的管理服务,其他七个方面的社会化也就无从谈起。

二、管理服务社会化的基本内涵

管理服务社会化的基本内涵是:简单地说管理就是协调,就是为实现组织目标而开展的以人为中心且旨在实现各种资源利用效率最大化的协调活动;服务就是做事,就是做可以满足他人某种需要的事。开放大学实行管理服务社会化,其必然性来自于终身教育高度社会化教育形式的客观要求,同时又贯穿于“社会化导向”人才培养模式理论和实践框架的各个环节。在认识理解管理服务社会化基本内涵时,要注意把握四个要点:

第一,“服务化管理”和“人文化服务”是管理服务社会化的基本理念。“服务化管理”是对“管理就是服务”、“管理寓于服务之中”的认识深化,可以更加准确地把管理和服务区分开来,从本质上揭示出管理的实践形态。其含义是在工作过程中,要将管理工作按业务流程进行细分,每个规范要求的制订都要服务于管理对象,每个业务流程的管理都要满足于下游的需求,实行碎片式管理、个性化服务,最终表现为通过服务的形式完成管理的任务。“人文化服务”是开放大学服务工作的本质要求和高级目标,强调对学习者提供学习服务要突出以人为本,从细节做起,尊重人、关心人、爱护人,以情感培育方式为学习者营造进取氛围,让学习者有亲人的感觉,有主人的意识。

第二,“满足一切学习者的教育需求”是管理服务社会化的根本宗旨。学习者是我们最终的服务对象,我们所做的一切都是为了满足学习者的需要。无论是管理还是服务都要围绕以学习者需要为中心来展开,要摒弃所有的空话、套话,切实为学习者动真情、做实事。

第三,“充分协调、调动和利用社会各界的力量”是管理服务社会化的必要手段。管理服务社会化就是要打破学校传统的、单一的、独立的管理服务模式,跨越校园与社会的界限,调动社会一切可以利用的力量,协调好学校与社会的关系,整合资源、加强合作、强化管理、增进服务。

第四,“提供全方位、立体化的教学管理服务”是管理服务社会化的根本任务。管理服务社会化要以对学习者提供全方位、立体化的教学管理服务为根本任务。在学生的入学、学习、考试、毕业等环节提供快捷的智力支持,在学生的生日寿辰、婚丧嫁娶、就业升迁等方面给予必要的情感帮助,保证学习者在学校支持服务措施到位、人际关系和谐友善、个人少有后顾之忧的环境中不断进取,完成学习任务。

三、管理服务社会化的实践重点

开放大学实行管理服务社会化贯穿于人才培养全过程、贯穿于培养过程的各环节、贯穿于对学习者千差万别的管理服务工作中。具体实施应突出五个重点:

第一,用社会化方式构建以专业教学团队为核心的教学及教学管理服务队伍。首先,根据实际办学需要,开放大学应按照“大师资”的思路,吸收高校教师和相关行业专家学者组建专业教学团队,由高素质教师和知名专家作开放大学专业带头人或主讲教师,围绕实现人才培养目标,开展各种教学活动,探索现代人才培养新机制和新模式。在各种办学过程中,学校要对学习者学习过程实施有效管理和提供支持服务;同时,组织利用社会力量,包括机关、企业行业组织、社团和社区等,共同参与相关单位学习者的学习管理和服务业务,建立完善的人才培养质量保证体系。

第二,用社会化方式完善管理服务制度体系。开放大学实行管理服务社会化的过程是学校、社会、学习者共同发生作用的过程。完成这个过程,不仅需要多种社会资源来支持运行,而且还需要有健全的制度体系来加以规范。

因此,学校一方面应当设立相应的组织机构,对各项管理服务任务落实加强统筹、推进、协调和监督;另一方面应围绕团队建设、工作规范、质量评价等重要事项建章立制,完善教学管理服务模式,从制度上保证一切学习者顺利完成学习任务。

第三,用社会化方式改造管理服务业务流程。依据教学管理服务任务内容,可以分解为多种不同业务类型。制订各种业务类型业务流程,应按社会服务业标准提出相应要求,这样才能把开放大学的教学管理服务提高到新的境界。对招生、注册、收费、入学、考试、毕业等一般程序性环节的业务流程改造,要努力达到信息准确、方便快捷、办理及时、热情温暖的目标要求。对教材及教学资料发放、面授助学导学、各种社会性互动、学习考核评价等过程保证性环节的业务流程改造,要努力达到诲人不倦、不走捷径,细致准确、精益求精的目标要求。随着学校教学业务扩展和办学功能深化,学校要对学习者学习期间重大生活事务提供必要的帮助和服务,对此,也应建立相应的工作流程,并努力达到情真意切、侠肝义胆、扶危济困、排忧解难的目标要求。

第四,用社会化方式形成管理服务技术支持。管理服务社会化是跨时空、跨区域的,没有现代化的信息技术支持,则根本无法实现。因此,要紧紧围绕开放大学办学管理服务需求,建立能够提供给整个办学体系使用的教学服务网,为教学及教学管理和服务打造网络办公环境;建立包括专兼职教师在内的教师资源库,为教师的调度、储备、充实和提升提供科学数据,对教师资源实施有效管理;建立丰富优质的教学资源库,为方便教学资源的建设、整合和共享利用打造操作平台;建立开课、教学和考核平台,为学习者个性化的远距离学习提供全方位的学习支持服务。

第五,用社会化方式实现5A式教学管理服务。Anyone:体现教育对象的无限制性,对于学习者不设定年龄、层次、行业、地区等任何条件的限制,任何人都可以接受学习,这是终身教育的基本特征。Anytime:体现学习时间上的自由性,是解决成人学员工学矛盾的核心问题,要为学习者提供24小时、全天候的完全开放式教学服务。Anywhere:体现学习空间上的自由性,摆脱传统固化的授课地点要求,充分利用现代化信息通信手段,确保学生在任何地点都可以进行学习。Anyhow:体现学习方式选择的自主性,为各类学习者提供多样化的自学方式和交互手段，逐步实现“私人定制”式学习方式的功能，方便学习者自主选择。Anything：体现学科专业的完整性、知识技能的丰富性，实现学历教育与非学历教育、正规教育与非正规教育等办学形式的多元化发展。

第二十四章 “社会化导向”人才培养模式之学习成果社会化

学习成果社会化是“社会化导向”人才培养模式的重要组成部分。基于开放大学办学宗旨，贯彻“社会化导向”人才培养模式必然将学习成果社会化纳入其中，并作为人才培养的基本方向。因为只有实现学习成果社会化，才能在构建学习型社会和终身教育体系中真正体现出开放大学教育的无限价值。

一、学习成果社会化的提出依据

学习者在开放大学学习，学习成果获取渠道来自于社会互动，学习成果既属于个人，又属于社会，而学习成果的价值实现还须通过社会互动才能完成其全部过程。终身教育对开放大学提出的，必须按照学习者学习成果的社会属性来对待和利用的要求，成为学习成果社会化的根本原因。

第一，实行学习成果社会化是实现学习者个人与社会互动提升的必然要求。从学习者个人的学习需求视角看，要在社会生活中扩展自身发展前途，必须通过各种学习完善自我，提高自我能力和素质，从而更好地实现自身的社会价值。从社会视角看，教育提高人的社会化程度，人的社会化程度提高又对教育提出新的标准和要求。要提高社会发展水平，必须推动社会人通过各种学习提高适应社会发展的能力，并转化为社会发展的动力，为社会发展作出自己的贡献。学习成果社会化既是社会衡量学习者学习成果价值的过程，也是学习者个人学习成果转化并实现社会价值增值的过程。一个人的社会价值是通过多方面来实现的，他不仅体现在学习上、工作上，还体现在很多方面。一个完善的人，他的社会价值会更大。求学者在校学习期间，不仅学到了知识，掌握了技能，同时，也学会了思维方法，其思想意识也得到了较大的提高，素质得到了加强，人格上也更趋完善，人生的品位也得到了提升，有了更高层次的追求，这些都有助于更大限度的实现学习者的社会价值。学习者在学期间或毕业后走入社会，其优秀的综合素质对社会的进步和发展都具有十分重要和积极的作用，对社会作出的贡献更多，与没有进入大学学习和深造有着不同的价值体现。因此，学习者通过学习所取得的，除课程的成绩、学分、证书外，还有很多非正规的学习成果，这些成果也潜移默化地对社会发挥着作用。如言谈举止更文雅得体，道德水准更高尚，社会交往能力更强，思维表达更现代，如此等等。实现这些学习成果的社会化，使学习者的自身价值得到了更充分的体现，绝非一张文凭和优秀的考试成绩所能替代。

第二，实行学习成果社会化可以形成社会对学校和学习者教学效果进行检验和评价的客观尺度。学习者的学习成果由外显和内隐两部分内容构成，外显的部分主要是学习者所学专业课程的成绩、学分、毕业证书等，可以看得见摸得着。内隐的部分主要是学习者通过学习获得了相关的专业知识、基础理论和工作能力，而这些是需要经过实践的检验才能显现出来。在没有接受实践的检验之前，学习成果能否被认可和接受，主要取决于学校教育教学质量被社会接受和认可的程度。实行学习成果社会化既可以找到社会对学习者接受教育程度进行检验和评价的客观尺度，又成为衡量学校教育教学质量被社会接受和认可程度的社会依据。因此，实行学习成果社会化的过程是检验学习者学习效果和学校教育教学效果的重要过程，是学习者社会价值实现的过程，这个过程可以客观地反映出学校教学过程、教学成果被社会认可与接纳的程度。

第三，实行学习成果社会化为激励学习者终身学习进取提供强大动力。学习成果社会化体现的是社会的发展需求与学习者的学习需求间的相互影响和作用，学习者通过学习获得专业知识与实践技能并应用到所从事的社会工作之中，可使专业能力增强与职业绩效提升相得益彰；收获的体验激励学习者产生成就感和责任感，使其从被动学习向主动学习转变，并将已有的学习成果转化成新的学习需求和继续学习行为的行动基础；学习成果社会化可促进学习者建立起与他人及社会的互动学习关系，不仅使学习者受益，而且可使学习者家庭、工作单位受益，进而使社会受益。所谓学习型社会，就是有相应的机制和手段促进和保障全民学习和终身学习的社会,其基本特征是善于不断学习,形成全民学习、终身学习、积极向上的社会风气。其核心内涵是全民学习、终生学习。开放大学是为了满足社会上所有人想要继续学习的需要而诞生的,他的存在,为有学习愿望的人提供了机会和条件,使他们的愿望得以实现。学习者参加开放大学的学习,根据自身的发展需要参加学历的或非学历的继续教育,必然会获得相应的学习成果。这些成果一旦得到社会的广泛认可和接受,就会促进学习者更加努力、自觉地参加各种形式的学习,在全社会就会形成良好的学习氛围,从而促进或带动全体社会成员参与到学习中,并在一生中始终坚持学习,这样,终身学习便成了一件不可改变的事实,终身学习的要求反过来促进开放大学不断地满足学习者的各种学习需求,终身教育也就得到了实现。因此,开放大学学习成果的社会化是建立学习型社会和实现教育终身化的重要保障。

二、学习成果社会化的基本内涵

学习成果社会化的基本内涵是:学习成果是学习者通过各种学历教育和非学历教育学习所获得的课程学习成绩、课程学分、专业学历证书、非专业培训证书、资格证书、学历或培训证明等。学习者学习所获来自于社会互动,应用于社会实践之中实现其应有价值,同时又必须接受社会的评价和检验,进而实现人的全面发展和经济社会发展高度契合。开放大学应充分利用这一特点,在完善人才培养模式过程中发挥好学习成果社会化的能动作用。在认识理解学习成果社会化基本内涵时,应注意把握四个要点;

第一,把学习者学习所获转化为思想品德及能力素质是学习成果社会化的基本目标。学习成果社会化集中体现为学习者将这些学习成果转化为社会生活或本职工作中的理念、手段、技巧和方法,并在新的理念的指导下,通过自己新的思维方式和行为方式,在改变自己的同时也参与了改造社会的过程。如学习者通过学习促进工作思路和工作方法创新,会有效地提高个人履行职责的效率和业绩;学习者通过学习提高从一般工作人员转为高层管理人员甚至是进入决策层,会为所在单位作出更大贡献,带来更多的发展成果,其学习成果会得到所在单位的认可,也可由此对社会产生积极影响;学习者通过学习提高使自身的性格和气质更加成熟，能更好地处理人与人之间的关系，维护社会的公平、正义、和谐、稳定，更加自觉地遵守道德与法律，主动地参政议政，为本地区本单位经济、政治、社会、文化、生态文明发展建言献策等。以上分析表明，学习成果不能直接对个人及社会发生作用，而必须经过社会机制完成转化才能真正实现其应有价值。

第二，让学习者通过社会互动分享学习成果是学习成果社会化的衍生效果。学习成果的分享主要表现在学习者在学习期间与其他学习者的分享和学习后与其他社会成员之间的分享，在与社会互动交流中实现学习成果的价值增值。学习者在学习期间，不仅要向教师学习，利用学习资源学习，也要向其他学习者学习，彼此互相交流，分享各自的学习成果，这种学习成果不仅可帮助其他学习者获得更多的知识和能力，还可将这些学习成果通过各种形式回报给社会，这种分享虽然表面上是在学习者之间分享，但实际上已经间接地与社会进行了分享，使得学习成果的分享具有了社会性意义。此外，学习者在学习后回到工作岗位或进入社会，将学习成果以知识、能力、思维方式、方法技巧等多种方式得以体现，让工作单位和社会也分享到了学习者的学习成果。因此，学习成果分享是学习成果社会化的重要表现。只有学习者将学习成果与社会及其成员之间分享，使其学习成果得到社会的检验与承认，才能使学习成果的社会价值提到更高层级。

第三，通过“学分银行”为学习者终身学习转换衔接提供服务是学习成果社会化的枢纽环节。学习成果社会化即表现为学习成果本身能被国家和社会认可与接纳，与其他形式学习成果具有同等效力，又表现为在继续教育和终身教育立交桥中实现互认、转换和衔接，具有接受多层次和高层次学历继续教育的资格。《教育规划纲要》明确提出，“建立继续教育学分积累与转换制度，实现不同类型学习成果的互认和衔接”。目前，欧美等一些发达国家的开放大学，已经实现了与各大学之间这种互认与接纳，澳大利亚、韩国、日本等也在不同的层面上有相应的机制来保证实现这一做法。我国此前已经开始有专家学者就学习成果的认定与衔接进行研究并在上海市进行试点，这也为开放大学进一步深化学习成果社会化提供了方向和可能。

第四，运用好社会反馈机制促进学校与学习者“教学相长”是学习成果社会化的重要方式。社会是检验学习者学习成果的大考场,使学习者所学的专业知识和获得的各项技能能够满足社会需要,是实行学习成果社会化的关键目的所在。如果学习者在学期间学习态度端正,学习努力,能够按照学校的教学要求学好每门课程,学习需求得到了满足,知识和能力都得到了提升,就能够经得起社会的检验,其学习成果也就能够得到社会的认可与接受。实行学习成果社会化不仅是对学习者学习效果的检验方式,也是对学校教育教学成果的检验方式。学习者学习成果是通过学习学校所设置的专业和所开设的课程取得的,因此,学校设置的专业和开设的课程是否能够按照社会的要求和标准组织教学,也是在学习成果社会化过程中必须经过检验的重要方面。

三、学习成果社会化的实践重点

实行学习成果社会化是开放大学实现人才培养目标的重要保证,在具体实施中应突出以下重点:

第一,开放大学应按社会通用标准和方式培养人才,保证学习成果具有普遍通用性。开放大学要保证人才质量和学习成果的"含金量",就绝不能以开放为因而降格以求,必须按基本教育规律要求,做到与社会成熟的通用的人才标准和培养方式在大方向上保持"四个一致":一是在办学项目和人才培养目标等大方向上保持一致;二是在教育观念、办学宗旨、技术手段、教学资源、质量保证等大方向上保持一致;三是在教学、管理、服务重点环节与基本要求等大方向上保持一致;四是在评价标准和评价方式等大方向上保持一致。只有这样,开放大学的教学质量和学习者的学习成果才能得到社会的认可与接受,使其具有其他教育形式学习成果的同等效力

第二,开放大学应突出自身办学特色,为学习者搭建多种社会交流平台。坚持社会通用标准和人才培养方式是针对有利于学习成果价值实现而言的,并不意味完全套用普通高校模式。开放大学在实施人才培养计划过程中,必须充分体现社会互动的特点,不仅要为学习者提供满足学习所需的各种教育教学资源,同时,还要提供学习者学习的空间与场所,包括网上各种学习专栏、讨论小组和虚拟实践环境等,为他们广泛交流与随时沟通搭建社交平台,促进学习者学习成果转化和有效分享,这些措施,不仅对学习者本身具有强力的引

导、规范和激励作用,而且也对学校深化教育教学改革,探索形成现代人才培养模式有极大的牵动作用。

第三,开放大学应积极参与终身教育“立交桥”建设,并尽早纳入公共存储互认衔接体系。从目前研究的成果看,大家普遍认为有必要在国家层面形成保障机制,组织专家制定相关的政策或者立法,由教育行政机构统一协调开展相关工作,成立学习成果认证中心(或学分银行),开展学历或学习成果的认证工作,为每一位求学者建立从小学开始的学分银行,求学者所有的求学经历、取得的各种证书或文凭、在不同教育机构学习的课程的成果在此得到认证,为其今后继续提高学历层次的学习提供必要的基础条件。开放大学要顺应这种发展形势,通过建立高校支持联盟,启动学习者学习成果的互认程序。如开放大学开放教育专本科很多专业都是与普通高校联办,文字教材和音像教材等教学资源多由合作的另一方普通高校编制提供,教学过程和整个教学环节也由开放大学与合作院校联合把关,因此,可以先从这些联合办学专业入手,实现学习成果互认和沟通,并在此基础上逐步增加和扩展。与此同时,开放大学还可向专本科学历层次以下延伸互认范围,并将资格证书、培训证书等非学历教育学习成果依托学分银行,实现与其他学习成果互认、转换和衔接。

第二十五章　“社会化导向”人才培养模式之质量评价社会化

质量评价社会化是“社会化导向”人才培养模式的重要组成部分。质量评价社会化旨在形成开放大学多层面、多主体相结合，体现全面开放、多元互动特征的质量评价体系，从社会和市场选择人才的视角，确立质量评价的新型评价方式；由政府与社会和学习者与学校多元主体共同参与，构建质量评价监控和反馈体系；使评判的尺度既符合国家制定的标准，也符合社会及社会成员需求，且使学校与学习者共同建立起自我评价、自我约束、自我激励与自我完善的质量评价机制，将“评校”和“评教”与“评学”活动常态化。

一、质量评价社会化的提出依据

质量既是教育的生命线，又是教育的永恒主题。随着高等教育大众化、国际化、多样化、个性化的发展，教育质量日益成为社会各界关注的焦点。如何评价开放大学教育质量，从“社会化导向”人才培养模式的视角，提出实行质量评价社会化更能体现开放大学教育在与外界环境相互作用过程中全面开放的本质特征。实行质量评价社会化可促使开放大学在制定与调控教育教学目标、质量评价标准与构建质量评价体系中，切实坚持既要遵循国家制定的标准要求，又要符合社会和学习者的实际需求。终身教育对开放大学提出的，必须按照社会标准和社会方式来评判人才培养质量的要求，成为质量评价社会化的根本原因。

第一，质量评价社会化有利于实现质量评价的客观性和全面性。质量评价是一个系统工程，作为质量评价体系中最具有能动性因素的评价主体是形成质量评价结果的关键。因为任何一方评价主体都有自身特定的评价角度，也有其各自不可替代的作用，同时，也都难免存在不同程度的、难以克服的局限性。由于评价角度与观点立场等因素不同，其评价结果也会有所相同，因此，仅靠单一主体评价难以形成全面真实的评价结果。开放大学实行质量评价社会化就是将政府、学校、学习者、社会及舆论作为教育质量评价的主体，实行多元化、多角度、全方位的评价，可更为适切地作出公平公正和真实可信的评价结果；可最大限度地减少评价主体的主观影响；可确保质量评价结果的客观性、公正性与全面性。

第二，质量评价社会化有利于实现质量评价的可操作性和有效性。质量评价的关键问题是使评价过程具有可操作性和实效性。可操作性体现各项评价指标可观察、可衡量、可检查与可验证，并能通过一定程序得出相关数据和结论，是保证评价过程顺理成章和评价结果真实有效的重要前提。评价的有效性体现完成评价活动和达到预期结果的程度，是衡量评价活动是否有价值的根本体现。有效性的前提是评价过程必须依据质量目标和程序规定，评价结果必须是真实的和准确的。开放大学质量评价社会化主张站在社会的角度观察问题，将教育教学各主要环节纳入相互关联、不可或缺的社会链条中按照一定的标准和程序去实施综合评价，可客观准确地反映出开放大学教育教学过程和人才培养的质量及其相互关系，不仅因有社会参与能够制订出人们普遍接受并便于操作的评价标准及相关程序，而且还因评价结果的社会认同度高使评价活动的有效性得到加强。

第三，质量评价社会化有利于实现促进提高质量达到质量评价的目的。质量评价的目的是实现对质量的有效控制，检验质量，保证质量；质量评价的作用是通过质量评价，提出有针对性的对策和措施，促进质量提高。传统的质量评价，由于评价主体与评价方式存在一定的缺陷，评价主体和评价功能缺位，评价主体带有主观色彩，缺乏客观性；评价主体构成单一，难以获得全面信息，难以客观地作出评价结果，影响评价结果的有效性，致使评价结果难以收到实效和达到质量评价的目的。开放大学质量评价社会化就是实现评价主体多元互补，评价指标整体上有机衔接、相互关联，形成内外部紧密结合的评价体系，注重将政府评价认可、专家团体评价认证、社会市场评价及舆论导向作用综合起来。在质量评价过程中可使利益相关者在反映他们的利益和需求的同时获得他们的支持;可使组织质量评价的材料与数据形成效力;可使质量评价后有效地激发出质量意识和责任感;最终实现促进提高质量,达到质量评价目的。

二、质量评价社会化的基本内涵

质量评价社会化就是主张对开放大学教育教学质量和人才培养质量的评价不能仅由学校和教育行政管理部门来完成,而应采取评价主体多元参与方式,对开放大学的办学能力、教育教学质量和学习者在参与社会活动中能力转化体现出的人才培养质量等多方面内容进行综合评价;实行多渠道监督和信息反馈,形成完善的质量评价机制。在认识理解质量评价社会化基本内涵时,要注重把握以下三个要点:

第一,质量评价社会化的本质特征。质量评价主体由多元要素构成,是质量评价社会化基本内涵的本质特征。开放大学质量评价社会化主张形成政府、学校、学习者、社会及舆论多元参与的评价体系。一是政府。政府在质量评价体系中发挥宏观指导的作用,即根据社会经济发展对人才的需求,通过政策和法律规范实现对学校的引导和约束;通过教育行政管理部门定期对学校实施质量评估来规范和引导学校坚持正确的办学方向;通过调控教育市场布局,采取优胜劣汰、适者生存的竞争方式,强化学校的竞争能力。二是学校。学校在质量评价主体要素中居于中心地位,既是被评价者,也是组织者和执行者,学校主要是通过自我评价,实施自我监督、自我管理和自我控制,并通过政府、学习者、社会及舆论对质量评价结果的反馈意见和认可程度,及时组织学校内部的整改,不断完善和提高教育教学质量和人才培养质量。三是学习者。学习者是开放大学的培养对象,对开放大学的评价最有发言权。他们从个人思想政治素质、专业知识技能和职业生涯能力的提升程度诸方面,亲身体验开放大学教育教学质量和人才培养质量并作出明确反馈,在质量评价体系中的作用是最直接、最有影响力的。四是社会及社会舆论。社会用人单位以学习者学习成果转化的成效为依据对开放大学教育教学作出评价和反馈,是具有相当程度公正性、客观性的重要评价结果。社会舆论在质量评价主体构成要素中发挥着监督和导向的作用,也是不可或缺的重要一环,舆论的监督是随时随地的,是学校办学声望和社会信誉的晴雨表。

第二,质量评价社会化的核心内容。在质量评价指标体系构建中充分体现“社会化导向”,是质量评价社会化基本内涵的核心内容。开放大学质量评价社会化,主张在评价指标体系设计中要遵循四项“社会化导向”原则:一是要具有系统性,能全面反映评价主题和社会意图,指标体系的层级不必过多、过繁,要突出主要环节;二是要具有可行性,能够简单、方便、快捷地从社会各方获取评价信息和评价数据,以便在分析、归纳、整理和总结基础上形成评价结果;三是要借鉴社会的标准和习惯,实行定性和定量相结合,力求公正、合理分配评价指标的权重比例;四是评价指标体系要符合国家方针政策和社会发展要求。开放大学质量评价社会化,主张构建体现“社会化导向”的质量评价指标体系:一是按照质量评价社会化评价指标体系设计原则,评价指标体系的核心内容既要注重主要环节的具体化,又要从系统性和整体性上注重各环节之间的关联性,特别是注重各主要环节与社会之间的关联性。对不同专业、不同课程、不同师生群体、不同教学环节要采取定量与定性相结合的办法确定评价指标,并形成完整的指标体系。二是可将办学项目社会化、人才标准社会化、培养过程社会化、教学资源社会化、技术手段社会化、管理服务社会化、学习成果社会化等核心问题作为质量评价的一级指标权重,并特别注重合理确定这些指标的权重比例,以此为依据对学校办学能力的建构和对学习者在学习过程中所发挥的作用作出评价。三是把学习者在学习中实现个性发展、全面发展、终身发展及体现时代要求的创新性学习能力作为评价的核心指标,通过考察学习者思想品德、专业知识、学习能力与工作能力在社会生活中转化提升的程度,对开放大学人才质量作出评价结论。

第三,质量评价社会化的运作方式。开放大学质量评价社会化可参照质量评价常规性方法,结合开放大学质量评价社会化的特征,在确定各项指标权重的基础上,采取加权平均法,量化打分,按均值进行综合分析并给出评价结果的规则和流程。质量评价社会化的运作方式可根据评价范畴和预设评价目标,采取相应不同的方法和形式。一是综合评价或单项评价。综合评价主要是对学校办学水平或教育质量的全面评定,综合评价由于涉及评价内容多、指标体系复杂,不易经常实行;单项评价是对办学过程某一具体项目的评价,或是教学过程的某一环节的评价，这种评价方式可根据需要，结合日常工作随时开展。二是全程评价或阶段评价。全程评价是指对某个项目，从始至终进行全过程的跟踪评价，适合于可循环的项目，如对人才培养质量的评价等；阶段评价是指对某个项目，只选取项目运行过程的某一阶段进行评价，属于可随时开展的评价方式，如对办学能力或水平的阶段性比较评价等。三是随机评价或定期评价。随机评价是根据形势任务需要，临时组织的评价一般用于单项评价；定期评价是按照评价规则和计划安排届时进行评价，可适用于综合评价或单项评价等。四是动态评价或静态评价。动态评价是指充分利用现代信息技术，建立健全教学全过程的网络管理与监控系统，实现对教学质量的动态评价；静态评价相对动态评价而言，泛指除了网上评价以外的其他评价方式。五是外部评价或内部评价。外部评价是指由开放大学以外的组织及团队所开展的评价活动。内部评价是指由开放大学内部所开展的自我评价，这种评价活动是经常性的，是贯穿开放大学的各项教育活动之中的内部评价机制。各种评价方式是相互联系和互为作用的，要根据评价内容和评价目的要求，科学设计，坚持多种评价方式的综合运用。开放大学质量评价更应注重通过网络定期发布教学质量信息，建立学校内部评价和外部评价通道，实现内部评价和外部评价的有机结合，为其他评价方式奠定基础。

三、质量评价社会化的实践重点

建立常态化质量评价社会化运行机制，对开放大学建设具有重大现实与长远意义。质量评价社会化的实施重点是将“评校”、“评教”和“评学”活动常态化。

第一，评校。评校是对开放大学进行的全面质量评价，既可以是由外部评价机构来组织实施，也可以是由开放大学内部来组织实施。评校是开放大学系统建设和学校发展所必须重视的重要活动。评校内容包括学校的办学方向、教育思想和理念、领导班子、规章制度建设、队伍建设、人才培养模式、办学条件、社会公信度等诸多因素。外部评校活动一般由教育行政部门组织或委托专业评价机构定期实施，内部评校则由学校自行组织，既可定期也可随机进行。评校的结果将引领学校正确的办学思路，端正办学方向，强化内功、提升实力,对深化学校内部体制和机制改革等诸多方面产生深远的影响。要将评校工作作为学校加强自身建设、强化自身素质、提高核心竞争力的重要抓手,实现评校活动常态化。

第二,评教。评教是评校的核心内容,是教育教学质量评价的着重点。教学永远是学校的中心工作,教师是学校的核心员工,评教是对学校教学能力与水平的综合检测。通过对教师的专业教学能力、教风、教态和教学效果反馈等进行综合评价,检验教师素质、教师业务能力、教学资源配置等,同时也是对助学工作的组织和开展、对学生各种支持服务工作的全面检验与评价。评教的结果不仅可以对学校专业建设、课程建设、教学改革和提高教学质量起到推进和促进作用,还可以作为教师个人职务晋升和业务能力提升的重要参考指标,推动和促进教师的个人素质提高和实现全面发展。因此,学校应把评教作为质量评价社会化的实施重点,实现评教活动常态化。

第三,评学。评学是评价学生的学习状态,检验学习效果的重要手段,是形成良好学风、校风的重要方法。评学是对学生道德品质、学习态度、知识技能、学习成绩、用人单位对毕业生使用及反馈情况进行评价,是一种定性与定量评价相结合的综合评价。评学的结果作为评定奖助学金、评选优秀毕业生和推荐就业的重要参考依据,可以对学习者起到很好的激励和鞭策作用。学校也应当把评学作为质量评价社会化的实施重点,实现评学活动常态化。

总之,质量评价社会化就是要在树立新型教育质量观的基础上,建立多方参与的监控评价体系,建立健全覆盖教育教学全过程的评价指标体系和行之有效、灵活多样的评价方式与运行机制,将评校、评教和评学活动有机结合,科学有效利用评价结果。这是践行“社会化导向”人才培养模式,推进开放大学建设与发展的重要保证。

第五部分

蜕变的若干关键问题

第二十六章　以“开放”为核心的办学理念

确立以“开放”为核心的办学理念是实现广播电视大学向开放大学转型蜕变的关键问题之一。办学理念是一种精神标志，表征着一所学校的理想意愿、目标追求和社会责任，是关于一所学校办学思想具有理想性的、可实践的元话语。站在终身教育新起点上，瞄准开放大学的发展建设目标，推行“社会化导向”人才培养模式，深刻认识以“开放”为核心的办学理念的基本内涵并在办学实践中起到引领和指导作用，不仅因其本身具有特殊的重要性显现出在整体布局中不可或缺，而且还因其在发展链条中处在关键地位而影响全系统转型蜕变进程。

一、办学理念的含义、特点和作用

苏霍姆林斯基说过“领导学校，首先是教育思想的领导，其次才是行政的领导”。办学理念是一种观念，更是一种思维结构，是学校对教育的理性认识和理想追求，它决定学校的教育行为，指导学校的办学方向，定位学校的品牌形象。办学理念是应然性和实然性的统一。

第一，办学理念的含义。要弄清办学理念的概念，首先要弄清什么是理念，什么是教育理念，然后才是办学理念。理念是人们经过长期的理性思考及实践所形成的思想观念、精神向往、理想追求和哲学信仰的抽象概括。教育理念是教育主体在教育实践及教育思维活动中形成的对“教育应然”的理性认识和主观要求。它是关于“教育的应然状态”的判断，是渗透了人们对教育的价值取向或价值倾向的“好教育”观念。办学理念是教育理念的下位概念，是学校基于“办怎么样的学校”和“怎样办好学校”的深层次思考的结晶。办学理念从某种意义上说，就是学校生存理由、生存动力、生存期望的有机构成。

从内容来说,包括学校理念、教师理念、教育目的理念、治校理念等;从结构来说,包括办学目标、工作思路、办学特色等要素。办学理念的功能就是要回答学校的全部活动所涉及的三个基本问题:为什么?做什么?怎么做?这三个问题的答案共同解决了学校的终极问题:学校是什么?

第二,办学理念的特征。独特的办学理念是学校办学特色的源头和基础。它不仅引导着一所学校特色的形成和发展,而且也为学校办学的行为准则的构建提供价值取向。办学理念具有如下几个方面的特征:一是导向性。这是指办学理念必须表明学校的核心价值观及其内核,即回答“把学生培养成什么人”这一根本问题。党和国家的教育方针已有明确表述,所有的办学理念都应该体现教书育人的目标,并指导学校实践达成这一目标。二是精神性。办学理念有特定的精神内涵,反映学校成员对教育和学校工作的理性认识,应该最容易被教育实践工作者所理解和接受。其表述必须简单、明确,没有歧义、无须加以特别的解释。三是独特性。作为学校发展的总体指导思想,办学理念应充分考虑学校的地理位置、学校的办学层次、培养对象和学校特色等情况。四是渗透性。办学理念应能渗透到各种教育教学活动的过程之中,它不但可以指导教育教学实践,还可以转化为教育实践的途径和方式。五是相对稳定性。这是指办学理念应该在一个相对长的时期内具有指导意义,而不能变来变去,随意地“升华”,频繁地花样翻新。以上这五个特征也可作为判断一种办学理念是否先进的标准。

第三,办学理念的作用。办学理念是办学实践的内在动力,学校教育的改革和进步必须以理念的突破和更新为先导。一旦形成,办学理念就将渗透学校定位、人才培养目标、教育质量及其教学工作的全过程,并在教育实践中形成符合实际的办学特色。集中鲜明的理念是立校之本。对一所学校而言,办学理念就是“学校之魂”、“管理之魂”。一是办学理念在学校文化的建构中起着核心作用。正确的办学思想、先进的办学理念是学校文化的灵魂。学校文化时时体现在校园风貌、工作氛围和全校师生员工的言行中,对学校工作有着巨大的凝聚力、推动力和生命力。办学理念代表着学校最基本的价值观,是学校文化结构的价值原点。任何一种学校文化都有一个核心理念或价值观,它处于文化体系的中心,构成该文化的深层内核,决定该文化的本质特征;在学校文化中，办学理念就是这样一个灵魂和核心，它能把学校的办学宗旨、办学目标、原则、行为规范等整合成一个有机整体。“办学理念是学校精神的‘内核’，学校精神贯穿着办学理念。”二是办学理念具有引领学校发展的作用。办学理念实际上是一种办学主张。它是在理性认识的基础上对办学实践的一种积极构想，是从实践出发关于未来办学应达到状态的设想和期待，具有明确的目的性和理想意图。这就以一种特殊的方式表达了办学理想，在更深层次上寄托着办学的终极目的和目标，反映出办学的取向和追求，而这种目的性和理想意图引导和支配着学校运行的全过程。“没有远见的地方，人们就会灭亡”。办学理念是对办学的看法，它要解决的根本问题是学校的定位问题，即“办什么样的学校及如何办学校的问题”，因此，在办学理念中自然含有学校愿景和实现愿景的根本策略，引导学校发展和师生成长。三是办学理念针对本校课程建设发挥着价值判断标准和方法指导的作用。办学理念在学校专业设置、课程开发、实施中发挥着价值判断标准和方法指导的作用。不同的学校有不同的办学理念，有不同办学理念的学校专业和课程的设置是不同的。这是因为办学理念，经过学校宣传后成为了学校领导、教师的“教育哲学”、行动指南，帮助校长、教师确定教育目标、内容、组织形式、教学过程、在学校和课堂中需要强调的活动和经验。科学、合理的办学理念能体现学校管理层思想的成熟，引导教师对课程目标、内容进行反思，对课程改革、开发、管理进行理性分析，为学校师生员工对话提供思想平台，从而促使校长、教师在课程管理过程中采取明智、宽容、合作、民主和开放的立场。四是办学理念在学校公关中发挥“名片”的作用。办学理念不仅是学校的灵魂，也是学校的“名片”。大学形象是社会大众根据其办学理念对大学的整体评价与印象。办学理念往往标示着学校的质量规格，更寄托着学校的特色追求。学校办学理念明确能具体化为教师的行动，学校就能形成自己的办学特色。真正的办学理念就必然能向社会传递这样的信息：对学生负责、对家长负责、对社会负责。一个清晰、先进、合理的办学理念是学校进行有效领导的前提条件和有力手段，它能激发教师的创造性，增强教师之间的团结与合作；它也能为学生带来良好的发展环境，提升学校的社会形象，使学校与众不同。

二、以“开放”为核心的办学理念的内涵

“开放”是开放大学的办学理念这也是《教育规划纲要》中所确定的办学思想。开放的办学理念、强调服务对象的开放、办学方式的开放、管理方式的开放、学习时间的开放、学习地点的开放、入学资格的开放和教育资源的开放，将开放理念融入办学过程和学习者学习过程。从内容来角度看，可以从办学思维、学习对象和办学方式几个方面来阐释以“开放”为核心的办学理念中学校理念、教师理念、教育目的和治校理念等问题

第一，办学思维的开放是以“开放”为核心的办学理念的前提。开放大学的建设是在广播电视大学的基础上进行的。要打破传统建立一所新型高校，首先就要实现思想和观念的开放，核心是拓宽思维领域，扩展思维视角，要从传统的线性思维转变为发散性思维，要注重发挥人的想象力和创造力。既要继承原有的积淀和优势，如具有比较完备的办学系统，有多级一体化的办学和管理经验等，同时还要坚持扬弃思维方式，克服广播电视大学不合时宜的消极方面和某些弊端，如系统内部相对封闭导致功能受限，内涵不足问题相对突出等。坚持实事求是一切从实际出发。只有把开放大学的建设提到国家教育发展总体布局的高度，站位局部，着眼全局，避免随波逐流，实行错位发展，才能构建起创建新型高校的思维框架。只有在学校领导和教师的意识中融入“开放”的理念，才能使开放大学不但面向全国，同时还具有全球化的视野。

第二，学习对象的开放是以“开放”为核心的办学理念的基础。《教育规划纲要》提出到 2020 年，我国教育改革发展的三大战略目标之一是“基本形成学习型社会”，并明确提出要“办好开放大学”。党的十八大报告进一步强调要“完善终身教育体系，建设学习型社会”。可见，对学习对象的开放是开放大学在建设中把握构建全民学习、终身学习，“基本形成学习型社会”的战略目标所决定的。这就意味着开放大学在办学过程中就服务对象而言，要坚持“有教无类”的办学理念。所谓有教无类，即所有社会成员，只要愿意学习的，不分年龄、种族、家庭地位都能享受接受教育的权利；其中重点关注广大基层、农村、边远和少数民族地区的教育需求，还要特别关注老年人、残疾人等弱势社会群体以及部队士官的学习需求。这种教育对象的多元化的做法体现了

开放大学向任何人开放的理念,从而实现其承担社会责任,促进教育公平的教育目标。

第三,办学方式的开放是以"开放"为核心的办学理念的保障。办学方式的开放是开放大学的治校理念,它不但要以管理方式的开放、学习时间的开放、学习地点的开放、入学资格的开放和教育资源的开放为支撑,还要不只在学历教育层面上打转,而是大胆突破,将非学历职业培训纳入人才培养模式中来。把住地方经济建设需求的脉搏,为其提供学历教育及职业培训、闲暇教育等非学历教育多层次、多形式的教育项目,以满足学习者个性化的学习和发展需求。开放大学还要本着"不为所有只为所用"的理念,广泛聘请国内外高校的专家、教授及社会上的行家里手来担任主讲教师或辅导教师;广泛开展行业合作、拓展办学职能;广泛引进办学项目,有效地加强校企之间、学校与社会之间的沟通与联系,从而实现"纵向衔接、横向沟通",充分展示开放大学的开放性和包容性。

三、质量、服务、特色是以"开放"为核心的办学理念的有机构成

从结构的角度看,以"开放"为核心的办学理念还需要从质量、服务、特色三个方面来对办学目标、工作思路、办学特色等要素加以进一步的说明。

第一,质量是以"开放"为核心的办学理念的生命线。牢记质量是开放大学生存和发展的生命线,树立与开放大学特点相适应的新型质量观。规范教师、资源、课程、教学互动、考试考核等各个环节,推行标准化教学、规范化管理和服务,建立有效的教育教学质量保证体系,形成学校质量品牌。联合国教科文组织前教育事务助理总干事、英国开放大学校长约翰·丹尼尔教授指出:"开放大学的高质量是周密的设计、详尽的计划、熟练的运作和细致的评估的结果!"这句话很好地说明了开放大学在保证教学质量方面的做法流程,即在充分进行研究的基础上进行专业、学科与课程的开发,建设多样化的高质量教材,由业务精湛的教师队伍提供全心全意的教学辅导,完善的学习支持服务可以使学生及时准确地收到教学资源和了解相关信息,对学生严格的过程管理,实事求是的教学质量标准和监督等。只有做到上述这些,才能确保开放大学教学的高质量,从而使开放大学的学分与普通高校互换成为可能。

第二，服务是以“开放”为核心的办学理念的工作思路。开放大学应始终把服务作为办学宗旨，面向社会提供教育服务，承担社会责任，促进教育公平，为地方经济社会发展服务，为全体社会成员的学习需求提供支持服务，为基层、农村、边远和少数民族地区的教育需求服务。开放大学办学体系运行的宗旨就是要彰显服务。远程教育支持服务自始至终离不开一个“人”的命题，离不开以人为本。开放大学学习者群体状态比较复杂，因此以学习者为中心构建教学模式和学习环境就显得格外重要。同时，由于在远程教育过程中，师生异地，教学分离，所以，更需要根据学习者的学习需求，为之提供适用的学习支持服务，把满足各类学习者不同的学习要求作为落实教育核心价值的出发点和落脚点，尊重学习者的主体地位，从而保证教育教学质量。从职能角度看，开放大学属于服务型大学。其服务社会宗旨既可以通过搭建远程继续教育的公共服务平台，为学习者和远程教育机构提供整合、共享各级各类优质远程教育资源的方式来实现，也可以通过面向从业人员开展高等学历继续教育和非学历继续教育，尤其是特定区域社会成员、特定群体和弱势群体的需要，使其成为百姓身边的大学，促进了高等教育的大众化和普及化。所以，开放大学就是要服务于学习型社会、服务于经济转型、服务于工业化、城镇化、信息化和农业现代化建设。

第三，特色是以“开放”为核心的办学理念的价值体现。良好的办学理念需要办学特色的诠释，特色是大学竞争力和生命力之所在。按照国家赋予的终身教育使命，开放大学应该明显区别于普通高校和目前广播电视大学的性质，是一所没有围墙的学校，是一所以“社会化导向”为人才培养模式的学校，是一所功能强大、覆盖面广、按需施教的学校。既然开放大学要服务于地方各级各类人群，就一定要突出多样化办学特点，各地都应有适合自己省情区情的模式和资源，用差异化来保证实用性。建立这样一所从教育对象、教育方式、教育环境、教育内容上，既不同于普通高校，又区别于广播电视大学的开放大学，尤其需要既有区别又有联系的精神内涵。它应该是多所大学的集合，国家和地方开放大学都应该是相对独立，彼此分离，却又相互交融，有机地构成一个统一体系，相依互存，共同发展。所以，开放大学应注重突出“教育社会化，管理人本化”的教育特色。

以“开放”为核心的办学理念不是一个封闭的思想体系，这种理念还有一层重要含义，即指“开放”理念本身也必须完全开放。因此，对于“开放”的理念切不能狭义地去认识和理解，除以上论述内容外，对于一切先进的教育思想和教育观念，都应结合开放大学建设的实际吸收消化，以不断丰富发展“开放”理念的基本内涵。

第二十七章　“三维多面”的新型办学体系

构建“三维多面”的新型办学体系是实现广播电视大学向开放大学转型蜕变的关键问题之一。任何一所大学凭单打独斗都无法完成终身教育如此恢宏的使命，开放大学由其承担的任务使命所决定，原有的广播电视大学办学系统已不能完全适应，必须在此基础上，按照社会化的思路进行改造重组，联合全社会的力量建成“三维多面”的新型办学体系。站在终身教育新起点上，瞄准开放大学的发展建设目标，推行“社会化导向”人才培养模式，深刻认识开放大学新型办学体系建设的内涵、特点及任务，并把一系列创新性举措付诸实践保证开放大学教育教学达到新的设计要求，不仅因其特殊的重要性显现出在整体布局中不可或缺，而且还因其在发展链条中处在关键地位影响全系统转型蜕变进程。

一、建立“三维多面”的办学体系

“三维”是开放大学结构特征即指支撑开放大学体系的结构形式。开放大学体系建设大体上有纵向、横向和覆盖面三个空间指向。纵向是指以国家、省市县行政层级为依托的国家开放大学、地方开放大学、市级分校和学习中心，这个体系既是开放大学办学新体系基本框架，也是开放大学办学新体系的信息中枢和管理核心。横向是指在大型行业和企业中，选择在办学理念、思路、条件与开放大学相匹配的单位，建立特色化的开放大学行业、企业学院及教学点；还要建立开放程度更高的各种办学支持联盟等，突破行业界限，本着“项目联手、平等合作、资源共享、风险共担”的原则，最大限度地联合各种社会力量，拓展办学领域，使多种连锁、加盟单位成为开放大学重要的组成部分，从而把开放大学的社会化办学体系建设推向新的历史阶段。覆盖面是指开放大学办学体系覆盖全国城乡，覆盖全体社会成员，满足各种学习需求，具有支持人人、时时、处处学习的功能。“多面”是体系构成要素的生成和运作特征。如系统内重大问题决策、系统办学管理、教学过程支持服务、教学质量保证和评价、资源建设和配置、信息化平台建设和应用、利益分配和协调等，都应与原来的广播电视大学和其他高校不同，并形成新的特色。三个维度和多个方面构成具有中国特色的开放大学新型高校组织系统。

二、实行层级加功能的建设方式

开放大学办学体系应以广播电视大学原有体系为基础进一步完善，同时，打破原有体系壁垒，按功能需求对这个体系进行拓展、改造和重组。

第一，把原有广播电视大学系统做大做强。重点从三个方面入手抓紧推进建设：一要真正把开放大学作为实体大学进行建设，国家应按实体大学要求和开放大学特殊属性，对学校基础设施、“四支队伍”、办学能力等单独予以设置建设标准，各级广播电视大学依据国家标准积极准备，待条件成熟，按相应程序进行评估审批。这种纵向的层级架构体系既是开放大学整个体系的核心，也是开放大学向社会各领域横向扩张的基础。二是把具有卓越服务能力的远程教育平台和教学资源作为开放大学最重要的基础工程来建设和完善。开放大学信息化平台以及相应的教学资源，要特别强调满足大众各种学习需求的社会属性。这项浩大工程仅仅依靠开放大学自身的力量抑或加上普通高校的合作都绝非易事。所以，必须联合社会各方面的力量通力合作，采取自建、合建、购入、引进、各种合作方式来共同完成。在应用中要尽快打破层层密码的限制，以最优质的资源和最广泛的服务向全社会开放，并以合理方式积极向第三方教育机构开放，努力打造社会公共教育平台。有为才能有位，只有在社会公共教育领域具有了广泛的影响力，才能让政府愿意与你合作；企业希望与你合作。开放教育体系建设才有了可靠的支点。三是把提高服务能力和办学质量作为开放大学体系做大做强的根本保障。实现开放大学办人民满意教育的目标，需要全系统的精密安排和每个员工的敬业精神。这不仅需要开放大学系统本身教师队伍的加强和管理力度的提高，更要依赖高校教育资源以及社会各界相关资源的广泛介入。开放不是放开，自主学习不是自学。在开放的平台后面要建设一支学术水平高服务意识强的咨询服务、答疑解难、跟踪辅导、技术支持的教学、管理和服务队伍,使自学者想学有资源、疑难有导师、咨询有服务。学习者想系统学习考试有相应的学历体制,有学分银行与各种学历形式相互融通、自由组合。为学习者提供方便灵活的学习途径和学习指导,最大限度地为学习者提供贴心的服务,从而使开放大学体系成为学习者最信赖最可靠的人生进步的阶梯。

第二,把行业企业专业学院纳入开放大学办学体系。中央和地方开放大学要依据本地区经济文化发展战略,突出区位优势和地方行业、企业特色。考虑本地区地理、人口分布和产业格局,支持经济落后地区和少数民族地区的教育发展。科学安排行业、企业专业学院和学习中心的发展布局。要坚持“共建共享、优势互补”原则,创新多种合作模式。根据行业、企业特点和办学需要,采取共建、连锁、加盟等多种模式,建设专业学院和学习中心。行业、企业专业学院和学习中心的建立是开放大学横向扩张的重要支点。如同欧盟的建立并不影响欧洲各国的主权,行业、企业专业学院的建立并不说明行业、企业相关部门与开放大学的层级性和所属关系占主导。双方的合作不仅能使合作项目取得共赢,同时在各自其他领域的事业发展上也将得到借鉴和促进,从而达到 1+1 大于二的实际效果。开放大学远程教育能力和资源优势与各行业、企业的项目优势相结合,为开放大学的横向发展提供了无比宽广的发展空间。开放大学与社会各领域的合作将淡化行政管理的工作方式,而更多的是采取适合行业、企业的市场化合作方式。

建设行业企业专业学院主要方式:一是共建方式。由开放大学与区域内重点行业、企业等合作,组建行业或企业专业学院或学习中心。签订相关合作协议,共建共管专业学院或学习中心,以此拓展开放大学办学体系的发展空间,成为整个办学体系实施开放办学的重要补充和显著特色。二是连锁方式。地区相关教育机构或组织,自愿与开放大学共建专业学院或学习中心,愿意承担并履行相关责任和义务,具备相应办学条件,经双方协商确定,可以成为开放大学的连锁专业学院或学习中心。该专业学院或学习中心由加盟方投资建设,由国家或地方开放大学负责协助和指导。三是加盟方式。为壮大开放大学社会办学力量,拓展办学领域,增强办学实力,本着“项目联手、平等合作、资源共享、风险共担”的原则，开放大学着力推进与政府相关部门、其他各类高校、行业、企业培训机构开展加盟合作，充分利用社会各方面教育资源，在互有需求的办学项目上采取平等合作、项目加盟的方式，积极推动加盟办学项目建设。

第三，建设“四大联盟”使体系功能发展壮大。推进“四大联盟”建设是解决开放大学向社会各领域延伸的最佳途径。一是政府支持联盟（城市联盟）。即借鉴国际开放大学建设经验，努力构建政府支持联盟（城市联盟），促进地区间各类学习资源互通共享。利用城市资源和优势，加强系统建设，促进各类培训、社区教育、市民素质教育等相关工作，促进学习型城市的健康发展。随着开放大学的发展，不断探索与省外相关城市以及国外相关城市建立城市开放教育联盟。二是高校支持联盟。即充分利用高校优质教育资源，让优秀的高校师资力量和教育资源走出象牙塔，普惠亿万民众是开放大学的责任所在。开放大学要携手国内、省内乃至国际上优秀的高等学府，本着合作共赢的原则，构建高校支持联盟。依托普通高校的师资、专业和课程资源优势，全面促进开放大学建设，提升办学能力和服务水平。使高校教育资源在构建学习型社会的伟大实践中发挥更大的作用。三是行业支持联盟。即依托政府行业管理部门和各行业协会开展联合办学。在现有的与各行业合作的基础上，加大开拓力度。充分利用各种行业资源，引入行业资格认证，加强在职成人教育培训，加强学生动手能力培养，促进学生职业技术能力提高，为本地区经济和社会文化建设提供优质的人才资源。四是企业支持联盟。即在现有的校企合作的基础上，加大与相关企业的合作力度和广度。构建稳定的校企合作机制，利用企业技术和专家资源，加强双师型教师队伍建设。适应产业转型升级和企业技术改造的迫切需求，开发工学结合的特色专业、课程，加强职工培训，使开放大学教学与企业岗位能力无缝对接，增强开放大学学生的职业竞争能力。

三、创新开放大学办学体系运行机制

广播电视大学主要是依靠系统办学，中央及省市县广播电视大学都是整个办学链条中的重要一个环节，形成了金字塔形的办学结构。整个系统依赖性强、自主性差，是一种特别突出地域和层级功能的合作办学关系，整体抱团取暖实力相对较强,如拿出来“单打一”都不具备足够实力。在开放大学体系建成后,将是对原来广播电视大学系统办学的重新洗牌,也将是系统内部组织结构、职责分工、利益格局的一次重新分化组合。

第一,理顺办学新体系构成单位的行政及业务关系。开放大学办学体系实行“以我为主、内联外引,以统为主、统分结合”的体系结构,由国家开放大学、地方开放大学、市级开放大学分校、直属学院、行业学院、专业学院、学习中心组成开放大学办学体系。以上各构成单位在行政隶属关系上分属各级行政或企事业主管部门,在业务关系上接受国家开放大学或地方开放大学的指导。地方开放大学可作为国家开放大学地方分部,履行国家开放大学在本地区办学管理相关职责。同时,负责对本地区开放大学办学体系实施统筹、指导和管理。

第二,明确办学新体系内部职责分工。国家开放大学和地方开放大学均有办学自主权。但须在坚持一体化办学前提下实行错位发展。作为开放大学体系中枢机构即国家开放大学和地方开放大学的作用是:制订战略,引领发展;开发和推广办学项目;整合配置教师资源、教学资源、信息资源;组织人才培养模式创新;统筹和实施一体化办学项目管理。各市分校和行业学院负责落实国家和地方开放大学的办学要求;组织进行各类教育招生、考试和相关教学、管理和服务工作;根据本地、本行业和企业需求独立开展非学历教育培训业务;协助国家和地方开放大学对学习中心进行业务指导。专业学院负责完成国家或地方开放大学委托的专业建设、专业教学、教学管理及支持服务任务。学习中心在上级开放大学指导下负责组织招生、考试和具体的教学管理、支持服务及上级开放大学委托的教学工作;组织实施各类培训项目和开展社区教育等工作。

第三,创新办学新体系的运行方式。对比原来的广播电视大学系统,新的开放大学办学体系将由系统分层办学为主转变为系统一体化自主办学为主,更加突出系统的一体性、协同性,即更加强调国家和地方开放大学统筹全局、安排教学、协调各方的作用,实行核心目标统领、基础平台统建、通用资源统筹、骨干项目统做,最大限度地发挥整体功能。与此同时,支持体系内各类办学实体协调互补和自主发展,举办适应当地民众学习需求和经济社会发展的特色教育项目，从而把开放大学体系建成有机凝聚、相互促进、功能强大、高效运行的“办学共同体”，形成运转灵活便捷、服务优质高效、覆盖全国城乡及各行各业的新型远程开放大学办学体系，为一切有学习愿望的学习者提供多样化的学历和非学历教育服务。

开放大学是面向全社会学习者的办学体系，是体系功能、体系结构、体系层级、操作模式、质量评价等诸多要素的集合。开放大学的体系功能是为建设学习型社会服务；体系结构是以省市县纵向层级办学结构为轴心，以横向联合办学为两翼；远程开放教育平台教学是体系办学的操作模式；服务能力和质量评价是体系价值的保障。开放大学是面向全社会的办学体系，而坚持社会化建设方式又是使办学新体系走向完善和成功的唯一途径。

第二十八章 "一专多能、数量充足、高度敬业"的人才队伍

建设"一专多能、数量充足、高度敬业"的人才队伍是实现广播电视大学向开放大学转型蜕变的关键问题之一。人才队伍是开放大学建设的"第一资源",现代化的未来社会对高校人才队伍素质的要求越来越高,随着远程教育事业进入一个崭新的时代,建设"一专多能、数量充足、高度敬业"的人才队伍既是开放大学建设与发展的迫切要求,也是广播电视大学向开放大学转型蜕变兴衰成败的关键。站在终身教育新起点上,瞄准开放大学的发展建设目标,推行"社会化导向"人才培养模式,深刻认识开放大学人才队伍建设的内涵、要求及建设任务,并把一系列创新性举措付诸实践保证开放大学教育教学达到新的设计要求,不仅因其本身具有特殊的重要性显现出在整体布局中不可或缺,而且还因其在发展链条中处在关键地位而影响全系统转型蜕变进程。

一、"一专多能、数量充足、高度敬业"的人才队伍建设的总体目标

人才队伍建设既是保证开放大学教育质量的决定性因素,也是开放大学可持续发展的基础。开放大学与一般高校人才队伍建设的基本要求相比,有其自身的本质要求和突出特点。开放大学人才队伍建设的总体目标是建设一支适应现代远程开放教育发展需要的数量充足、结构合理、一专多能、素质优良,并富有高尚师德、时代精神和创新能力的教学、技术、管理和服务人才队伍。而"一专多能、数量充足、高度敬业"则是开放大学人才队伍建设总体目标的三个核心要素。

第一,"一专多能"体现人才队伍质量、素质和水平建设目标。"一专多能"就是要在具有本职专业技术能力的基础上,还需要具有现代教育技术应

用、网络教育资源的制作与传输，以及相关专业知识等其他两项以上专业知识和能力，这是开放大学教育特点对人才队伍质量、素质和水平提出的客观需要。一是人才队伍只有具备专业精通并胜任教学指导的能力，才能满足学习者自主学习的需要；二是人才队伍只有具备多方面专业知识和能力，才能满足学习者多方面学习的需求；三是人才队伍只有具备现代教育技术应用能力，才能指导学习者有效利用教育资源，收到最佳学习成效；而运用现代信息技术，不断拓宽专业知识面，这不仅是对现代各类人才的共性要求，更是对开放大学人才队伍素质的特殊要求。

第二，"数量充足"体现人才队伍规模、结构和门类建设目标。"数量充足"要求开放大学人才队伍必须从数量上保证规模、门类和结构需要。一是开放大学教育对象是面向全体社会成员，教育覆盖广、任务重，人才队伍规模必须相应够用。二是开放大学教育形式多样，学历继续教育和非学历继续教育专业门类数不胜数，重点专业门类人才必须相应齐全。三是开放大学教育要着眼于服务学习型社会和终身教育的发展需要，适应学习者多种学习需求，并对学习者自主学习施以多方面的支持服务，基于各种教育资源整合与教育过程分工协作的需要，教学、技术、管理、服务、科研等人才类型结构和人才组织结构必须相应合理。

第三，"高度敬业"体现人才队伍职业素养和道德风尚建设目标。开放大学的办学宗旨和教育方式的突出特征是对学习者的学习过程提供支持服务。将"高度敬业"精神作为开放大学人才队伍职业素养、道德风尚建设的目标，是开放大学办学宗旨和教育方式的客观要求。一是"全天候、多方位"是开放大学对学习者实施教育与教学指导过程的最基本特征，人才队伍，尤其是教学指导人才队伍和教育技术人才队伍必须热爱远程开放教育本职工作，要有高度敬业、牺牲自我、勇于奉献精神。二是"自主学习、支持服务"是开放大学人才培养过程的最本质特征，学习者通过自主学习方式满足学习需求，开放大学全部工作总体上必然是通过服务形式实现，这就要求各方面人才履行职责必须具有很强的服务意识和高度的敬业精神。三是广播电视大学向开放大学转型蜕变，其人才队伍必须要树立起"天下难事，必做于细；天下大事，必做于易"的高度敬业精神，每个人都要有一种责任感与使命感，从小事做起，注重细节，持之以恒，求真务实，为转型蜕变积累正能量。

建设具有远程开放教育理念和创新精神、师德高尚、业务精湛、水平高超、信息技术开发与应用能力较强的人才队伍，对开放大学总体建设与发展尤为重要。人才队伍的质量、数量和职业素养，不仅是衡量开放大学办学能力与水平的重要指标，而且也是保障开放大学人才培养质量的前提和基础。

二、“一专多能、数量充足、高度敬业”的人才队伍建设的基本思路

广播电视大学向开放大学转型蜕变的先决条件是人力、物力、教学、技术等多方面教育资源，人力资源是其中最重要的资源。人力资源可以非常迅速活跃的转化为其他方面的教育资源，没有较强的人力资源，其他各种资源再丰富也难以产生更大的作用与效益。只有把人力资源摆在重要位置，实施人才强校战略，加强高层次人才队伍建设，才能为创建世界知名高水平的中国现代远程开放大学奠定坚实的基础。实施人才强校战略的关键是遵循现代远程高等教育的特殊规律，建立适切远程开放教育特点的新型人才管理体制与运行机制，为吸引、稳定和培养人才搭建制度平台，为人才强校战略的顺利实施提供制度上的保障。开放大学人才队伍建设的基本思路是：

第一，坚持以“三个转变”为人才队伍建设基本理念。即开放大学人才队伍建设，要突破传统的单一教学、技术、管理、服务型人才标准，确立新型的、复合型人才队伍建设理念，逐步实现向远程开放式教学指导与教育技术应用相结合型转变，向远程开放式传授专业知识与提供支持服务相结合型转变，向远程开放教育实践与远程教育规律研究相结合型转变。坚持以“三个转变”为人才队伍建设基本理念，是“实事求是、与时俱进、以人为本、持续发展”思想理念的具体体现，是“准确、快速、保质、高效”建设人才队伍的基本指导思想。

第二，坚持以“以专为主、以兼为辅、专兼结合”为人才队伍建设结构形态。“以专为主”，即开放大学人才队伍建设要以专职人才队伍建设为主体，并注重现有人才的培养和提高。“以兼为辅”，即开放大学人才队伍建设要以兼职人才队伍为必要辅助，注重聘请高层次、高技能的专家教授作为人才队伍的带头人和引领者，以期形成一支“专兼结合”的人才队伍。“以专为主、以兼为辅、专兼结合”为人才队伍建设结构形态，是我国开放大学人才队伍结构的

基本特点和必然趋势，既符合开放大学现实迫切需要，也符合开放大学长远发展需求。

第三，坚持以“系统共建、放眼社会、动态开放、保持优化”为指导原则。“系统共建”，即开放大学人才队伍建设要注重自身的特点和优势，人才队伍建设必须要立足整个办学系统，整合办学系统人才队伍资源，形成办学系统人才队伍的合理配置，并注重采取组建办学系统人才团队方式，发挥系统人才团队协作效能和系统人才整体优势。“放眼社会”，即开放大学人才队伍建设要注重从社会不同领域中发现、吸引、集聚人才，同时要树立不求所有，但求所用的用人意识。“动态开放”，即开放大学人才队伍建设应采取市场方式，通过内外部人才市场、资源整合等多种渠道，积极引导各类人才合理流动，建立具有活力的人才队伍建设机制。“保持优化”，即开放大学人才队伍建设要坚持德才兼备的原则，把品德、知识、能力、业绩四个基本要素作为衡量人才的主要标准，通过人才成长激励机制，鼓励人人都做贡献，人人都努力成才；通过自身提高和向外部借力，造就始终保持朝气和活力的高素质人才队伍。

第四，坚持以“突出重点建设、带动全面建设”为人才队伍建设工作方针。“突出重点建设”，即开放大学人才队伍建设要以教学指导支持服务人才队伍、教学管理支持服务人才队伍、教学资源支持服务人才队伍、教育技术支持服务人才队伍建为重点，并把学科和专业带头人以及中青年教学和技术骨干人才作为人才队伍建设的重中之重，形成开放大学人才队伍的主要支撑。“带动全面建设”，即开放大学人才队伍建设要以全面提高人才队伍整体素质为中心，在突出人才队伍建设重点的同时，全面加强人才队伍建设工作，不断提高人才队伍适应远程开放教育的专业化水平、精神境界与创新能力。

三、“一专多能、数量充足、高度敬业”的人才队伍建设的主要措施

实现“一专多能、数量充足、高度敬业”人才队伍建设的总体目标，是广播电视大学向开放大学转型蜕变，开创我国现代远程教育事业新局面的必然要求。广播电视大学经过三十多年的努力，全系统人才队伍的整体素质和能力有一定的积淀，但与面临的新形势、新任务、新要求相比，人才队伍还有很多不适应的方面，人才队伍的整体素质和能力不高、结构不合理、工作机制和环境

尚不完善的问题，在很大程度上还影响和制约着事业的发展。要加速实现转型蜕变、化蛹成蝶的美好憧憬，就要把握住当前的大好时机，深刻认识人才队伍建设的重要性和紧迫性，把实施人才强校战略放到事关转型蜕变事业成败的基础性和战略性地位，采取必要措施，切实抓紧抓好人才队伍建设工作。

第一，立足于现有人才的素质提高和全面发展。开放大学人才队伍建设应重点关注培养提高现有人才的质量，实施以培养现有人才队伍为主的基本战略。广播电视大学现有人才队伍是实现转型蜕变的主力军，有些人几十年来把自己的青春、热血和智慧都贡献给了中国远程开放教育事业，他们是学校建设的中坚力量，他们对远程开放教育的情感最深，并且深谙远程教育规律，是开放大学建设的宝贵人力资源，在人才队伍建设的全局工作中，首先立足于建设好现有人才队伍，以发挥他们的骨干带头作用。一是要注重按现代人才素质要求对现有人才队伍进行培训提高，根据新形势、新任务、新要求，在专业知识层次、信息技术应用、远程教学指导、职业道德等多方面作出培训规划，使现有人才队伍得以通过培养、进修成为复合型人才，使他们的能力与水平提升到更高的层面。二是要注重鼓励现有人才队伍持有积极进取的心态，在实践中不断学习，增加知识，提高技能，并转化为力量，获取更多的业绩。三是要着重把握远程开放教育发展对人才的客观需求，以教育技术、教学指导、教学管理、教学支持服务四大方面人才队伍的培训提高为主。其中，教学指导型人才和教育技术型人才尤为关键。教学指导型人才，不仅应具备现代专业知识传授能力，还应具备远程开放教育技术应用能力，并能够把两者很好地结合应用。教育技术型人才，不仅应具有研究、开发和应用现代远程教育技术的能力，还要具有应用技术整合教学资源和为教学及其他各项工作服务的能力。因此，教育技术人才的素质要求也不是单一的。开放大学人才队伍素质建设目标应是具有教学、技术、研究、服务能力并兼于一身。

第二，拓宽人才补充和引进渠道并把好入口关。开放大学引进和补充人才，要坚持把增加人才数量与改善人才结构和提高人才质量结合起来，面向社会，拓宽渠道，以实现急需人才的快速集聚。因此，在补充和引进人才时，要重点把住思想关、业务关和能力关三个关口。以保证新引进的各类人才接受开放大学的办学理念，对学校的发展前景充满信心，具有团队协作和精诚服务的高尚品格;专业功底扎实,具有较高的专业素质,同时,具有较宽的知识面,能够承担随机、联想、触发式学习的学习指导任务;此外,还要具有较强的教学、管理、服务能力和工作创新能力。

第三,积极营造人才成长进步宽松环境。实现开放大学人才队伍建设的总体目标,除坚持实行外延与内涵结合、以内涵建设为主的发展策略外,更重要的是要营造一种尊重知识、尊重人才、尊重创造、尊重劳动,有利于人才成长进步的宽松环境。一是要营造有利于个人自我价值实现的宽松环境。营造这种环境首先需要建立科学的人才评价机制和选人用人机制,应当遵循公平公正原则,做到评价客观,知人善任,无论是职务晋升还是学术评价,都应尽量做到让各类人才各得其所,这样才能使人始终保持平和满足的心态和不断进取的激情。同时,也要建立科学合理的激励约束机制,以使人凭借贡献获得相应的政治、经济、文化利益的保证,此外,还要按照学校制度规则来要求和完善自己,把个人的价值取向与学校发展的方向目标统一起来。二是营造有利于各类人才全面发展的宽松环境。实现各类人才的全面发展是开放大学建设的一个核心目标。营造这种环境首先需要建立完善的人才政策体系,包括各类人才队伍的建设规划、个人生涯规划、岗位职务安排以及学习、进修、培训和实践锻炼等,都应有比较完备的政策体系加以保证。要把以课程教学、专业教学、工作项目或工作流程为中心,加强团队建设作为促进人才全面发展的重要措施,将各类人才融入集体氛围之中,发挥作用,互学互补,影响他人,完善自己。三是营造有利于各类人才专业发展的宽松环境。专业发展是全面发展的基础和重点。开放大学与普通高校教育教学方式不同,其各类人才的专业成长道路也不同。开放大学应依据自身的办学特点,积极向国家争取,专门设置各级各类人才专业技术职务资格指标体系,把教学指导能力、资源建设与应用能力、教育与现代技术融合能力等列为特殊的专业方向,并争取成立中央和地方开放大学系统高级专业技术职务评审委员会,独立开展本系统专业技术职务评审工作,为稳定这种特殊的人才队伍提供专业发展保障。

第四,完善专兼结合人才队伍管理制度。开放大学人才队伍构建的基本方式是实行专兼结合。因此,建立和完善专兼结合的管理制度,是实现人才队伍建设目标的基本保证。此项管理制度涉及的内容非常广泛,包括岗位聘任制度、准入退出制度、协作育人制度、考核评价制度和利益保障制度等。从建设开放大学人才队伍的迫切需要考虑，应首先建立和完善以下两项制度：一是人才准入和退出制度。这项制度是就人才队伍构成的进口和出口而言，核心是通过竞争方式达到动态管理的要求。内容应包括通过竞争发现和筛选人才，通过竞争实现优胜劣汰，通过竞争促进人才合理流动，从而使人才队伍始终保持优化状态。二是协作育人制度。制度内容包括合作办学双方或多方人才配置标准、数量、结构、责权利关系以及管理和调度办法等，这是开放大学开展合作办学满足人才需要的重要保证制度。

第五，创新人才梯队建设和储备机制。这项措施是指加强人才队伍建设，不仅要立足当前，而且要着眼长远。在合理使用教学、技术、管理、服务一线人才的同时，要注重人才队伍的梯队建设，并形成一定规模的人才储备。广播电视大学向开放大学转型蜕变，预示着人才储备不可或缺。要打破“临时抱佛脚”的尴尬，必须注重从开放大学长远发展战略着眼，在科学分析学校建设发展总体任务目标和人才层次、数量、结构需求基础上，做好人才队伍建设发展规划，建立人力资源库，采取积极而富有成效的实际措施，形成人才队伍梯次结构和规模适度的人才储备，以增强开放大学的后发人才优势。

第二十九章 “开放、海量、优质、共享”的学习资源

建设“开放、海量、优质、共享”的学习资源是实现广播电视大学向开放大学转型蜕变的关键问题之一。从广播电视大学到开放大学的转型，意味着办学空间扩大化，办学形式多元化和教学方法多样化；从广播电视大学到开放大学升级，意味着平台功能更加强大，教学手段更加先进，教学资源更加丰富。从某种程度上讲，建设“开放、海量、优质、共享”的数字化学习资源，是广播电视大学向开放大学转型升级的基础性工作。站在终身教育新起点上，瞄准开放大学的发展建设目标，推行“社会化导向”人才培养模式，深刻认识开放大学学习资源建设的内涵、要求及建设任务，并把一系列创新性举措付诸实践保证开放大学教育教学达到新的设计要求，不仅因其本身具有特殊的重要性显现出在整体布局中不可或缺，而且还因其在发展链条中处在关键地位而影响全系统转型蜕变进程。

一、开放大学建设对学习资源提出了新要求

随着大型开放式网络课程（MOOCs）时代到来，大规模在线开放课程满足了社会成员多样化的学习需求。学习者足不出户，凭借各种学习终端，可以看到美国麻省理工学院等世界一流大学的公开课，可以聆听任何专业世界顶级大师的课堂教学；美国可汗学院、中国大学公开课等通过不同的网络终端，把包装精美、讲授精彩、制作精致的各门类课程资源推送到每位学习者面前。如果把学习资源比作浩瀚的知识苍穹，对学习者来说，凭借现代化的技术手段，地球真的成为了一个村落，一个家庭，甚或一个社团。

第一，开放大学建设对学习资源数量提出了新要求。开放大学教学形式

的多样性,决定了对学习资源数量的新要求。老年大学、社区教育、“一村一”农村教育等不同的办学项目,要求不同种类的资源;各级各类的特色教育、继续教育,要求与之配套的特色资源和适合学习者要求的各类资源;开放大学面对正规教育,其学习资源既要有传统的教学表现形式,又要借助现代化技术手段,实现方式和方法的创新;开放大学面对非正规教育,其教学资源就要突破传统的教学表现形式,来满足学习对象的选择性需求。因此,开放大学的数字化学习资源从数量上形容,只能用一个模糊词语:海量。从 MOOCs 字面上看,M(massive)的本意就是“大量的”、“大规模的”,代表着课程数量上的规模性要求。

第二,开放大学建设对学习资源质量提出了新要求。开放大学教学形式的改革和评价标准的创新,对学习资源的质量提出了新的要求。广播电视大学的教学手段从形式上属于开放性教育,和课堂教学相比,从教学手段上也具有时代的先进性,但是由于科学技术发展日新月异,互联网、大数据、交互式等数字化革命,迫使开放性的教育在教学手段上要跟上时代发展步伐,学习资源在互联网、大数据、交互式的数字化革命时期也要质量上有所提升。传统的三分屏式的教学资源,大头像的录播方式,标题加文字的 PPT 格式,随着时代发展已经越来越落伍。开放大学建设对学习资源质量上的要求,至少体现在以下四个方面:一是理论知识多元化呈现。既要有深入浅出的语言讲授,又要做到抽象的理论知识借助技术手段直观呈现。二是系统知识碎片化呈现。开放大学满足“人人、处处、时时”学习需求,借助多终端的现代信息技术,系统知识碎片化呈现,为人们零碎时间的知识学习成为可能。三是传统课堂的数字化呈现。名师、大师的课程教学很难为更多人分享,开放大学的数字资源制作,不仅方便了与名师大师的面对面学习,而且还能借助于技术手段和名师大师进行互动交流。四是经典课程的永久化呈现。提起广播电视大学的学习资源,最引人自豪的莫过于华罗庚教授的数学课、王力教授的中文课,那个时代借助于广播电视手段让每个电大学习者能够聆听大师的精彩课程。开放大学的学习资源建设就要把广播电视大学既有的经典课程通过现代数字化技术手段进行格式转换和转存,使之成为开放大学系统永久的宝贵资源,提供给教学学习和研究人员使用。随着开放大学教育领域的开辟,各行各业的大家大师的精彩讲座都可以通过数字化的形式广泛发行和永久保存。

第三,开放大学建设对学习资源类型提出了新要求。开放大学现代化的教学手段要求学习资源类型的多样化。虚拟课堂、视频课程、网络课程、微课程、数字化学习包等多种多样的学习资源,将成为开放大学学习资源建设的主要类型,伴随信息技术手段的发展,还会有新的学习资源类型出现。学习资源类型既和开放大学所进行的教学项目相衔接,同时也与不同的学习人群的学习需求相适应。比如,虚拟课堂既可以使抽象化的理论知识通过生动案例直观呈现,也可以使课堂上难以进行的实际操作过程进行数字化的场景再现,给学习者以直观的、可以无限重复的“动手”训练;网络课程既可以使学习者得到系统的理论知识,微课程又能使学习者在很短的时间内得到一个知识点的学习。

第四,开放大学建设对学习资源标准提出了新要求。数字化的时代是一个“标准”的时代,Standard(标准)成为国际流行词,没有标准,寸步难行。改革开放后的一个时髦用语,叫“与世界接轨”,接轨必须按照统一的标准,标准不统一,要么接轨不了,要么有空隙。开放大学无论从空间上对内对外,还是从过程上的教学与使用,都要求学习资源具有统一的标准。不同类型的学习资源,从技术手段和使用方式上,要有不同的标准要求。那种不论什么专业课程,不论什么教学形式,一律三分屏的资源制作方式已经不合时宜,取而代之的必定是各类学习资源的标准化建设。

二、开放大学学习资源建设的新特征

开放大学的学习资源建设有一个承上启下的发展历程,要在继承过往成果的基础上有所突破和创新,开放大学学习资源建设的新特征表现在以下五个方面:

第一,开放性。“开放”作为开放大学的中心词明确规定了开放大学不同于其他高等教育的本质属性。开放大学不仅仅是适应现代化信息技术手段,在教学形式上的开放,而且在人才培养模式以及办学方式上都要体现“开放”的特质。对开放大学的学习资源建设来说,“开放性”成为其最鲜明的特征。学习资源建设的开放性,一是体现在学习资源内容的开放;二是体现在使用渠道的开放；三是体现在技术标准的开放；四是体现在传播交流的开放。传统教学方式下，教师的教案是神秘的，课堂上口若悬河的教师几乎不带教案，照本宣科的老师则是把教案当作“宝贝”，唯恐教案被曝光见了天日。开放大学的所有学习资源都是开放的，就是要通过不同渠道，把各类学习资源“大白于天下”，唯恐没有学习者看或者学习者不愿看，唯恐学习者看不到或者学不了。学习内容、使用渠道、技术标准、传播交流的开放，既体现了开放大学人才培养模式的“社会化”，又体现了开放大学的创新理念。

第二，优质化。开放大学学习资源，必须接受学习者广泛地使用和广泛地评判，也就是说，这类学习资源必须是经得起实践检验的优质资源。开放大学对学习资源有四个方面的要求：理论知识多元化呈现，系统知识碎片化呈现，传统课堂的数字化呈现，以及经典课程的永久呈现，“四化”本身就反映了开放大学学习资源优质化的特征。开放大学学习资源优质化，一是授课师资要优秀；二是课程内容要精当；三是授课方法要科学；四是后期制作要精良。优质的学习资源离不开优秀的师资，离不开优秀的制作团队。无论哪种形式、哪种类型的学习资源都要求优秀的师资进行讲授，所讲的内容必须精当，具有针对性，授课的方法要根据学习者的特点来设计，做到因材施教，优质的学习资源也离不开先进的技术手段作支撑。

第三，规模化。开放大学学习资源规模化，就是说，开放大学学习资源的数量要满足开放大学各级各类办学项目和学习型社会建设的需求，不仅要求类型的多样，而且要在数量上达到一定的规模，具有海量的特征。开放大学的学习资源就是 MOOCs——大规模开放在线课程资源，广播电视大学三十多年风风雨雨历程中，开设专业 100 多个，建设课程 25000 多门，基本满足广播电视大学的教学要求，但是相对于开放大学来说，无论从专业数量，还是课程数量都还远远不够。

开放大学学习资源规模化和开放大学承担多种类的教育形式密切相关。开放大学承担着学习型社会、终身教育体系建设的重要任务，多样化的教育形式，多种类的办学项目，多元化的学习需求，规模化的学习资源是基础性的工作。国家拨专款成立了国家数字化学习资源中心，专门从事数字化学习资源的整合、研发、推广和服务工作，其 183 个分中心分布在全国的行业、院校、教育培训机构。国家数字化学习资源中心一个最本质的功能就是汇集海量的优质化的数字化学习资源。各级开放大学也都把学习资源的建设、引进、整合作为学校内涵建设的重要工作。

第四,共享性。学习资源既是开放的,也是流通的,开放大学的学习资源是共享的,共享性是开放大学学习资源建设的特征之一。国家数字化学习资源中心每年要求会员单位上传若干门优质特色课程,进入学习资源数据库,学习者通过一定的途径可以下载使用,达到资源共享。

开放大学的社会教育公益性,决定了其学习资源的共享性。开放大学学习资源无论对社会成员,还是对其他教育机构,都有共享性特征。美国在高等教育课堂上开设自由教育,其目的是提高未来社会劳动者的基本素质,具有继续教育的性质,现在我们提出建设学习型社会,要建立终身教育体系,其目的也是要提升社会成员的技能素质和文化素养,开放大学作为学习型社会和终身教育体系建设的一个平台,其学习资源理应向所有社会成员开放,实现其学习资源的共享性。

学习资源建设资金需求量庞大,决定其必须走共建共享的路子。共建就要共享,现在有些高等院校在做课堂在线,通过搭建"私有教育云",通过"私有教育云"平台把自己的课程资源实现校际共享。开放大学也可以通过自己的云平台和其他高等院校和教育机构对接,来实现学习资源的共享。

第五,社会性。开放大学人才培养模式社会化改革,决定了开放大学学习资源的社会性。开放大学学习资源社会性特征,主要表现在以下几个方面:一是来源渠道社会性;二是建设投资社会性;三是使用服务社会性;四是评价检验社会性。

开放大学海量的学习资源,不可能全部由开放大学自己建设,其来源渠道不仅来自普通高校、来自企业行业、来自社会教育培训机构,也来自专门的学习资源制作公司,其来源渠道具有社会性特征;数字化学习资源建设,需要大量资金投入,据有关专业机构估测,一门网络课程平均需要投入 20 万元,一门虚拟课程平均需要投入 50 万元,况且开放大学需要各种类型的海量学习资源,其建设必须走社会化的路子,这是其建设投资社会性;开放大学学习资源来自社会,服务社会,满足社会成员学习需求,为社会成员提供各类学习的支持与服务，使用服务具有社会性；开放大学学习资源的质量及学习应用效果，要接受所有学习者的检验，尤其是在C2O、O2O教育环境与教育模式下，学习资源的应用效果，完全取决于全体使用者，而非建设者和资源拥有者。

三、开放大学学习资源建设的新思路

开放大学对学习资源的新要求以及开放大学学习资源的新特征决定了开放大学学习资源建设不能再走低水平重复建设的老路，必须要有学习资源建设的新理念，探索出学习资源建设的新路径。

第一，体现技术手段的现代化。开放大学是现代化信息技术手段和高等教育深度融合的新型高等学校，开放大学的学习资源必须充分运用现代化的技术手段来建设。在信息化程度日渐提高的今天，人们已不仅仅要投入数字化校园建设，而且要探讨智慧教育的方式和方法，开放大学学习资源建设，不仅在制作上要运用现代化的技术手段，使用最前沿的制作技术，而且要与现代科技发展同步，与时俱进地更新并转换自己的资源。开放大学学习资源建设要运用现代化的技术手段，满足不同层次的学习者需求。开放大学学习资源不完全追求高大上，而是要运用现代信息技术手段，满足多元化的学习需求，不论是农村地区学校的“三通两平台”，还是发达地区的云网络和大数据支持平台，开放大学的学习资源力争达到全覆盖，无空白。

第二，体现来源渠道的多样化。开放大学海量学习资源，不能完全靠自己建设，要走社会化的路子，实现来源渠道的多样化。高等教育的专业课程资源、培训机构的社会教育资源、专业制作公司的学习资源和企业行业的学习资源都是开放大学学习资源的来源。国家数字化学习资源中心拥有183家会员单位，走的就是多渠道多来源的建设道路，在格式标准上具有统一性，在学习使用上体现有偿性。即使在同一个单位、同一个学校，学习资源也会出现在不同的平台、不同的站点、不同的个人电脑，这也需要进行统一的整合，提高运用效率。超星公司和某市广播电视大学合作，共建数字化学习港，其学习资源主要来自超星公司，满足市民社区教育的需要；某省电大和凤凰集团合作，建设虚拟实验室，满足机械、电子等专业教育需要；某省电大目前开展的中小学教师培训，其需要的基础教育类的学习资源主要来自中小学骨干教师制作的资源。可见,开放大学通过教学平台做载体,把各种类型学习资源推送给学习者,开放大学成为优质学习资源的集散地。

第三,体现操作过程的便捷化。开放大学学习资源利用现代化技术手段,不是要求使用者要明白其制作原理或者制作流程,恰恰是为学习者提供更好更便捷的服务,达到学习资源操作过程便捷化。多终端、多种类、多形式的学习资源,要能满足不同版本、不同型号、不同类别的学习终端下载运行,满足不同文化程度、不同学习目标的学习者简便易行的操作使用。信息技术为开放大学开展的各类教育提供技术支撑,先进的信息技术也可以改进传统的教育方式方法,但信息技术丝毫不能给学习者增加学习的难度,甚至成为学习的障碍。任何种类资源的开发和建设都要围绕“便捷”进行。学习资源的制作过程可以复杂化、精细化,学习资源的使用一定简单化、简约化。

第四,体现评价标准多元化。开放大学学习资源的评价,既不是看资源制作的高投入,不是看投入之后的高收益,也不能仅仅看学习资源的网上点击率。开放大学的学习资源因其来源渠道众多,适用人群各异,对学习资源的评价标准理应多元。高投入建设的未必就是优质学习资源,但优质的学习资源在制作上一定有大量的投入,其中包括技术含量、人力资本、资金投入等;点击率高的学习资源肯定受学习者欢迎,但没有点击率也未必不是好学习资源,曲高和寡现象也屡见不鲜。对学习资源的评价标准一定多元化,接受学习者的评价,也要听取制作专业人士评价,还要倾听该学科该专业该领域专家学者的意见。即使是美国斯坦福大学和麻省理工学院推出的网络课程,在受到学习者广泛赞扬的同时,也有不同的声音出现,何况开放大学学习资源包含有种类繁多的免费资源、会员资源和定制资源。因此,对开放大学学习资源的评价,要根据学习资源类别,听取不同群体的声音,既不能一意孤行,更不能因噎废食。

第三十章 “基于网络、超越时空”的学习环境

创建“基于网络、超越时空”的学习环境是实现广播电视大学向开放大学转型蜕变的关键问题之一。开放大学要建设成具有现代办学体系和办学能力，以高度开放的形式为终身教育服务的新型大学，构建符合信息社会学习条件的新型智慧学习环境必不可少。要建立起适应人人、时时、处处学习的新的学习环境，必须大力提升利用基于网络的信息技术手段的能力。“基于网络、超越时空”的学习环境是信息时代对新型开放大学提出的必然要求。站在终身教育新起点上，瞄准开放大学的发展建设目标，推行“社会化导向”人才培养模式，深刻认识开放大学“基于网络、超越时空”学习环境建设的内涵、要求及建设任务，并把一系列创新性举措付诸实践保证开放大学教育教学达到新的设计要求，不仅因其本身具有特殊的重要性显现出在整体布局中不可或缺，而且还因其在发展链条中处在关键地位而影响全系统转型蜕变进程。

一、“基于网络、超越时空”的学习环境的内涵与特征

“基于网络、超越时空”学习环境的核心理念是为学习者服务，要以信息技术手段来分析学习者学习动机并激励学习者的学习动力。在特征上应具备模拟学习情景、学习特征分析、学习资源推送与学习效果评定等基本功能。

第一，信息时代背景下学习环境的内涵。学习环境随着教与学活动的出现而产生，现代班级式的学习环境是在夸美纽斯提出“班级授课制”后出现的。随着20世纪90年代信息技术爆炸式的发展，学习环境正在发生着日新月异的变化，各种代表着最前沿的技术逐步走进课堂，与学习环境相关的研究与实践不断结出丰硕的成果。在研究与实践不断深入的过程中，人们也发现，

信息技术在教学过程中不但改变了教材形式与授课方式，也改变了教师、学生、教材三者之间的关系，但是，大量的实践表明，二十年来的教育信息化在世界范围内所带来的成效与人们在二十年前的预期存在较大差距①。虽然信息化在教育普及以及打破数字鸿沟方面有一定的成效，但是人们并没有真正将信息技术融合到学习环境中，或者说，并未建立起真正融合信息技术的智慧学习环境，人们只是利用新的技术手段来进行传统的学习过程，信息技术只是改变了知识传递的方式与途径，并未对学习者学习动力与学习目标进行有效的影响与改变。美国国家教育评估中心的研究统计表明，在传统学习环境中和现有信息化学习环境中进行学习的学生相比，在标准化考试中的成绩并未有明显区别。这说明，在新时期智慧学习环境的设计中，没有基于学习者学习动力与动机的考虑，只是单存为技术而进行技术应用设计出的学习环境不能实现人才培养质量的提高，信息技术的发展要为学习环境的改变服务，而不是为了用信息技术来改变学习环境的结构。新型的智慧学习环境要能够实现启发创新，在超越时空条件下，学习者要能随时随地接入网络，获得各种信息和个性化学习资源；能在移动中学习、在户外甚至野外学习；能在社会性网络中共享观点、沟通和讨论；能通过多种灵活方便的途径关注自己感兴趣的问题等。这种新型学习环境已不仅是一种数字环境，而是数字环境的高端形态②，即“基于网络、超越时空”的学习环境。

未来，开放大学建立的适应学习者终身学习需求的“基于网络、超越时空”学习环境在设计理念上应该是基于建构主义理论，结合混合学习模型、在适应不同学习者的学习习惯与学习能力的基础上为学习者提供外部环境支持与内在动力激励，在手段上应由相匹配的信息技术手段构成基于网络的智慧型、开放式的超越时空的虚拟学习空间，在功能上既支持学习者对学习内容的自主构建，又能对学习者在学习过程中提供学习支持与指导，从而达到对学习者提供终身学习支持与服务的目的。

第二，“基于网络、超越时空”学习环境的特征。“基于网络、超越时空”学

---

① 李青：《个人学习环境的功能混搭和互操作规范研究》，《中国远程教育》2009 年第 7 期。

② 黄荣怀、杨俊锋、胡永斌：《从数字学习环境到智慧学习环境：学习环境的变革与趋势》，《开放教育研究》2012 年第 18 期。

习环境应具有以下特征：其一，“基于网络、超越时空”学习环境在体验上应实现现实环境与虚拟空间的融合，要体现基于网络的环境感知与增强现实功能，不仅要模拟出现实环境中的学习体验，更要实现虚拟空间中特有的跨越式、随机式、联想触发式的学习功能。其二，“基于网络、超越时空”学习环境要能够对学习者的学习过程提供强大的支持功能，要能够智能分析学习者的学习特征，不但要实现对学习者的过程记录、内容推送与效果评价，更要实现对学习者的个性评估、效果建模的作用。其三，“基于网络、超越时空”学习环境可以为学习者创建基于情境识别、环境感知的条件，促进学习者积极、拓展和高效的学习过程。其四，“基于网络、超越时空”学习环境要实现校内学习与校外学习并存，既支持正式学习也支持非正式学习，以保障未来开放大学学习者终身学习的需求。

根据以上特征综合，我们可以认为“基于网络、超越时空”的智慧学习环境应是建立在信息技术基础上，具备模拟学习情景、学习特征分析、学习资源推送与学习效果评定等基本功能，并具备跨越式、随机式、联想触发式学习以扩大学习者有效学习的教学活动空间的功能。“基于网络、超越时空”学习环境是未来终身学习的高端形态，是信息技术促进教育发展的必然结果①。

二、“基于网络、超越时空”的学习环境的设计原则

要实现上述的功能特征，“基于网络、超越时空”学习环境设计应遵循“以学习者为中心”、“统一的技术标准”、“一体融合的功能设计”、“开放共享的学习理念”四个原则。

第一，设计的中心是学习者。网络环境设计的目的是为未来开放大学的学习者提供全方位的支持与服务，以往由教师驱动、以管理为中心的学习模式无法满足学习者的需求。所以设计上要以学习者的需求作为设计的起点，在功能上要赋予学习者个体自主选择与控制的空间，既要为学习者做好学前准备，也要为学习者的学习效果反馈提供分析与服务，更要为学习者的知识拓展提供资源服务。

---

① 武法提：《论目标导向的网络学习环境设计》，《电化教育研究》2013 年第 7 期。

第二,技术上的设计要统一标准。既然新的智慧学习环境是以信息技术为支撑,在技术实现上,所有的功能设计与应用服务接口应当采用统一的技术标准与操作规范,这样才能为网络学习环境中的互动建立一定的约束规则。通过统一的标准协议来共享结构化的内容与应用,打破不同功能模块间的孤立状况,从而使学习者能够灵活地在不同的平台之间切换和流动。只有各模块与应用遵循统一的技术标准与操作规范,才能实现各种服务与应用的互联互通①。学习者同教师和其他学习者间的互动使网络学习环境处在不断变化之中,相对稳定的互动规则是保障网络学习环境可持续发展的关键。

第三,功能上的设计要一体融合。基于网络学习环境设计是支持个性化与社会化相统一的学习方式,个性化体现在考虑每位学习者的学习需求与特征;社会化体现在所有学习者都是在学习网络中获得发展的。过去学习环境设计一直关注支持课程学习为主的正式学习,忽视对非正式学习的支持,如何能够实现两种学习方式有效地结合与互补,也是未来网络学习环境设计需要重点关注的问题②。

第四,服务上的设计要开放共享。个体只有存在社会中才能得到发展,社会化网络为个体的发展提供了更为广阔的空间。"开放的"设计一方面强调支持个体与群体知识的共享与建构;另一方面强调促进学习共同体与学习网络的形成。互动能够有效促进知识的共享和集体知识建构,最终实现知识的创新。

三、"基于网络、超越时空"的学习环境的学习形态

要实现开放大学时时可学、处处可学的目标,"基于网络、超越时空"学习环境的学习形态必须要实现以下"三个结合"。

第一,实现学习者泛在学习与碎片化学习的有机结合。在可见未来理想的学习环境中,开放大学的每个学习者应摒弃目前繁重的纸质教材与资料,每

---

① 黄建军、郭绍青:《WebX.0时代的媒体变化与非正式学习环境创建》,《中国电化教育》2010年第4期。

② 桑新民、谢阳斌:《在学习方式的变革中提高大学教学质量和办学水平——高等教育信息化的攻坚战》,《高等教育研究》2012年第5期。

人手持一台具备身份识别功能的智能移动终端(如iPad等),该设备能实现同相关教师及所有其他同组或同兴趣的学习者之间的实时无线信息传输功能,在学习信息的有效拓展上,学习者既可以选择同相关教师之间的联系,也可以根据专业课程的联系选择同样的学习者进行讨论,更可以根据个人兴趣同其他学习者建立联系,终端除了具备现有纸质教材应有的翻书、笔记、批注等功能外,还可以根据对学习者的学习特征分析、学习动机进行语义分析为学习者实现学习资源及学习小组关联的推送服务。

第二,实现教师课堂教学与课后辅导交流的有机结合。教师除了在课堂上同学习者进行基本的交流,还可利用增强现实技术呈现各种真实的学习场景,使学生能够身临其境地体验学习对象,增强学生的学习兴趣和动机。还可以在课后时间同学习者开展多种形式的交流与指导,学习环境能够提供智能化的教学设计支持,以辅助教师进行课堂教学设计;能对学生的作业和试卷进行自动批改和自动分析。学习环境提供了同步通信工具和虚拟学习社区等异步通信工具等便于师生和生生联系的社交网络工具。

第三,实现教学资源被动查询与主动推送的有机结合。在社会学习中,智慧学习环境能够感知学习者所处的地点,根据地点和学习者的学习风格,主动推送与学习者所处环境相关的学习资源,学习者也可以利用设备在各种时间内进行泛在学习。对于校外学习者,学习环境能把正式学习和非正式学习有机融合,满足人类日益增长的终身学习的内在需求,适应学习者学校学习、家庭学习和社会学习的需要,从而真正实现“无缝学习”的理念①。

四、“基于网络、超越时空”的学习环境的技术特征

要实现“基于网络、超越时空”的学习环境,必要的技术支撑不可或缺。技术的发展是教育未来变革的基础。网络信息技术能实现学习环境中不同角色的信息互通,增强现实技术可以实现学习者在虚拟环境中对真实环境的模拟感知,知识管理技术可以对学习者提供全方位的教学服务与资源支持,语义分析技术可以实现对学习者学习动力与学习动机的准确分析技术。

① 刘献君:《论“以学生为中心”》,《高等教育研究》2012年第8期。

第一,网络信息技术。网络信息技术自20世纪90年代以来便飞速发展,进入2010年代,以移动终端为代表的移动通信技术更是以前所未有的方式改变着人们的工作与生活,截至2014年,全球3G用户数将超过21亿人。未来5年,在4G逐步替代3G的过程中,随着新一代组网技术与资源分配、跨区接入控制等通信管理技术的发展,移动终端网络带宽在可预期的未来将达到百M以上。便捷的高速无线通信技术使得学习环境中的大量数据传输在实践中变得可行,学习者通过网络进行学习,将不再受任何地域限制。

第二,增强现实技术。增强现实技术(Augmented Reality Technique,简称AR)是以原有的虚拟现实技术为基础,通过融合基于传感器技术的感知技术、计算机图形图像技术和空间定位技术,在计算机系统中生成针对用户的现实世界感知技术,从而实现对现实的"增强"。它将计算机生成的虚拟物体或关于真实物体的非几何信息叠加到真实世界的场景之上,实现了对真实世界的增强。同原有虚拟现实技术相比较最大的技术提升在于用于与真实世界的联系并未被切断,因此增强现实技术的交互方式更加自然。

第三,知识管理技术。知识管理(Knowledge Management)是企业或机构在动态环境中为了形成和保持竞争优势而对知识的生产、加工、传播、运用等活动进行管理的过程。将知识管理系统应用于未来的开放大学是提升开放大学核心竞争力的必然途径,一个性能良好、满足需要的知识管理系统不仅要面对信息量庞大的问题,还要面对信息真伪、信息安全和信息的数据格式等问题,这些问题都是传统的数据检索与管理模式无法满足需要的。近年发展迅速的文本挖掘技术、知识库技术和多媒体语义分析技术为满足这一需求提供了重要的技术支持。

第四,语义分析技术。目前人类社会信息技术蓬勃发展,互联网的发展也已经正式开始进入语义数据时代。语义网的核心功能就是要表达网络信息的语义(semantics),也就是我们通常所说的意义(meaning)。语义网的实现依赖于三大关键技术:XML(可扩展标记语言)、RDF(描述Web资源的标记语言)、Ontology(本体或本体论)。20世纪60年代,人们在人工智能通用问题求解的研究上遇到了障碍,为了解决这一问题,Guarino(1998)在概念的阐述上明确了AI中的本体与哲学的本体的区别。目前互联网中对于词汇的本体研究成为信息技术领域研究的热门课题,未来有望在万维网联盟(World Wide Web Consortium,W3C)的主导下解决在互联网工作时实现对互联网上的语言以及词汇机器自动智能分析的问题,从而实现世界范围内跨语言的知识智能分析和信息共享功能。目前,主流的学习分析技术主要利用师生的交互和系统记录等痕迹来分析学习者的学习特征。利用语义技术等自动化的交互文本分析技术,可获取学习者对学习的动机和动力等更深维度地解析,更可以帮助研究者和教师了解学习者的学习情况和学习资源的利用情况,而且通过统计分析的方法可以挖掘各种数据之间的关联情况。

第五,富媒体技术。自多媒体技术诞生以来,媒体技术就一直推动教学活动的不断变革,现在在网络技术应用的大潮下,在原有音视频相结合的多媒体技术的基础上融合视频、音频、图像、文本、动画等多种丰富媒体以及交互性的信息传播技术的富媒体技术将在未来学习环境中担任重要的角色。富媒体增加了交互性的概念,提高了受众的参与度,从而改善了用户体验,使基于网络应用程序的交互性更强、更丰富、更便捷。基于 HTML5 的下一代 WEB 语言是改变未来互联世界的基础①。

开放大学在我国终身教育体系中扮演着重要的角色,如何构建适应未来学习者学习的学习环境是一个极端重要的问题,“基于网络、超越时空”的学习环境首先是基于现代网络通信技术,未来的世界是信息高速传递的世界,只有适应网络的飞速发展,学习者才能接受学习环境并在其中开展学习,而跨越时空则要求我们要融合增强现实技术、知识管理技术、语义分析技术和富媒体技术等多种技术来为学习提供更高层次的支持服务,未来智慧的学习环境反映的是信息化社会背景下学习者的学习诉求,代表着未来教育信息化发展的方向。

---

① 杨进中、张剑平:《虚实融合的研究性学习环境设计》,《电化教育研究》2014 年第 8 期。

第三十一章 “特色鲜明、需求强劲”的专业体系

建设“特色鲜明、需求强劲”的专业体系是实现广播电视大学向开放大学转型蜕变的关键问题之一。“特色鲜明、需求强劲”的专业体系是广播电视大学向开放大学转型升级的客观需要，是我国教育由大众教育阶段向全民终身教育阶段发展的客观需要。站在终身教育新起点上，瞄准开放大学的发展建设目标，推行“社会化导向”人才培养模式，深刻认识开放大学“需求强劲、特色鲜明”专业体系建设的内涵、要求及建设任务，并把一系列创新性举措付诸实践保证开放大学教育教学达到新的设计要求，不仅因其本身具有特殊的重要性显现出在整体布局中不可或缺，而且还因其在发展链条中处在关键地位而影响全系统转型蜕变进程。

一、专业体系的基本内涵和特点

建设开放大学的专业体系必须要了解开放大学专业体系的内涵和特点，找准开放大学专业体系的核心要素，探寻其服务终身教育的远程开放教育特色。

第一，专业体系的内涵。研究开放大学专业体系首先要把握好开放大学专业的内涵。从开放大学的角度来看，专业是为开放大学承担人才培养的职能而设置的。专业处于社会需求和学科体系的交叉点之上，包含人才培养目标、课程体系以及专业教育中的主客体三大基本要素。其中专业培养目标规定了各专业所要培养的人才应达到的基本素质和业务规格，是专业的灵魂；课程与课程体系是专门化知识的教与学的活动系统，是学科、职业与专业间的联系和桥梁；专业教育中的主客体则分别是承担开放大学人才培养的教育者和

受教育者①。而开放大学的专业体系,则是由众多开放大学专业组成的专业群,具体说,它是在终身学习理念的推动下,从适应和满足全体终身教育学习者的学习需要出发,组建专业建设团队,并借助合作联盟作用,设置不同类型、不同层次的人才培养方案和课程体系,实现不同类型、不同层次专业互相沟通与衔接的教育结构体系。专业体系建设的任务内容可分为宏观建设和微观建设两个层面:宏观层面,主要是专业体系的设置、布局、结构及调整优化,重点专业的建设与扶持等问题;微观层面,指就具体某一专业或专业体系而言,主要包括追踪社会发展需求,制订专业培养目标、类型、层次、规格和专业教学计划,进行课程建设、教材建设、实训基地建设,开展教学方法革新等内容。②

第二,专业体系的特点。开放大学专业体系所追求的目标、核心是需求强劲和特色鲜明两大目标,由两大目标及其内涵呈现出四个方面突出特点,即重需求、开放式、立体化和高融通四大特点。一是具有重需求的特点。开放大学专业体系,服务于全体社会成员,依据国家发展战略、学科发展进步、社会职业需要和大众生活需求,制订和设立多样性的人才培养目标和规格、专业类型和层次。为保证社会适应性,开放大学组建开放大学的行业、企业、院校、城市合作支持联盟,共同制订具体办学专业教学计划,联合举办社会急需的、具有地域产业特色的专业,并聘请合作联盟的教师和专业技术人员共同进行课程建设、教材建设、实训基地建设、教学方法革新,共同完成学生学习和实训的指导和考核等。可以说,专业体系置根于与社会,服务于社会,有较强的重需求的特点。二是具有开放式的特点。开放大学专业体系从性质上讲是开放的,是一种服务于职业入门和职业后成长的可随时选择学习的专业教育体系。它在培养对象上是开放的,满足全体社会成员的学习需求。它在培养目标和课程体系上是开放的,它强调知识、能力和素养并重,强调通过社会各行各业合作吸纳和取材一般性专业知识、职业岗位知识和生活成长经验。在学习过程中,它注重学习方式的开放性,强调课程与现代教育信息技术的深度融合,所追求的是实现任何人在任何时间、任何地点的无障碍学习。三是具有立体化的特

① 于仲安、梁建伟:《地方高等学校特色专业建设研究》,《中国电力教育》2010 年第 22 期。

② 刘海燕、曾晓虹:《学科与专业、学科建设与专业建设关系辨析》,《高等教育研究学报》2007 年第 12 期。

点。开放大学专业体系从类型上看，它包括普通教育、职业教育、成人教育等学历教育类型及社区教育、职业证书教育、农村教育、老年教育、公益教育等非学历教育培训，所呈现的是一种横向结构；从层次上看，它包括中职（中专）、高职（大专）、本科教育，甚至硕士、博士研究生教育等不同层次的学历教育，也包括分级的非学历培训，所呈现的是一种纵向结构。在各种类型和各种层次教育形式纵横交错的专业格局中，开放大学专业体系具有清晰的立体化特征。四是具有高融通的特点。开放大学专业体系，从各类型到各层次，它们之间是相互融合的关系。学历教育与职业教育相融合，既可满足学生当前岗位的需要，又能促进学生今后职业的发展。职业素养与通识教育相结合，既可培养社会成员职业道德和职业文化，又能深化学生文化基础知识教育。中专、专科和本科教育相契合，为学生规划出知识入门、知识深化、技能提升等不同专业层次需求。围绕各类型各层次教育，开放大学建立学习成果认证、转换制度，更推进了开放大学专业体系的高度融通。

二、专业体系建设的思路和原则

开展开放大学专业体系创建在深入了解开放大学专业体系的基本内涵和突出特点的基础上，要能够抓住专业体系建设的核心要素，厘清专业体系建设的思路和原则，为专业体系建设确定和指明方向。

第一，专业体系建设思路。重需求、开放式、立体化和高融通是开放大学专业体系的四大特点，也是形成专业体系建设思路的四大出发点。一要抓住社会需求，明确专业体系建设的目标。开放大学专业体系，服务于学生职业入门和职业后成长的需要，满足全体社会成员的多样化学习需求，在专业设置、课程体系和学习方式等方面必须坚持从多样化的社会需求出发，坚持学历教育与非学历教育并举，多层次专业与证书教育并行，注重专业体系与信息技术相结合，重点建设培养适用于现代化生产、流通、管理、服务等职业岗位第一线的应用技术型人才和管理人才的专业。同时，打造服务于不同形式非学历培训的特色课程，满足不同层次人员的学习需求与兴趣。二要紧跟学科发展前沿，汇集开放式的专业和团队。组建开放大学的行业、企业、院校、城市合作支持联盟，建立多元战略合作机制是开放大学专业体系开放式特点的体现。在合作联盟的框架下，开放大学专业与团队建设应坚持多学科专业并重，专兼职团队互补，共同研究学科发展与职业进步，共同构建开放大学的专业培养目标、类型、层次和规格，举办社会急需的、具有地域产业特色的专业，共同进行课程建设、教学改革和实训指导，推进学科和专业的成长，提高专业团队多层次多类型建设和教学的适应能力。三要以现有专业体系为基础，打造立体化的重点建设专业。开放大学专业体系现有的类型和层次纵横交错，具有清晰的立体化特征。在专业体系建设中，以现有类型和层次专业体系为基础，外向引进和自主开发相结合，加强重点类型和重点层次建设专业的梳理和品牌再造，加强以课程为单元的教材建设和网络平台学习资源整合改造，打造具有较强市场竞争力和具有鲜明的远程特色的重点建设专业群。四要借鉴学分银行服务理念，推进专业体系的高度融通。开放大学学分银行制订学习成果认证标准，建立学习成果认证、积累和转换制度，为专业体系横向沟通和纵向衔接提供了认证和转换的渠道。在专业体系建设中，要充分发挥学分银行的融通作用，以证书课程为抓手，促进学历教育与非学历教育的融通；以先修课程为抓手，促进中专、专科和本科教育的融通，进而集聚一大批适应社会成员在职学习和岗位技能和职业素养提升的开放式融通课程和专业模块。

第二，专业体系建设原则。一般来讲，设计专业体系建设要坚持前瞻性、整体性、科学性、创新性、优化性、适应性等原则。作为开放大学专业体系，既要遵循以上的原则指导专业体系的实践，更要结合自身的特点总结提炼自身的突出特色。从开放大学专业体系的四个特点和建设思路出发，应重点坚持社会导向原则、开放共建共享原则、科学实用原则和整合融通性原则。一是坚持社会导向原则。主动适应经济社会发展的需要，符合开放大学的总体发展战略和社会化导向人才培养模式的要求，重点支持适应社会发展需求、已初步具备发展基础的学科专业，学历教育与非学历教育并举，使之在人才培养、科学研究和社会服务等方面起到带头和辐射作用。二是坚持开放共建共享原则。秉承开放的核心理念，构建以学生为中心，对学习地点、学习方法、学习过程全方位开放的学科专业和课程体系。加强同国际远程开放教育组织和机构的交流合作，建立与高校、行业、企业、城市的联盟合作机制，在学科建设、专业建设、课程建设等方面开展对口协作和共建共享，充分吸纳国际和国内优质教育资源。三是坚持科学实用原则。科学分析拟建学科专业与师资队伍的现状与差距,掌握相关学科专业发展前景,既着眼现实,又与时俱进;既尊重科学,又强调实用够用;既注重外部引进,又培育自身创新功能。合理定位学科专业建设目标,科学编制学科专业发展规划,凝练学科发展方向,布局重点专业,打造特色课程。四是坚持整合融通原则。充分利用开放大学的基础条件,以市场需求为导向,以应用性学科和专业为重点,以课程建设与信息化融合为标准,以学习成果认证和转换为抓手,加强学历教育与非学历教育相互沟通,加强远程教育与普通教育、职业教育相融合,使开放大学与国际教育接轨,使专业课程与岗位培训互认,使开放大学的专业和课程信息化和网络化。

三、专业体系建设的主要内容和保障措施

开展开放大学专业体系建设必须依据专业体系的内涵、特点、建设思路及原则,抓住其主要建设内容和关键性问题,推进开放大学专业体系建设的进程。

第一,专业体系建设的主要内容。开放大学专业体系建设的主要内容包括:课程建设、实习实训建设、专业建设和学科建设四个方面。一是加强课程建设。课程建设是专业和学科建设的基础,开展课程建设可以从五个方面入手。其一是建立课程建设和开设标准,对课程建设和开设的师资、文字教材、网络学习资源配置等提出明确标准,不达标不能开设。其二是开展非学历证书课程建设,促进非学历教育与学历教育的横向沟通。其三是开展先修课程建设,促进不同层级相同相近专业的中专、专科和本科教育的融通,为专业之间纵向衔接奠定基础。其四是做好已开设课程的资源整合,重点加强教材建设和网络课程建设。其五是引进外部特色课程,强化开放大学自身的办学特色。二是加强实习实训建设。实习实训是培训应用型人才的基础保障,重点是做好现场实习实训和网上虚拟实习实训两种类型的建设。首先是加强现场实习实训的建设。充分利用学校自建的机房、实验设备、会计模拟实验室、图书馆和语音教室,建设实习实训基地。同时,加强与高校、行业及若干大型骨干企业的专业建设合作联盟的合作建设,切实加大与现代企业的合作力度,建立校企合作的实训基地。其次是建设网上虚拟实习实训。采用自行开发、购

买引进的方式，搭建网络实习实训技术平台，进行网上仿真环境实训开发和网络虚拟实习实训平台的开发等。三是加强专业建设。开放大学的专业体系是由开放大学不同类型、不同层次的人才培养方案和专业课程体系组成的专业集群。开展专业建设主要围绕着人才培养方案和专业课程体系两方面进行。一方面是制订人才培养方案。包括追踪社会发展需求，制订专业培养目标、类型、层次、规格；包括从学生培养出发，确定设置和组合课程，合理安排师资、教学和考核等。另一方面是整合专业课程体系。包括确定和汇集开放式专业建设专兼职结合的师资团队，包括对现有类型和层次专业和课程的体系的改造和与支持联盟的合作共建共享，也包括重点类型和重点层次建设专业的梳理和品牌再造等。四是加强学科建设。加强学科建设要在加强课程建设、实习实训建设和专业建设的基础上，从学校长远发展出发，研究专业体系的布局、结构、建设目标、建设团队等，对学科进行优选，这是开放大学专业体系具有核心竞争力的表征。主要抓手包括两项：其一是要分析专业开设地区的社会需求和历年招生水平，制订长远的学科建设规划。其二是要结合学科建设规划，分析现有的专业建设团队的能力和现有专业教师的教学水平，确定和打造重点学科及其研究方向。

第二，专业体系建设的保障措施。开放大学专业体系建设是一项长期性、不断整合改造的教学基本建设，其关键问题在于切实抓好专业体系建设的基础保障、专业建设的启动条件和一般建设过程。一要为专业体系建设提供基础保障。基础保障是开展专业体系建设的前提，包括机构、团队、合作联盟和建设资金四个方面：一是需要建立健全专业体系建设的工作机构，保证课程、实训、专业和学科的长远和稳定的发展；二是要组建由专兼职人员共同组成的、结构合理的建设团队，推进和落实课程、实训、专业和学科建设工作；三是建立社会力量支持与参与机制，在各个专业分别建立由高校、行业和大型骨干企业参与的专业建设合作联盟，促进开放共建共享；四是要专门列支专项建设资金，制订专业建设资金使用办法，保证课程、实训、专业和学科建设的开展。二要扎实论证专业建设的启动条件。论证专业建设启动条件是保证专业体系“需求强劲、特色鲜明”的基础，包括外部条件和内部条件两个方面。一是要考查外部条件，以需求为导向，找准建设定位。主要是要认真研究和分析拟建设专业在本地区的经济、社会和技术发展状况及产业政策，要注重分析拟建设专业在企事业单位的需求状况，同时要结合相关开放大学同类专业建设情况。二是考查内部条件，立足自身发展，注重自身特色。重点要考查学校当前开展专业建设的师资状况，已建设的类型、层次和课程设置情况，以及已有专业实习实训建设情况等。三是把握专业建设的一般过程。开放大学专业体系建设最终体现在建设过程中，需要建立激励与约束并举的专业建设机制，确保专业建设工作的管理和质量。主要抓手在于围绕项目和建设资金严格抓好专业建设立项、专业建设过程监控和专业建设评估三个要点。一是抓好专业立项。结合专业启动条件、专业建设规划、专业建设内容等，在专家论证的基础上批准立项建设，提供建设资金。二是做好建设过程监控。结合人才培养方案和专业课程体系建设计划，重点跟踪教材和网络课程资源建设进度，提供先期基本建设费。三是开展专业评估。制订内外结合的评价体系，在专业建设完成后，对专业建设进行全面的考核和评价，根据专业建设的质量和水平，确定是否结题，决定建设激励的等级和标准等。

第三十二章 “中心型互动”的教学模式

构建“中心型互动”教学模式是实现广播电视大学向开放大学转型蜕变的关键问题之一。教学模式是人才培养模式的中心环节，构建科学效能的教学模式，与提高开放大学的办学水平和教育质量关系重大。站在终身教育新起点上，瞄准开放大学的发展建设目标，推行“社会化导向”人才培养模式，深刻认识教学模式改革的内涵、特点及任务，并把一系列创新性举措付诸实践保证开放大学教育教学达到新的设计要求，不仅因其特殊的重要性显现出在整体布局中不可或缺，而且还因其在发展链条中处在关键地位而影响全系统转型蜕变进程。（见图3）

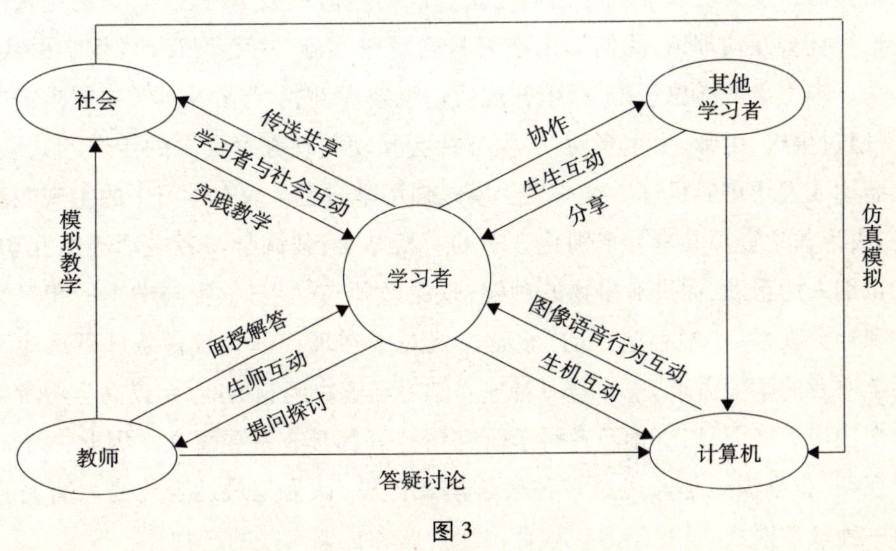

图3

一、“中心型互动”的教学模式的形成依据

终身教育、现代教育和“社会化导向”人才培养模式，为“中心型互动”教学模式形成提供了充分依据。

第一，“中心型互动”教学模式是终身教育的必然选择。所谓教学模式是指在一定的教育思想、教学理论、学习理论的指导下，基于特定的人才培养模式而建立起来的较稳定的教学活动的框架和程序是开展教学活动的一套方法论体系。由于教学实践依据的教学思想或理论的不同，学习内容和目标的不同，教学实践活动的形式和过程必然不同，从而形成不同的教学模式。例如：从教学系统的结构关系不同来分类，可分为“以教师为中心”、“以学生为中心”和“教师为主导，学生为主体的双中心”等教学模式；从教学组织形式不同来分类，可分为“班级教学”、“小组教学”、“个别化教学”等教学模式；从教学目标的不同来分类，可分为“基于‘做’（hand-on）”、“基于思维（mind-on）”、“基于事实（reality-on）”等教学模式。终身教育教学模式与传统教育的教学模式存在明显区别，它是以学生个体化学习为主所构建的教学活动形式或教学结构，它不单指一堂课的教学组织实施方法，而是从一门课程或某一专业人才培养的角度提出来的一种教学范式。依据建构主义学习理论、个别化教学理论和社会互动理论，我们提出在终身教育中实施“中心型互动”教学模式。即从人本主义教学思想出发，依托现代信息技术，以学习者及其学习需求为中心，通过生机、生师、生生互动，学生与社会互动实现教育资源的传送和共享，从而达成人才培养目标。这一教学模式强调学习者个人在学习中的主观能动性，实现教学资源共享与个别化教学的有机结合；强调学习者主动通过互动，取得别人的帮助，促进对事物的理解；强调教师与学生、学生与学生的相互影响和社会联系。“中心型互动”教学模式对于在现代远程教育条件下适应不同学习者的学习需求，培养学习者独立学习和解决问题的能力，提高学习者人际交往沟通能力，培育学习者科学研究精神等都具有重要意义。因此，“中心型互动”教学模式是通过对多种教学模式比较，认为是最适合终身教育特点的一种教学模式，是我国远程教育快速发展和长期实践的产物。

第二，“中心型互动”教学模式是现代教育的发展趋势。首先，我国经济

社会发展对教育提出了新需求。进入21世纪以来,世界范围内技术革新及社会结构变化使人类生产和生活发生了巨大的变化,人们面对的是全新的和不断变化发展的职业、家庭和社会生活。若要与之适应,人们就必须用新的知识、技能和观念来武装自己。同时,随着我国经济的快速发展,中国人迅速富裕起来,逐渐从衣食住行的窘境中解脱出来,开始拥有更充裕的自由支配时间,开始注重精神生活的充实,对现实生活及自我实现要求不断高涨,期望通过个人努力来达到自我完善,从而提出了多种多样、充满个性特点的学习需求。然而,传统的教学模式以教师中心,知识的传递主要靠教师对学生的灌输,作为认知主体的学生在教学过程中自始至终处于被动状态,其主动性和积极性难以发挥,既不利于培养学生的发散性思维、批判性思维和创造性思维,也不利于创造性人才的培养。因此,构建一个基于网络,能适应学生个别化学习需求的教育模式势在必行。与此同时,现代信息技术的发展为创新教学模式提供了新手段。在人类文明从工业化时代向信息时代转变的过程中,以计算机技术和通信技术为基础的现代信息技术正以惊人的速度改变着人们的工作方式、学习方式、思维方式、交往方式乃至生活方式,也为我们实施教育改革与创新提供了有力的技术支撑,为探索基于网络,能够实现对教育资源的充分共享,实现生机、生师、生生以及学习者与社会充分互动的新教学模式成为可能。

第三,“中心型互动”教学模式是“社会化导向”人才培养模式的内在要求。社会化导向人才培养模式要求我们在人才培养目标、标准、过程、手段、评价指标等方面都以社会需求导向为依据,以满足学习者个别化学习需求为目标。作为人才培养模式的重要组成部分,适应“社会化导向”人才培养模式的教学模式也必然要把学习者放在中心位置上,围绕学习者的需求提供教育资源和教育手段。同时,为满足学习者的个性化需求,也必须按照同样的互动方式来组织完成学习者学习全过程,进而满足学习者的学习需求。因此,“中心型互动”教学模式是“社会化导向”人才培养模式的内在要求。

二、“中心型互动”的教学模式的基本内涵

“中心型互动”教学模式的基本内涵包括理论基础、教育目标、实施程序

和实施原则等内容。

第一,"中心型互动"教学模式的理论基础及目标。"中心型互动"教学模式是从人本主义教学思想出发,依据建构主义学习理论、个别化教学理论和社会互动理论形成的,适用于现代远程教育的一种教学模式。其核心是强调学习者在教学活动中的主体性,一切以学习者为中心,强调学习是学习者主动的建构活动,而非对知识的被动接受,即学习者以自已的方式通过网络教育平台对既有教学资源的学习,通过与教师和其他学习者的互动,达到对事物的理解。"中心型互动"教学模式着眼于学习者个人潜力和人格的发展,注重培养学习者独立学习、思考和解决问题的能力,培养其科学研究精神。

第二,"中心型互动"教学模式的互动方式及实施程序。"中心型互动"教学模式的互动方式及实施程序,在整个教学模式架构中处在核心位置。

"中心型互动"教学模式的互动方式:一是教师与学习者之间的互动。包括教师课堂面授教;教师与学生共同探讨专业发展与职业生涯;教师解答学生课程学习方法及专业课程学习困惑;师生协作共同完成学习课题和工作课题;教师采取讨论式教学、案例教学、专题研讨方式,给学生营造合作互动环境;非实时在线答疑辅导,利用课程问题库、通过远程接待中心进行网络答疑等。二是学习者与学习者之间的互动。包括组成学习小组协作学习;学习期间自主交流沟通;课堂教学过程中集体攻克重点难点问题;通过网上、微信、公共学习平台交流分享学习成果等。三是学习者与社会之间的互动。包括通过教学实践基地让学习者接触社会实践;聘请校外实践基地的专业人员担任指导教师指导学生;应用情景模拟教学法让学习者扮演社会角色;应用计算机虚拟现实技术进行仿真模拟教学等。四是学生与计算机输入、输出设备之间的互动。这种互动既是前三种互动的桥梁和工具,又有特殊的互动内容,包括问答式、菜单式、填表式、直接操纵式、关键词式、条形码式、光学字符识别式、声像式等数据互动;图像处理、图像识别和图像感知等图像互动;利用音频技术的语音互动;以及具有跟踪和识别功能的行为互动等。这种"四维"互动方式构成以学习者为中心自主学习方式。

"中心型互动"教学模式实施的基本程序是:自主学习——→互动讨论——→探索思考——→巩固练习——→总结评价。以上五个步骤属于按一般逻辑提出的自主学习程序,开放大学教育由于是一种跨时空、全开放的教育,在实际操作中,各程序之间可以交叉进行。一是学习者根据自身需要选择学习内容及相关教学资源进行自主学习,初步理解相关知识;二是学习者就感兴趣的问题参与互动讨论,通过与教师和其他学习者的互动发现学习中存在的不足,并通过互动受到启发;三是学习者针对互动中发现的问题进行思考,并通过扩大学习资源范围加深对这些问题的认识,发现规律,掌握相关知识;四是学习者通过对学习资源的再学习以及互动的再参与,巩固所学知识,并运用这些知识完成练习;五是学习者和教师分别对学习者的学习效果进行评价,并交流评价结论,决定是否需要重复学习或进入新的学习。

第三,“中心型互动”教学模式的实施原则。一是学习者中心原则。即在整个教学或学习过程中,要突出和保障学习者的中心地位,要给予学习者充分的选择自由,学习者可以根据自己的意愿选择学习方向、学习目标,选择所依据的学习资源,选择学习的时间、地点、进度,选择自我思考还是参与互动,从而充分发挥学习者的主观能动性,培养独立学习、思考、解决问题的能力。学习者中心原则是实施“中心型互动”教学模式的关键。二是教师向导原则。即在“中心型互动”教学模式中,在尊重学习者中心地位的同时,教师也充当着非常重要的角色,特别要发挥好组织、指导、督导的作用。事先,教师不仅要注意提供丰富的学习资源,而且要提供必要的学习指南,引导学习者选择正确的学习方向;事中,教师要积极参与到学习者的互动中,及时纠正偏差,使互动更有利于学习者对知识的建构,并注意采取多种方式及时了解学习者的学习情况,提出学习建议;事后,要与学习者共同开展学习效果评价,引导学习者改进学习方法,开展进一步的学习。三是充分互动原则。即学校应引导和鼓励学习者参与互动,要提供切实有效的互动方式,创设有利于互动的网络平台环境,使学习者可以选择参与群体互动或个别互动,可以选择与其他学习者互动或与教师互动,使学习者在互动中能够广开思路、畅所欲言、知无不言。通过互动使学习者学会发散性思维,培养其的创新意识和互助意识,逐步提高其探究问题、发现规律、解决问题的能力,提高人际交流的能力。充分互动原则是实施“中心型互动”教学模式的灵魂。四是保护少数原则。即在实施“中心型互动”教学模式过程中,必须十分注意保护少数人的观点,保护持有不同意见的学习者,要注重考察学习者学习前后的变化及后发潜质、并且在教学评价中要有所体现。只有这样才能实现充分互动,才能鼓励思维创新,达到互相学习,共同提高的目的。

三、实施"中心型互动"教学模式的基础条件

实施"中心型互动"教学模式不仅对学校的网络教学平台、网络学习资源、教师以及支持服务都提出了更高要求,也对学习者的基本素质提出了更高要求。因此,对学校和学习者来说,都要共同努力,为实施"中心型互动"教学模式,创设必要的前提条件,以充分保证学习者的学习效果。

第一,丰富的学习资源。实施"中心型互动"教学模式的一个前提条件是具有丰富、开放、高质量的学习资源。只有具有了丰富的学习资源,才能实现学习者的自主选择;只有具有了开放的资源,学习者的自主选择才能满足;只有具有了高质量的资源,才能帮助学习者达成学习目标。

第二,稳定的网络学习平台。实施"中心型互动"教学模式的另一个前提条件是具有稳定、快捷、适于互动的网络学习平台。所谓稳定,就是网络学习平台的技术必须可靠,能提供稳定、连续的学习环境;所谓快捷,就是网络平台的相应速度要足够快,使用起来要容易、方便,稳定、便捷的目的就是要为学习者创设一个良好的网络学习环境,这也是网络学习平台的基本要求。

第三,"自主学习"的学习者。"中心型互动"教学模式是以学习者为中心的一种远程教育教学模式,学习者的自主学习能力或者说学习习惯是学习效果的决定性因素。这里的"自主学习"是指学习者具有自主学习的习惯和能力,一般包括两个层次:其一是指通常意义上的自主学习能力,也即自学能力,要求学习者具备根据学习资源自主学习的习惯,具备通过自学理解、掌握知识的能力;其二是指学习者须具有利用网络资源学习的习惯和能力,具有参与网络互动的能力。

第四,"又专又红"的教师队伍。"中心型互动"教学模式是以学习者为中心的一种远程教育教学模式,也同样离不开一支优秀的教师队伍。所谓"又专"是指要实现与学习者的有效互动,确实在互动中能够引导学习者,帮助学习者,教师就必须具备扎实的专业基础理论、掌握专业技能,了解专业发展动

向和理论前沿,同时,还要具备良好网络平台操作技能和互动软件使用技能;所谓“又红”是指由于学习者需求的个性化、学习时间的个性化,使得从事网络教育的教师要具有非常高的敬业精神和自律意识,才能完成教学互动,实现教学目的。

第五,合理可行的评价机制。“中心型互动”教学模式的难点之一是如何开展合理、有效的教学评价。由于“中心型互动”教学模式是以学习者为中心的一种远程教育教学模式,又由于互动是学习的重要形式,所以在评价主体、评价内容、评价方式上都有所变化。也即评价主体不再是教师,而是学习者自己和社会;评价内容不仅包括学习效果,而且包括学习过程、互动过程;评价方式在作业练习、阶段性考核、终结性考试外,还要有对交流沟通能力和创新思维的考核方式。

“中心型互动”教学模式是基于社会化导向人才培养模式提出的,是体现社会化导向人才培养模式基本要求,实现其培养目标“根据经济社会发展需要培养全面发展的人”的关键。“中心型互动”教学模式的高级阶段就是“探究式学习”教学模式,在这一阶段不仅包括对已知知识的学习,而且包括对未知知识的探索,并且在学习和互动中发现新的问题、形成新的知识和学习资源,从而实现知识的自我更新和螺旋式上升,真正实现教学相长。

第三十三章 “过程开放、环节控制、个性服务”的管理服务模式

构建“过程开放、环节控制、个性服务”管理服务模式是实现广播电视大学向开放大学转型蜕变的关键问题之一。坚持以人为本的理念,建立完善的个性化支持服务体系,切实满足不同学习者个性化、多样性学习需求,充分开发人的潜能和价值,促进学生主体发展,保障学习者有效完成学习任务,达到学习目的,是实现由广播电视大学从外延式规模发展向内涵式质量发展转变的重要保证。站在终身教育新起点上,瞄准开放大学的发展建设目标,推行“社会化导向”人才培养模式,深刻认识教学管理服务模式改革的内涵、特点及任务,并把一系列创新性举措付诸实践保证开放大学教育教学达到新的设计要求,不仅因其特殊的重要性显现出在整体布局中不可或缺,而且还因其在发展链条中处在关键地位而影响全系统转型蜕变进程。(见图4)

一、全方位过程开放是“三位一体”教学管理服务模式的核心

开放性是开放大学的本质,教育对象、方式、手段、资源、管理、服务、时间、地点等的全方位开放,在实践上的具体形态就是全方位的过程开放。以全方位的过程开放构建教学管理服务模式是推进社会化导向人才培养模式的关键。过程开放就是将开放的理念融入学习者的学习和管理过程,以开放的入学资格、开放的学习计划,开放的学习资源、开放的学习时间和学习地点,让学习者自主安排学习,自主利用时间碎片对知识碎片进行学习和积累。

第一,创建开放的教务过程管理。开放的教学过程管理应遵循远程开放教育的教学管理规律,以开放的理念对入学测试和入学教育、专修课、选修课和补修课、多种媒体教学、实践性教学、学习检测等进行管理。通过实行弹性

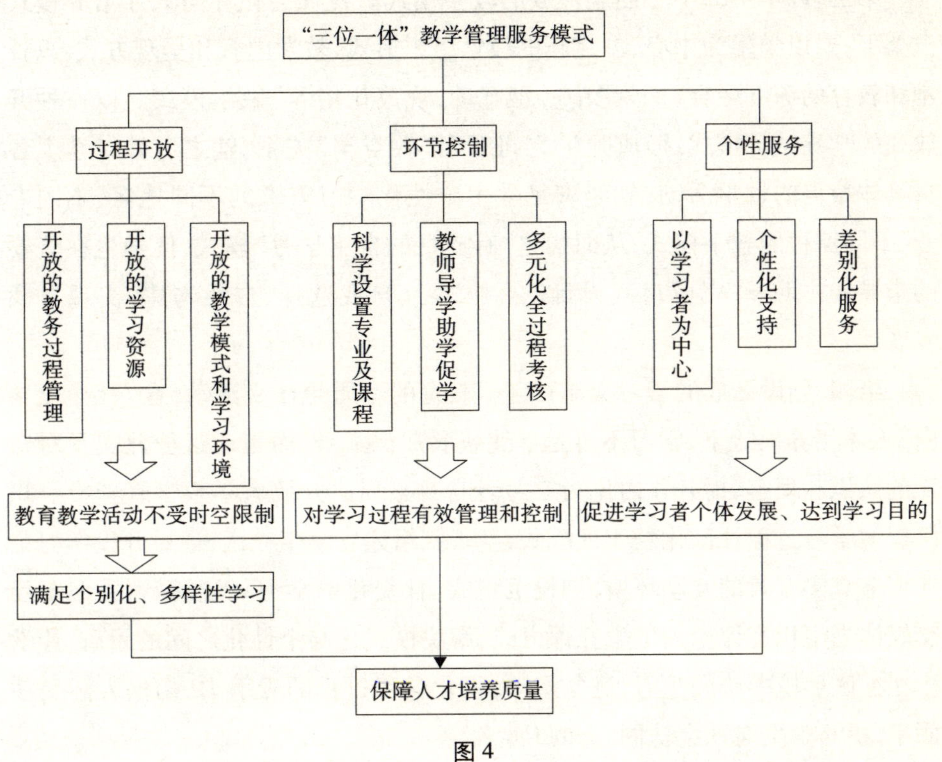

图 4

学习周期管理,学分银行建设,搭建终身学习“立交桥”。对教学管理进行流程再造,让学习者不受个人学习时间和所在空间限制,根据个人需求随时网上选课、网上学习,网上考试、网上答辩、网上申请毕业,帮助学生高效地完成个人学习事务管理。

第二,按照差异化原则提供开放的学习资源。开放大学的宗旨是推动教育资源社会化和教育公平化,通过社会化的方式,将优质的学习资源提供给不同条件下有学习需求的学习者。开放的学习资源应以学习者为中心,运用现代化教育技术整合共享国内外各级各类优质教育资源。充分发挥移动学习平台灵活方便的特点,以“碎片化”设计理念制作微课,网络课程,多种媒体课件,课程问题库,通过网络平台提供给学生,让学习者在数字化信息平台上如同逛超市一般,选取自己感兴趣的知识产品,以实现人人皆学、时时能学、处处可学的目标。

第三,以学生为中心创建开放的教学模式。在社会化导向人才培养模式框架下,要以学生为中心,创建新的教学组织形式、教学内容和呈现方式,以技术和教育的深度融合,探索“中心型互动,规范化培养”教学模式。以一种开放式的学导结合模式,形成师生之间新型“教与学”关系,辅之以针对学生各自具体特点的教学活动,创建满足学生个性化学习需求的不同地区、不同专业、不同课程的教学模式,从而构建“有支持的自主学习”模式,使学生在必要的指导和协助下,完成自我设计、自主学习、自我选择、自我构建,实现自我发展。

第四,创设开放的学习交流社区。教育的本质是社交活动,在“社会化导向”人才培养模式下,学习不再是单纯获取知识本身,而是通过彼此交互对知识的认识和理解,提升并内化为学习者自身素质。开放大学教学管理中要积极探索学习过程社区化的管理模式,基于网络建立学生社区,通过开设学习论坛创造真实有效的互动环境,创设沉浸式、社交化的学习环境,探索类似于社交媒体当中相互评论的学生互评方式,解决模式化与个性化之间的矛盾,让学生在社区环境中协同学习,竞争学习,强化学习过程的吸引力,拓展人际交往圈子,提高学生对社会认同感和归属感。

二、必要的环节控制是“三位一体”教学管理服务模式的重要保障

控制是按照既定的目标和标准,监督衡量各项活动,并且发现和纠正偏差,以保证活动实现既定要求的过程。开放大学以开放的教学管理过程、开放的教学资源以及开放的教学模式帮助引导学生完成学业,但开放并不意味着放开、散放和放手。在过程开放必要的节点上加以必要的控制是保障教学质量的必要手段。广义上的控制应该包括招生注册、计划制订、教师导学促学、支持服务、形成性考核、实习实训、考试、毕业等各个环节。重点包括以下三个方面的内容:

第一,以职业应用型培养目标为导向科学设置专业及课程。开放大学应探索建立与开放大学人才培养相适应,以提升职业能力为核心的新的人才培养模式,实现学历继续教育职业性应用型人才培养目标。首先从专业计划和课程源头设计上,要注重教育成果与社会需求的关系,充分考虑学生基础与素

质、兴趣与工作岗位之间的差异，体现满足在职人员提升自身科学技术水平，完善个人能力的需求。其次要结合行业和区域经济特点及发展需要，科学、合理、灵活地设置专业，加强行业、区域性特色专业建设和课程建设。最后，要结合国家职业资格证书和职业技能培养考试，以职业需求为导向设计专业教学计划、课程体系、课程内容及教材选用。

第二，以平等主体的新型师生关系开展导学助学促学。开放大学学习对象具有在职化、成人化的特点，建立平等主体的新型师生关系，以人本化的服务理念开展导学助学促学是践行社会化导向人才培养模式理念的重要形式。在这种新型的师生关系中，教师以导师、协作者、咨询者、设计者、促进者和学习者等多样化的角色，帮助学生完成自主学习、协作学习和探究性学习。教师导学以学习者为中心，重点做好课程学习目标，学习方法的引导，课程资源利用的引导，以及职业发展等方面的帮助和指导。指导学生开展师生、人机、学生之间、学生与社会互动，通过交互加深对知识的认识和理解，达到获取知识的目的。教师助学要从媒体教材支持、教学信息支持、面授辅导支持、学习交互支持等方面，对学生学习过程提供服务和指导。教师促学要按照“导师制”方式，通过考核促学、考试促学、实习促学、情感促学方式等对学生自主学习过程进行监控和评价，督促学生完成自主学习任务。

第三，以完善的多元化、全过程考核保障学习质量。过程考核和终结性考核是检验学生学习成果，保证人才培养的重要手段。开放大学应针对不同层次、不同需求的学生在学习动机、时间、习惯、能力以及职业发展上的差异，构建多元化、全面性、全过程的考核评价体系，将课程学习评价贯穿于整个教学活动中。要充分利用网络形考平台，改革课程考核方式，以过程性考核加强对学生学习过程的控制。通过完善学习测验、实践活动、专题讨论、小组学习、作业、学习记录、征求用人单位反馈意见等重点环节的考核活动，对学生的学习过程进行全面测评，逐步建立以过程性评价为主，终结性评价与社会及用人单位评价相结合的评价体系。

三、个性化特色服务是“三位一体”教学管理服务模式的有力支撑

从开放大学的教育目标来看，致力于教育公平，承担社会责任，促进全民、

终身学习，将优质的教学内容以适宜的形式服务不同需求的学习者。个性化特色支持服务正是满足社会多样化、优质化和个性化的终身学习需求，为全体社会成员的学习需求提供支持服务，实现人才培养目标的重要手段。

第一，以个性学习需求为导向构建完善的个性化支持服务体系。传统教学中，由于采取班级教学制，学校需顾及大多数学生的学习效益需求，倾向于将学生看成是同质的学习工具，在给学生任务的布置、学习方法的选择、交往方式及学习评价上往往按照同一尺度提出要求。为使开放大学能真正实践"海纳百川，有教无类"的教育理想，形成对不同学习者的不同学习需求的包容，以个性学习需求为导向构建完善的个性化支持服务体系具有十分重要的意义。个性化服务体系的构建要以学习者为中心，按照精细化管理的原则，科学地研判不同类型学习者的学习需求，建立为远程学习者提供个性化学习策略指导、信息咨询服务、学习资源服务、学习过程指导、职业生涯规划、就业择业指导等的全过程、全方位学习支持服务体系。

第二，以学习者自治为目标对学习者提供个性化差别化服务。学校教师要指导学习者在了解自身知识结构、认知特征、学习需要、学习环境的基础上，完成自己控制课程选择、学习内容、学习进度、学习形式、考核方式，使学习者最终实现自治，成为一个成功的自主学习者。个性化服务强调按个别化的原则，以学习者为中心，对学习者实行差别化管理。根据学习者需求，结合学生职业生涯发展，根据学习者自身特点，指导学生制订个性化的学习计划。通过学习方式、学习媒介、教学形式、形考作业的多种组合，为学生制订个性化的学习套餐，为学生提供"学习包"、"试学"、"随学随考"、"学情诊断"提醒服务、督学服务、限时服务等保障学生顺利完成学业的服务。在"三位一体"教学管理服务模式中，过程开放是核心，体现了开放大学的本质和内涵，在此基础上对必要的环节进行控制是保障教学质量的重要手段，个性化特色服务是"三位一体"教学管理模式的有力支撑，贯穿与过程开放和环节控制之中。

"过程开放、环节控制、个性化服务"三个基本要素相互联系，互为补充，共同架构开放大学社会化导向下教学管理服务模式，为提高开放大学人才培养质量发挥应有的作用。"三位一体"教学管理服务模式的构建，要以完善的网络平台和充足资源为基础，按照"管理过程自动化，教学活动网络化"的原则建设功能强大的教学管理服务平台，为实现过程开放、环节控制、个性化服务提供技术支持。同时，构建分层级的系统一体化管理机制也是模式创建的关键，要充分发挥系统办学优势，在教学管理、学习支持服务及教学监控评价工作中各司其职，各负其责，协同配合完成教学管理服务工作任务。创新的开放大学教学管理服务模式更要在教学管理服务实践中不断细化、修正和完善。

第三十四章 “全过程、多维度、一站式”的学习支持服务体系

创建“全过程、多维度、一站式”学习支持服务体系是实现广播电视大学向开放大学转型蜕变的关键问题之一。“全过程、多维度、一站式”学习支持服务体系是为终身学习者提供个性化学习支持服务的客观要求，是落实社会化导向人才培养模式的客观要求，是实现广播电视大学向开放大学转型升级的客观要求。站在终身教育新起点上，瞄准开放大学的发展建设目标，推行“社会化导向”人才培养模式，深刻认识学习支持服务体系建设的内涵、特点及任务，并把一系列创新性举措付诸实践保证开放大学教育教学达到新的设计要求，不仅因其特殊的重要性显现出在整体布局中不可或缺，而且还因其在发展链条中处在关键而地位而影响全系统转型蜕变进程。

一、学习支持服务体系的基本内涵和特点

了解学习支持服务体系的基本内涵和特点是创建学习支持服务体系的出发点，只有了解学习支持服务体系的基本内涵和特点，才能更加充分地了解学习支持服务体系的核心要素，才能对学习支持服务体系有一个明确的定位。

第一，学习支持服务体系的内涵。学习支持服务体系内涵从微观到宏观可以划分为四个层级：一是学习资源应用服务体系，它主要包括教材和网络课程资源的配备，学生学习的组织、管理以及相关的导学和助学工作，是在应用方面的一种学习支持服务体系。二是学习资源建设和应用体系，一方面，它包括学习资源应用的全部内容；另一方面，它强调课程的资源建设、教材开发、网络课程的开发以及知识的不断更新。三是基于办学项目的学习支持服务体系，例如目前开放大学的开放教育，在内容上除了全面包含以上所提到的学习

资源建设和应用的内容外，还应该包括招生、教务等学习支持服务，它是针对办学项目的全面的学习支持服务体系。四是开放大学学习支持服务体系，这是一个从宏观层面的围绕开放大学总部、分部及学习中心所组成的综合学习支持服务体系，涵盖所有开放大学的办学项目，也包括各办学项目招生、教务、教学、导学、助学、督学等各项支持服务内容。这里所讲的学习支持服务体系，主要是指宏观层面的开放大学学习支持服务体系。

第二，学习支持服务体系的特点。从开放大学学习支持服务体系的内涵看，它有全过程、多维度和一站式三个较为突出的特点。一是具有全过程的特点。学习支持服务体系应该立足于满足学生终身学习的需要。因此，它不仅要考虑到学习者在学前和学中的支持服务，还要考虑到为学习者毕业后提供各种支持服务，这就体现了学习支持服务体系的全过程特点。在学习者入学前提供学校信息和政策解读、学科专业介绍、入学意向选择、学习成果认定介绍、学习方法介绍等学习咨询服务，在学习过程中为学习者提供学籍和课程注册以及学习资源配送、远程导学、面授辅导、实验实训、学习评价和助学促学等学业支持服务，在学习者课业完成后提供职业规划与培训、学分银行、资格证书、素质教育和休闲娱乐等终身教育服务。二是具有多维度的特点。学习支持服务体系是围绕开放大学总部、分部及学习中心所组成的综合学习支持服务体系，它不仅包含了各种办学类型和各种层次，还包含了各个办学环节及各环节的服务人员。从类型上看，它包括学历教育（包括职业教育和成人教育）和非学历教育培训（包括老年教育、社区教育和职业培训等）。从层次上看，它包括本科、大专和中专教育以及高级、中级和初级教育培训。各种办学类型和各种层次中包含了招生、教务、学习资源建设和配备，以及导学、助学、促学和督学等环节。从各环节的人员组成上看，学习支持服务体系在人员配备上既包括专、兼职责任教师和导学教师、助学教师，也包括招生、教务管理人员和教育技术人员。三是具有一站式的特点。建设学习支持服务体系，满足学生的个性化学习需求，是通过开展一站式服务来体现的。所谓一站式服务主要是通过远程服务平台和窗口接待服务大厅，由各类学习服务人员为学生提供学前、学中和学后全过程、多维度的学习服务。这些服务包括通过远程服务平台为学生提供学前、学中和毕业后的学习服务和信息咨询、查询服务，也包括通过窗口接待服务大厅提供的招生、教务、导学、助学等服务。以一个学期为例，开展一站式服务需要保证教材、网络课程、辅导教师、助学教师配置到位，需要保证在校面授课堂和网络在线课堂按时开通，须能够解决学生课程注册、报考、缴费、学习咨询等所有问题。

二、学习支持服务体系建设的思路和原则

开展学习支持服务体系建设的首要问题就是要明确学习支持服务体系的思路和原则，在构建学习支持服务体系的思路和原则时，必须要遵循开放大学学习支持服务体系的本质内涵及其全过程、多维度和一站式的特点。

第一，学习支持服务体系建设思路。学习支持服务体系本着“以学生学习为中心”的理念，以开放社会化导向的人才培养模式和中心互动教学模式为指导，针对学习支持服务体系全过程、多维度和一站式的特点，采取远程服务平台和窗口接待服务大厅两种接待服务方式，重点抓好学前学习咨询服务、学习过程中的学业支持服务和学生毕业后的终身教育服务三项服务内容，从而为学习者建立和提供学前、学中、学后全过程、多维度、一站式的学习支持服务。

第二，学习支持服务体系建设原则。建设学习支持服务体系需要把握系统性、方向性、服务性、协调性、均衡性等诸多原则，从开放大学的角度看，学习支持服务体系更应该强调服务性、个性化和信息化原则。一是坚持服务性原则。远程教育学习支持服务体系把学习者当成顾客，把提供的服务当作产品，它为学习者提供的是适销对路的、全方位的、高效的服务。这种服务涵盖了全面的服务功能、个性化的服务内容、多样化的服务手段，开放化的服务时空，意味着学生可以在任何时间与地点得到高质量服务。服务是学习支持服务体系建设的本质属性和首要原则。二是坚持个性化原则。由于远程学习的主要特点就是以学生个性化学习为主，学生水平的个性化差异决定了传统成班授课的教学模式已不能满足远程学习者的学习需要，这就需要学习支持服务体系的设计和组织都要充分考虑学生个体差异和全面发展的需要，围绕学生特点、学生需求和学生学习来运行。个性化既是远程教育的突出特征，也是学习支持服务体系构建中应坚持的最重要和最基本的原则。三是坚持信息化原则。

远程教育的产生和发展与信息技术手段的进步一直是密切结合的。随着信息技术、网络技术、多媒体技术等多种教育技术手段的广泛应用,多种先进的技术手段,海量的信息产品及资源都在改变着原有的教学模式及手段,这就要求构建开放大学学习支持服务体系必须遵循信息化的原则,通过不断提升支持服务信息化水平来提升学习支持服务水平。

三、学习支持服务体系建设的主要内容和实施措施

开展学习支持服务体系建设在明确学习支持服务体系思路和原则的同时,必须要抓住学习支持服务体系的主要内容和关键性问题开展建设,从而将学习支持服务体系的创建落到实处。

第一,学习支持服务体系建设的主要内容。学习支持服务体系的主要建设内容包括组织体系建设、远程服务平台建设和服务大厅建设三项主要内容。一是组织体系建设。学习支持服务组织体系建设,包括建立决策指挥体系、组建机构和团队、界定职能分工等内容。首先应该在总部、分部和学习中心建立起一个有组织、有机构、有团队的学习支持服务组织体系。在总部主管领导的指导下,设立学习支持服务体系建设委员会作为决策机构,成员由总校、分部、学习中心负责学习支持服务的领导组成,统筹学习支持服务体系建设、发展和办学中的重大事项。从总部、分部到学习中心设立对口的学习支持服务部门,设置专门学习支持服务人员,落实各项学习支持服务工作。总部围绕平台建设建立一支学习支持服务团队,承担平台开发与应用、学前招生咨询、资源建设配送、在线课堂、远程接待、学生工作管理、学习成果认证等支持服务工作,打造综合性的远程学习支持服务。分部和学习中心设立具有服务窗口性质的一站式学习支持服务大厅并配备相应的助学团队,满足学生的学前、学中、学后各种学习需求。二是远程服务平台建设。学习支持服务体系的平台建设是在总部设立一个基于先进的信息技术和强大网络平台支持下,在海量、优质的教学资源支撑下,为学习者提供学前、学中、学后全过程、多维度的学习支持服务平台。其中包括:学习咨询、学业支持、终身学习三个服务系统:构建学习咨询服务系统,为学习者提供学校政策解读、学科专业介绍、招生注册、学习成果认定、学习方法介绍等学习咨询服务。构建学业支持服务系统为学习者提供

学籍和课程注册、学习资源建设配送、在线课堂、面授辅导、实验实训、学习评价、助学促学等学业支持服务。构建终身教育服务系统，提供各类学习资源，并为学习者提供职业规划与培训、学分银行、素质教育等多次选择机会，营造“人人、处处、时时”学习的社会氛围，促进各级各类教育纵向衔接、横向沟通，为学习者搭建终身学习立交桥。三是服务大厅建设。学习支持服务大厅不仅是大力推进开放大学学习支持服务体系建设，全面加强学习支持服务工作制度化、规范化、标准化建设，促进开放大学教学质量的一项重要举措，也是开放大学分部和学习中心服务于学生的重要窗口。学习支持服务大厅以现代远程教育理论为指导原则，以远程教学模式的助学服务为手段和方式，以优化整合各类教学资源为主要内容，为学习者提供个性化的学习服务。学习支持服务大厅采取总部统一服务平台，集学习咨询服务、学业支持服务、终身教育服务等多功能于一体，学生可以享受学前、学中、学后的学习支持服务内容。学习支持服务大厅以窗口柜台与学生面对面交流的方式，为学生提供具体的、高效率的学习支持服务。

第二，学习支持服务体系建设的实施措施。从学习支持服务体系建设的现状分析，做好学习支持服务体系建设的关键性问题主要有三项内容：一是要强化服务理念。服务是学习支持服务体系建设的本质属性和首要原则。强化学习支持服务理念，一应坚持“以学生学习为中心”的理念，摒弃传统的以学校、以教师、以课堂为中心的思想，一切从学生学习出发，为学生提供全过程、多维度、一站式的支持服务；二应处理好管理和服务的关系，凡是能通过服务实现的内容，应通过服务的方式去进行，将学习支持的各项管理通过服务的方式去落实，满足学生学习的个性化需求；三应明确学习支持与学习服务之间的关系，学习支持应在先，只有学习支持到位了，后续的学习服务才能跟上，学习支持体现了学校对学生的主动服务，是学习支持服务体系建设的核心内容。二是要落实好基础保障。主要有组织、机制和资金保障三个方面。组织保障是学习支持服务体系建设必须有一支专职服务队伍，在总部、分部和学习中心建立起一个有组织、有机构、有团队的学习支持服务组织体系，满足学生的学前、学中、学后各种学习需求。职能和运行机制保障是学习支持服务体系的建设需要开放大学总部、分部及学习中心的各个部门和各类人员相互协调和通力合作，这就需要建立一个合理的运作机制、合理的职责分工和相应的规章制度来保障该体系的正常、顺利运行。资金保障是建设远程服务平台和服务大厅需要大量资金和技术力量的投入，远程学习资源建设需要大量建设资金，这就需要建设学习支持服务体系的各个单位要提供资金经费支持，促使各项服务工作落到实处。三是要加强服务质量建设。主要包括服务制度、服务标准及流程、服务质量监控三个方面。建立服务制度，主要包括服务公开制度、服务承诺制度、服务培训制度、服务例会制度、服务质量内部考核制度、服务问责制度、服务档案管理制度等。制订服务标准和流程具体为：远程移动接待服务标准和流程、窗口柜台接待服务标准和流程、服务受理反馈标准和流程、投诉受理反馈标准和流程、服务质量回访标准和流程、服务质量调查标准和流程、服务质量测评标准和流程、服务业绩考核标准和流程、服务质量分析标准和流程、服务质量反馈标准和流程等。做好服务质量监控，包括设立投诉电话、投诉电子信箱、在线投诉系统，开展在线测评与调查、服务回访等追踪调查，定期召开服务工作例会，不断修正完善服务制度、服务标准和流程等。

第三十五章 “开放性、互通性、个性化”的开放大学学分银行

创建“开放性、互通性、个性化”的开放大学学分银行是实现广播电视大学向开放大学转型蜕变的关键问题之一。开放大学学分银行是以学习成果认证、积累和转换为服务内容的新型的教育管理制度，它具有开放性、互通性、个性化等特点，体现了开放大学建设的必然要求。站在终身教育新起点上，瞄准开放大学的发展建设目标，推行“社会化导向”人才培养模式，深刻认识学分银行建设的内涵、特点及任务，并把一系列创新性举措付诸实践保证开放大学教育教学达到新的设计要求，不仅因其特殊的重要性显现出在整体布局中不可或缺，而且还因其在发展链条中处在关键地位而影响全系统转型进程。

一、开放大学学分银行的内涵及特点

创建开放大学学分银行，首先必须要了解开放大学学分银行的内涵和特点，明确其自身定位和服务功能，为开展开放大学学分银行建设奠定基础。

第一，开放大学学分银行的内涵。学分银行的概念来自韩国，本质上讲是学分的认证、积累和转换制度。国外发达国家的学分银行制度从20世纪中期开始建立，到20世纪末期基本形成了有自身特色的运作模式，例如美国南部地区教育委员会学分互认政策（SREB），欧洲的“学分转换和累积系统”（ECTS），澳大利亚资格框架（AQF）等。国内许多专家从不同角度研究学分银行的概念，较为普遍的理解，认为它是为终身教育服务的新型的教育管理制度，认为它是一种新型的教育服务模式、组织体系和学习成果认证体系。学分银行的理念最初源于经济学中货币流通的思想，其中学分相当于“货币”，学习成果相当于“商品”，类似于货币兑换商品的流通机制，学分银行可以使不

同机构、不同层次、不同类型的学习成果在相对统一的标准下灵活地进行存储、兑换，这也是建设学分银行的最初目的。从开放大学的角度分析，学分银行的功能是一个能够衔接各级各类教育形式的“立交桥”。开放大学学分银行通过将自身办学项目与社会上各种教育机构进行合作的方式，利用学分（相当于“货币”）作为统一的认证标准和转换媒介，来整合吸纳各级各类教育的学习成果（相当于“商品”）。这些学习成果包括：学历教育的毕业证书、学位证书；非学历教育的各种职业技能证书、等级证书；其他的无定式学习成果，例如工作经历、科研成果、获奖证书等。从以上分析可以看出，所谓开放大学学分银行，就是将开放大学的各种办学形式与社会上各级各类教育形式，通过学分的互认和转换方式进行有机融合，建立以学分认定、累积和转换为主要内容的一种新型的教育管理制度、教育服务模式、学习成果认证体系和学习成果组织管理体系，为社会上各类学习者提供开放性、互通性、个性化的终身教育服务。

第二，开放大学学分银行的特点。开放大学学分银行面向全体社会成员，整合各类教育机构以及培训机构的学习成果，其目的不仅是为了开展终身教育、全展教育和建立学习型社会服务的，也是为了衔接、沟通各级各类教育的学习成果服务的，更是为了满足日益强烈的终身学习需求服务的，从而呈现了开放大学学分银行三个方面的特点：一是具有开放性的特点。开放大学学分银行为实现终身教育和全民教育目标服务，它向全体社会成员开放，满足不同层次、不同类型的学习者的学习要求。它向社会各级各类教育机构开放，通过建立统一的认证标准，整合各种教育形式，吸纳更多社会认可的学习成果。二是具有互通性的特点。开放大学学分银行所建立的终身教育“立交桥”是一种各级各类教育“横向沟通，纵向衔接”的立体化学分互认互通机制。它通过学习成果的互认，努力推进不同类型教育形式的横向沟通和不同层次教育形式的纵向衔接，使不同需求的学习者在任何地点、任何时间的学习，都能够以通用的标准转化为可认证的学习成果，并能够在学历和非学历教育中融通使用。三是具有个性化的特点。适应不同学习者的层次差异、地域差异、学习时间的差异，开放大学学分银行所提供的学习成果认证、积累和转换表现为一种个性化的学习服务。同一个学习者，开放大学学分银行为其提供的学习档案是终身学习档案，为其积累和转换的学习成果也是学习者一生中取得的各类学习成果,为其开展的认证、积累和转换服务也是针对学习者个人的个性化服务。

二、开放大学学分银行的建设思路及原则

开放大学学分银行建设是一项长期、系统而又复杂的工作。建设之初应结合社会发展、院校合作和学生需求,围绕着开放大学学分银行的内涵、功能和特点确立开放大学学分银行的建设思路和建设原则,为开放大学学分银行建设指明方向,确定发展路线。

第一,建设思路。从内涵上理解,开放大学学分银行既是教育管理制度,又是组织管理体系;既是标准认证体系,也是终身学习服务体系。基于这样的认识出发,我们的建设思路主要从四个方面展开:一要建立完善的组织管理体系。包括组建负责总体设计的研究团队和统筹规划机构,组建学分银行管理委员会、专家委员会等学分银行决策机构,组建管理中心、分中心和认证点等学分银行的运行机构。二要制订权威的学习成果认证标准体系。围绕各级各类学习成果(主要包括学历教育学习成果、非学历教育学习成果、无定式学习成果),制订可以互认的学习成果认证框架和标准,建立全国或地区范围内互认的认证标准体系。三要开发功能完善的综合性服务平台。包括搭建并维护服务平台,开发学习成果认证、积累和转换的服务功能模块,能够建立和维护个人终身学习档案,能够开展学分存储、查询等的相关服务工作。四要建立以学分银行为特点的教育管理制度。包括建立以学分银行为特点的学分认证、积累和转换制度,建立和完善与学分银行相配套的招生、教学、教务管理制度,建立以学分银行为特点的完全学分制教育管理制度。

第二,建设原则。国外学分银行建设是经历了几十年的努力才日趋成熟的,我国开放大学学分银行建设也不能够一蹴而就,其建设过程必须要把握好打好基础、先行先试和分步实施等建设原则,不断将开放大学学分银行建设引向深入。一是打好基础的原则。目前,建立开放大学学分银行的首要任务是要在现有研究经验的基础上,重点建立相对完善的组织体系,制订较为统一的认证标准,开发功能完整的综合服务平台,制订互认互通的教育管理制度。做好这些基础性工作是开放大学学分银行开展认证服务的前提。二是先行先试

的原则。在建设初期,开放大学学分银行很难实现真正意义上的与社会各级各类学习成果之间的认证和转换,因此要在开放大学内部选择比较成熟、社会普遍认可的学习成果进行尝试,例如学历教育方面应当选择开放教育的专、本科各专业进行先行先试,非学历教育方面应选择开放大学在社会上公认的技能证书作为试点。三是分步实施的原则。采用先内后外的方式分步实施是开放大学学分银行建设的必由之路。先期试点可利用开放大学内部办学项目为试点,开展学分的互认和转换。在这些试点领域不断健全完善的基础上,再尝试开放大学与目前已经建立合作关系的各类教育机构进行学习成果互认。然后逐渐与社会其他教育机构拓展合作范围和认证领域,直至实现与社会各级各类学习成果之间的认证和转换的目标。

三、开放大学学分银行建设的主要内容和关键问题

开展开放大学学分银行建设必须要在的建设思路和建设原则的指导下,抓住其主要建设内容和关键性问题,推进开放大学学分银行建设的进程。

第一,主要建设内容。开放大学学分银行建设的主要内容包括:组织体系建设、认证标准体系建设、综合服务平台建设、教育管理制度建设四个方面:一是组织体系建设。开放大学学分银行的组织体系应该从决策、管理、研究三个层面进行建设。要建立以学分银行管理委员会和专家委员会为代表的决策机构,主要是提供相关的政策、规范以及制订相应的标准。要建立由管理中心、分中心和认证点组成的运行机构,将全国的开放大学学分银行建设成为一个整体。要建立一支服务学分银行业务的研究队伍,推进学分银行理论和实践的结合。二是认证标准体系建设。重点是与社会各级、各类教育机构合作,围绕三种学习成果(即学历教育、非学历教育以及无定式学习成果)建立认证框架,纵向划分出各类学习成果的层级。同时,建立同一层级中不同类型学习成果之间的互认标准,通过标准制订出各类学习成果之间的转换规则,进而形成“框架+标准”的认证标准体系。三是综合服务平台建设。开放大学学分银行综合服务平台是基于管理和服务的综合平台。其主要功能是使学分银行运行机构的各级服务人员和社会各级、各类教育机构能够通过平台开展学习成果的认证、积累和转换业务。能够吸纳社会各类学习者,为其建立终身学习档

案,方便学分的存储和查询,并为其提供学分认证和学习成果转换服务。能够向社会推荐各类专业人才,使用人单位能够通过平台找到合适的人才。四是教育管理制度及运行机制建设。开放大学学分银行的教育管理制度不仅包括其本身的规范、标准以及流程,还要以学分银行为纽带,推进开放大学基于完全学分制的招生、教学以及教务管理制度的改革。在建设初期要制订各类学习成果转换实施办法和业务流程,制订标准体系及质量保证制度。在学分银行制度体系相对完善之后,要将学分银行与开放大学各类办学项目相融合,推广普及基于学分银行的完全学分制教育管理制度。

第二,关键性问题。开放大学学分银行建设的关键问题可以归纳为三个方面:一是要提供建设的基本保障。主要有政策、人员、资金三个方面。政策保障是开放大学要为其学分银行开展工作提供组织和协调机制,保证各类办学能够通过学分银行进行立交桥互通互认。人员保障是开放大学要为其学分银行建设提供专业研究人员及各个层面的管理和服务人员,为学分银行的认证转换服务工作提供保障。资金保障是开放大学要为学分银行提供必要的工作经费,保证学分银行的经常性开支、项目推进经费、标准研发经费和平台研发经费等。二是抓好四项基本建设。组织体系建设、认证标准体系建设、综合服务平台建设、教育管理制度建设是开放大学学分银行的四项基本建设。建立完善的组织机构是开放大学学分银行开展各项业务的基础,制订统一的认证标准是开放大学学分银行与社会各级、各类教育机构合作的桥梁,开发多功能的服务平台是学分银行面向全社会各类学习者提供服务的载体,建设先进的教育制度是学分银行运作和发展的前提和归宿。因此在建设初期,抓好这四个方面的建设和完善是学分银行建设极为重要的关键问题。三是启动和开展学习成果转换试点。以开放大学现有办学项目为抓手,探索合理的学分银行服务模式是开放大学学分银行走向实践的开始。从开放大学办学项目入手开展学习成果认证的实践可重点考虑抓好两项试点。其一,在学历教育方面,选择试点专业,利用选修课的学分积累和转换,实现开放教育专、本科的纵向衔接。其二,在非学历教育方面,尝试引入证书课程,实现开放教育的专业课程与社会上的非学历证书之间的横向沟通,为学生提供灵活有效的学分获取途径。

第三十六章　“一主多维、能力本位”的新型质量观

树立“一主多维、能力本位”新型质量观是实现广播电视大学向开放大学转型蜕变的关键问题之一。质量观是人们对教育质量的看法、观点和态度，包括对质量定义、质量标准、价值追求、评价方式等多种选择内容，是指导开放大学实现人才培养目标的重要方法论。树立符合开放大学本质特征的新型质量观，会更好地把握广播电视大学向开放大学蜕变的目标、内涵、道路及新型人才培养模式。站在终身教育新起点上，瞄准开放大学的发展建设目标，推行“社会化导向”人才培养模式，深刻认识开放大学质量观的科学含义和主要精神，并应用于指导开放大学的建设发展和人才培养过程，不仅因其特殊的重要性显现出在整体布局中不可或缺，而且还因其在发展链条中处在关键地位而影响全系统转型蜕变进程。

一、从社会和市场选择人才的视角确立“一主多维、能力本位”新型质量观

开放大学作为新型大学要创新思维，把握开放教育的本质特征，坚持社会化导向，站在社会需求的广阔平台上，从社会和市场选择人才的视角，确立“一主多维，能力本位”的新型质量观。

第一，开放大学“一主多维，能力本位”新型质量观的基本内涵。开放大学“一主多维，能力本位”新型质量观的基本内涵主要有三点：一是开放大学的学历教育质量要以国家制订的标准为主，同时又要注重从适切社会发展需要、满足社会成员全面发展要求、运用现代远程教育手段和“自主学习与支持服务”施教方式等多维要素同一性来加以考量。学历教育是一种通用教育，

国家必须要制订出相应的标准,但又不可能依各高校不同的情况制订出若干个不同的标准。开放大学质量观在同等学力教育层次上,既要依据国家制订的标准,又要体现社会、学习者及学校办学方式的综合特性,使人才培养质量在符合国家同等学力教育标准的基础上,能得到社会和社会成员的广泛认可。二是开放大学的非学历教育质量要以社会认可程度和学习者及社会成员的评价为主,同时又要注重从是否符合当地社会经济发展需求、学习者的切实需要,以及知识技能的提高程度等多维要素同一性来考量。国家对非学历教育没有统一标准,非学历教育是以社会需要和社会成员可持续发展需要为导向,不仅办学项目千差万别,而且对质量要求的方向和程度也五花八门。因此,衡量非学历教育质量的根本点是促进和推动社会及社会成员的可持续发展,具体标准可围绕单项或多项知识、能力、技能和素质的提升程度,分别体现出质和量的规定性。三是开放大学教育质量要把"能力本位"作为质量观的根本点,无论是学历教育,还是非学历教育,都必须注重坚持以提高培养对象适合社会与岗位能力需求的综合能力为教育的根本目标。当今在市场经济条件下,人的能力已经成为人力资本的核心,"能力本位"既是以人为本的集中体现,也必然是现代教育质量观的根本点与核心要素。将"能力本位"作为衡量与评价教育质量的主导标准,是现代教育质量观衡量各类专门人才培养质量的新标准,完全符合当今社会进步与发展对教育质量提出的新要求。开放大学"一主多维,能力本位"质量观基本内涵的三个方面,是紧密联系不可分割的有机整体,是培养、评价、选择人才的正确观点和科学态度。

第二,开放大学"一主多维,能力本位"新型质量观符合现代教育质量观的本质特征。开放大学"一主多维,能力本位"新型质量观,从教育质量理论和教育质量价值与教育质量实践三个层面上看,完全符合现代教育质量观的本质特征。现代教育质量观的本质特征是适应社会发展需要和促进人的全面发展。从教育理论层面讲,现代教育质量观形成的核心要素和本质特征是教育目的和培养目标,即教育的根本要求和人才培养的质量规格。"一主多维、能力本位"不仅可以作为一种思想观点充实到现代教育理论体系之中,而且还尝试着把一般性理论描述转换到可以付诸实践的具体阐释。从现代教育质量价值层面讲,人才质量的价值表现是人的能力。"一主多维、能力本位"把提升人的基本素质与综合能力作为教育服务的根本宗旨，不仅突出体现了现代教育的质量特色，也突出体现了现代教育质量的价值追求。从现代教育发展的实践层面讲，教育质量水平与衡量标准应是由社会需求者给出的，考量教育质量的根本点是对社会需求的适合性，即是否符合社会及社会成员的需求，是否能满足社会及社会成员的需要。“一主多维、能力本位”不仅对教育质量的基本内涵赋予了社会化的意义，而且还对教育质量评价方式指出了社会化的方向。

第三，开放大学“一主多维，能力本位”新型质量观实现了质量、主体、和行为要求高度融合。任何一种质量观的形成都涵盖对教育质量、教育者和受教育者以及相应教育行为的综合要求，“一主多维，能力本位”能够集中体现国家、社会及民众对开放大学认识评价教育质量的综合要求，进而形成开放大学新型质量观。从质量要求来说，开放大学培养人才的方向、规格和标准必须按中国国情和现实社会及其社会成员发展的需求而定。既要在学历教育上依据和遵循国家制定的标准，又必须将选择开放大学教育的学习者、关注开放大学教育的社会及社会成员对开放大学质量的认识与评价放在首位，让直接或间接的感受统一起来，成为“一主多维，能力本位”质量观的核心要素。从主体要求来说，任何教育都是教育主体和学习主体的双向活动，但因使命和目的不同，教育方式、学习方式和教育环境存在很大差别。开放大学是由众多办学单位构成的开放办学体系，由现代网络技术连接并支撑运行，这是不同于普通高等院校的关键之处。开放大学的学习者包括社会各层次各类别人员，主要基于网络自主学习，这是不同于普通高校全日制学生的关键之处。“一主多维，能力本位”既紧密地结合了开放大学的实际，也紧密地结合了学习者的实际；既规范了学校人才培养的方向，又指明了学习者的学习目标。从行为要求来说，开放大学围绕实现人才培养目标所建立的质量保证体系、实施推进过程以及行动结果预期，必须明确学历继续教育与非学历继续教育在质量要求及其质量保证行动上的相同点和不同点，把学历继续教育质量保证行为作为非学历继续教育质量保证行为的基础和前提，把非学历继续教育质量保证行为作为学历继续教育质量保证行为的积累和条件。“一主多维，能力本位”质量观清晰地区分了学历继续教育与非学历继续教育的不同，又有机地把学历继续教育和非学历继续教育统一起来。开放大学“一主多维，能力本位”新型质量观蕴涵着开放大学人才培养的质量标准，既符合高等教育质量观的本质特征，也符合开放大学质量要求的本质特征。用这种质量观指导工作，质量评价标准虽然具有多维性特点，但在实践中不仅可以把握和遵循，而且可以检验和评价。教育质量标准与评价过程多维性的根本目的，并不是为了适应社会需求去降低质量要求和标准，而是为了更加客观具体地认识教育质量，扩展教育质量观的新视角，以便在注重社会整体认识的同时、把学习者个体的愿望和多样化学习的要求也涵盖进来。只有全面理解和把握“一主多维，能力本位”质量观的基本内涵与本质特征，才能科学制订开放大学符合社会发展需求的人才培养目标，才能客观认识和审视评价开放大学人才培养的质量，才能制订切实可行的开放大学质量建设实施方略。

二、从学习者学习所得必须转化为自身能力素质的视角审视教育质量

“一主多维，能力本位”新型质量观要求开放大学在实施人才培养计划过程中，应从学习者学习所得必须转化为自身能力素质的视角审视教育质量。

第一，实现学习者能力转化提升是评价开放大学人才培养质量的最基本标准。人的能力是由多方面要素构成的，包括思想品德、专业知识、学习能力与工作能力“四维能力”要素。从开放大学人才培养质量标准讲，思想品德主要是指学习者在思想道德认识、思想道德情感、思想道德意志和思想道德行为等方面自我调控的能力；专业知识主要是指学习者依据现从事的工作要求所学习和掌握的专业知识的质和量；学习能力主要是指学习者在现实学习环境下，掌握网络学习方法，自主求知学习、加速知识更新，由想学到会学再到更学会的学习能力与成效；工作能力主要指学习者在具体工作岗位上为完成任务应该具备的能力以及由此带来的效率与业绩。在学习者的“四维能力”要素中，专业知识与思想品德是基础和保证，学习能力与工作能力是关键和结果。依据“一主多维，能力本位”新型质量观，以及据此提出的“四维能力”要素，可以大体构成开放大学的质量评价体系。一是思想道德能力评价。包括理想信念、政治立场、政治品质以及道德情感、道德意志及道德行为等方面的进步和成熟程度等。思想品德是一个多要素的综合系统，在实践中更多地要采用比

较法进行评价,看发展、看变化、看趋势,从而综合性地考察开放大学教育教学呈现出的教育合力。二是专业知识能力评价。包括专业知识和专业应用技能的熟练程度等。在专业理论知识方面,看其是扎实掌握本专业知识并了解相近专业知识,还是只掌握本专业一般知识或部分知识;在专业技能方面,看其是熟练应用所学专业知识解决较为复杂问题,还是只能运用专业知识解决一般问题或通过他人指导才能解决相关具体问题。三是自主学习能力评价。包括学习目的、学习态度、学习方法、学习效率等变化程度等。在学习目的与态度方面,看其是为了什么而学习,是为了求知和适应发展需求而学,还是为了获得学历文凭和自身"镀金"而学;是积极主动学习,还是消极被动学习;在学习方法与效率方面,看其能否掌握远程开放教育的学习技能和方法,能否从"想学"到"学会"。学习能力是多方面的,能否"自主学习"有效利用"学习支持服务"是学习能力的关键,是可持续学习并转化为其他能力的基础和前提。四是工作能力评价。包括能力、效率和业绩的提升程度等。看其是否能应用所学专业知识和技能,更加称职地完成所担任的工作,并在效率和业绩上发生新的变化;同时也要注意到考察学习者内在潜能,如迅速学习当前所需知识的能力,将自己所学知识与需要解决的问题联系起来的能力,以及在新任职位上迅速找到工作办法的能力等,并以此判断学习者的综合能力。学习者的"四维能力"是一个相对具体、相互关联、较为完整、反映总体面貌的人才培养标准。"四维能力"要素,既是在现代社会生产方式下人力资源能力要素的综合体现,也是现代教育人才培养质量的最基本标准。从学习者"四维能力"转化提升的视角来审视和考察教育质量,可为开放大学形成具体化、关联化、整体化、定量化的质量标准和评价体系提供可行的思路。

第二,实现学习者能力转化提升符合国家教育目标和人才培养的本质要求。中共中央、国务院《关于进一步加强人才工作的决定》(中发[2003]16号)明确指出:要"以能力建设为核心,大力加强人才培养工作;要坚持德才兼备原则,把品德、知识、能力和业绩作为衡量人才的主要标准"。开放大学提出的"一主多维,能力本位"新型质量观,以及据此提出的"四维能力"要素,主张学校所有的办学活动都要围绕学习者能力转化提升这样的大方向予以实施和展开,最终落脚点是服从于和服务于国家为高等教育确定的培养人才的质量规格和标准，实现社会通过教育过程在受教育者身上达到所期望的结果。因此，把转化和提升“四维能力”要素作为开放大学人才培养的主攻目标，符合国家教育目标和人才培养的本质要求。

三、从学习成果必须纳入国家和社会认证体系的视角加强开放大学质量建设

学习者的学习成果被国家和社会认可，并能与各类高等教育同层次、同效能互认和转换，这既是开放大学“一主多维，能力本位”质量观的核心要求，也是学习者和社会及社会成员的普遍愿望。要实现这一学校建设和发展目标，根本性的措施就是认真践行开放大学质量观，求真务实地加强质量建设。

第一，要把“一主多维，能力本位”质量观达成社会共识。现代远程开放教育是适应现代社会发展需要，实现高等教育大众化、普及化和惠及各种弱势群体的最佳教育形式，代表了教育改革和创新的方向和未来。因此，没有理念的转变和更新就不能正确认识开放大学教育在当代高等教育体系中的地位及在高等教育改革和创新中的作用。所以，开放大学加强教育质量建设，首要任务是转变观念和把握好教育质量建设的方向，至关重要的是确立“一主多维，能力本位”的新型教育质量观，并在全社会形成思想认识共识。面对开放大学教育的新实践要用发展的眼光看待开放大学的教育质量问题，不要因为存在问题和困难而停滞不前。要认识到质量是相对的，是发展变化的，要符合特定的时空特点，而不能一成不变地僵化对待。要强化特色质量的思想意识，积极为开放大学持续发展寻求永不衰败的生命源泉。要高度关注目前教育质量存在的问题，采取切实措施和步骤努力加以解决，但不要因为存在问题就产生对质量的片面认识。要培育和强化教育者和受教育者及全社会的教育质量意识，尤其是让学习者切实认识到教育质量对个人成长的作用与意义，让更多人关心、监督教育质量，营造质量第一新风尚，呈现教育质量意识新常态。

第二，建立科学实用的质量标准引领质量建设。开放大学制订人才培养规格、层次和目标，不能急于与国内知名大学和国外名流开放大学攀比而盲目拔高。开放大学教育要首先注重社会需求性，满足社会不同人的需求与满足不同行业的需求是教育质量的本质目的。要在毫不动摇地把提高人才培养质

量作为开放大学生命线的基础上，不断探索形成适切大众化、个别化和多样性学习需求的教育质量标准体系，对不同层次、不同形式、不同培养目标，设置不同的质量标准，要用多维化的质量观衡量多样化的教育质量。必须明确的是，开放大学的教育与其他多种教育形式一样，其基本任务归根结底是培养满足经济社会发展，促进社会进步的各级各类人才。因此，开放大学的学历教育质量必须要达到国家和社会公认的质量标准，这是开放大学教育质量建设的基本点和行动指南。与此同时，开放大学教育质量标准和以此为引领的教育质量建设，也必须突出自身错位发展的特殊属性，既要突出最适度的整体性，更要注重相应的个体性，在人才培养方式上要灵活，特色上要突出，在办学理念、人才培养模式、制度创新、社会服务等方面，形成区别于其他高校的鲜明特色和强大功能。

第三，完善保证措施实现质量目标。开放大学教育质量建设必须从源头抓起，从细节做起。要依据“一主多维，能力本位”质量观要求，以学习者为中心，按照全过程原则、系统性原则、关键环节重点监控原则构建开放大学教育质量保证体系。以全面贯彻落实“社会化导向”人才培养模式为大局，建设“三维多面”的办学体系，建设“开放、海量、优质、共享”的数字化教学资源，创建“基于网络、超越时空”的学习环境，创建“需求强劲、特色鲜明”的专业体系，创建“全过程、多维度、一站式”学习支持服务体系，创建“开放性、互通性、个性化”的开放大学学分银行，构建“中心型互动”教学模式、“过程开放、环境控制、个性服务”管理服务模式，构建学校、政府、社会、学习者、舆论多方参与的教育质量评价体系，通过一系列体现开放大学教育特点的教学、管理和服务，完成人才培养全过程，实现国家、社会及社会成员要求的质量目标。

综上所述，开放大学“一主多维，能力本位”新型质量观既符合国家对教育质量的统一要求，又符合社会对教育质量的实际需求。坚持和践行“一主多维，能力本位”新型质量观，其现实的和深远的意义是，有利于尽快形成教育质量评估指标体系，有利于提升学校核心办学能力，有利于同等学力互认和申办学位授予权，有利于促进国家关于开放大学教育法规与政策的形成，有利于推动学历继续教育与非学历继续教育并重发展和互动提升，有利于为构建终身教育体系奠定基础。

第三十七章　政府社会学校之间的协调互动

建立“政府、社会和学校之间协调互动”机制是实现广播电视大学向开放大学转型蜕变的关键问题之一。开放大学的建设和发展绝不仅仅是开放大学这个系统自身孤立的发展过程，更涉及从政府到社会方方面面与学校之间的协调互动。站在终身教育新起点上，瞄准开放大学的发展建设目标，推行“社会化导向”人才培养模式，深刻认识政府社会学校之间协调互动的内涵、特点及任务，并把一系列创新性举措付诸实践保证开放大学建设发展和教育教学达到新的设计要求，不仅因其特殊的重要性显现在整体布局中不可或缺，而且还因其在发展链条中处在关键地位而影响全系统转型蜕变进程。

一、政府社会学校之间协调互动的主要特点

政府社会学校之间的协调互动，重点指的是学校与政府之间的协调互动、学校与社会之间的协调互动。这里所说的政府是具有宏观含义的政府，既包括党委、政府、人大、政协及其工作部门、组成部门和工作机构等，也包括具有一定公共行政职能的下设机构；这里所说的社会主要为除政府层面之外的包括行业、企业、街道、社区、高等学校、事业单位、新闻媒体等与学校办学产生关系的有关方面。政府社会学校之间协调互动的主要特点是：

第一，开放多元性。除开放大学这一协调互动主体相对固定不变以外，政府和社会这两个主体都是开放多元化的。政府这一主体并不只是局限于教育行政部门或某几个政府部门，而是包括前文所述的所有与开放大学有交集的宏观上的政府。社会这一主体更是无限拓展、灵活多样的，包括了所有能够同开放大学产生协调互动关系的各种社会组织。

第二，双向互动性。这种协调互动应当是双向的或者是多向的，而不仅仅

是一方对一方的单向沟通。一方面,学校应该与政府部门、社会各方积极主动地沟通协调;另一方面,政府应该对学校给予法律保障和政策支持,社会应对开放大学给予支持帮助。

第三,正负相关性。即政府与开放大学之间、社会各方与开放大学之间的协调互动一般应当正向发展,呈现共进、共促、共赢的良性循环之势;某时某地也可能出现负面发展趋势,呈现互不相通、彼此隔离甚或相互对立的恶性循环。

第四,社会公益性。由开放大学服务于全民教育、终身教育的学习型社会性质所决定,不论是政府社会对开放大学的重视支持,还是开放大学自身发展的核心目标,都是要恒久注重和追求社会公益性,而绝不能以单纯追求经济效益为目的。

第五,义务强制性。政府对开放大学予以重视,并为其办学发展提供政策、财力等方方面面的支持,将是国家教育政策法规确定的强制性义务;开放大学按照章程完成政府确定的办学目标和任务,对社会提供全方位的学习支持服务也是其应尽的法定义务。

第六,主观能动性。举办开放大学对政府来说虽有一定的义务强制性,但在目前环境及今后发展中,政府及社会对开放大学能够具体重视支持到何种程度,则更多地依赖于相关主体的主观能动性,特别是学校与其沟通协调、互动提升的程度如何。

第七,长久持续性。此处的协调互动不同于开放大学办学过程中某种具体事项的一事一协调,或是只存在于某一个特定阶段,而是从开放大学诞生之日起就将会恒久存在、连绵不绝。

二、政府社会学校之间协调互动的基本原则

要实现政府、社会及学校之间的协调互动,必须坚持“顶层设计、法律保障、协调八方、整合资源、开门办学、服务社会”的整体思路。开放大学应积极争取政府与社会各方面的重视支持,主动向政府汇报、同社会各界沟通,实现互相促进、互利共赢。政府方面要主动加大对开放大学的指导和支持,抓好开放大学发展的顶层设计,推进终身学习立法,尽快出台相关文件及配套政策,

为开放大学提供有力的法律保障和政策支持。社会各方应根据实际需要，结合政府的相关政策，在合作共赢理念的指引下，与开放大学合作，共同为构建人人学习、时时学习、处处学习的学习型社会服务。要实现政府、社会及学校之间的协调互动，应当坚持以下原则：

第一，法治性原则。终身教育立法是促进终身教育发展的重要途径，《教育规划纲要》明确提出要推进终身教育学习立法，政府、社会及开放大学等各方面都要始终坚持法治思维，把开放大学建设和发展纳入法制化轨道，用法律法规为开放大学的发展提供保障和强有力的政策、财力、项目支持。

第二，公益性原则。开放大学不同于其他高等学校和办学机构的最重要之处是它承担着构建终身教育体系重大任务，是一所为提高全体社会成员综合素质提供学习支持服务的大学，特别是要向包括农村劳动力、老年人口、残疾人等社会弱势群体提供学习支持服务，是体现以人为本、民生为重的大学，因此其公益性和对社会的贡献度不言而喻。

第三，市场性原则。在开放大学的具体办学过程中要让市场在办学资源配置中发挥决定性作用，同行业、企业、街道、社区等在资源整合、平台建设、合作办学、共同育人等方面开展广泛而深入的合作，并按照市场机制实行利益分配，这样才能保证开放大学办学的持久生机和活力。

第四，及时性原则。在开放大学办学过程中，有些事项需要及时沟通，校方要及时向政府请示汇报、同社会有关方面沟通协调；政府有关部门和社会各方要针对开放大学中的问题及时予以沟通协调，争取把问题消失在萌芽之中，对已出现的问题尽早拿出解决方案并推动实施，避免积少成多、积小成大、尾大不掉，甚至影响开放大学及学习型社会的建设和发展。

第五，有效性原则。开放大学在社会互动中仅做到及时沟通还不够，更要求在结果上要有效能、有效率，能够迅速实现所要达到的目标。因此在协调时首先要有明确的目的性，要注意沟通的技巧，信息表达应当清晰无误，并且对信息沟通的效果进行追踪检查，及时反馈，进而实现开放大学同政府、社会各界能够相互支持、相互促进。

三、政府社会学校之间协调互动的主要内容

围绕开放大学发展建设而产生的政府、社会与学校之间相互沟通、相互作用、相互促进的正向能量，构成政府社会学校协调互动的主要内容。

第一，政府与学校之间协调互动的主要内容。从政府要高度重视支持开放大学的发展和建设的要求看，一是要把开放大学建设纳入终身学习立法进程。要认真贯彻落实依法治国、依法治教方略，在教育部已经制订终身学习法立项报告的基础上，积极推进、抓紧制定国家层面的《终身学习法》，明确体现开放大学的办学定位、办学性质、办学目标和保障措施。之后，各地要在广泛调研的基础上，尽早出台地方终身教育促进条例等相关法规，从而推动地方终身教育走入法制化的轨道。二是出台完善《教育部关于办好开放大学的意见》等政策文件。政策文件既是出台法律法规的基础性材料，也可对法律法规处于空白之际，或不够完善、不便明确的予以重点突出。在国家层面的《终身学习法》出台之前，《教育部关于办好开放大学的意见》将是指导全国开放大学的根本性文件，文件应对开放大学发展建设所涉及的相关方面予以明确，从而进一步指明开放大学发展的方向和路线图，规范和促进开放大学的健康有序发展。三是将开放大学建设纳入议事日程。各级政府应加强对开放大学建设的规划和领导，各省区市应成立开放大学建设领导小组，由政府相关部门和开放大学参加，研究决定开放大学建设方案、重大教育项目及相应政策支持，统筹推进开放大学建设。要在建设开放大学的基础上适时成立终身教育促进委员会，明确由开放大学整合、协调各种终身教育资源，承担推进终身教育职能和工作任务，建设深入社区、服务基层、为学习型社会服务的终端。四是要对开放大学建设发展给予积极政策支持。各级政府要将加强开放大学领导班子建设、校园建设、办学治校、系统建设、队伍建设、平台建设、资源建设等工作列入重要议程，定期专题研究开放大学工作，为学校确定办学方向，要及时解决班子、编制、资金、项目、平台等实际问题，将开放大学建设及事业运行费用列入财政年度经费预算，从而在发展上强力推动，在业务上精心指导，在政策上有力支持，为开放大学建设提供强有力的政策支持环境。

从学校应主动争取政府领导、指导和支持的要求看，一是在申办建设开放

大学过程初期要主动请示汇报。开放大学作为一种新生事物，其成立之初不会是一帆风顺的，尽管经过几年的开放大学建设试点，社会各界对于开放大学建设虽已达成广泛共识，但对具体如何在全国范围内举办开放大学、如何发展建设的规划意见观点各异。因此，开放大学对举办之初涉及的办学名称、办学性质、办学定位、办学目标等重大问题均须及时向政府汇报，以便争取政府的重视支持，及时破解有关问题。二是在开放大学治校办学过程中要及时向政府请示汇报、沟通协调。开放大学名称确定后，涉及的发展问题千头万绪、不一而足，如需要同政府部门沟通举办何种面向民众、体现民生的终身教育项目，这些项目需要政府给予哪些支持？教育平台如何搭建？如何构建灵活高效的办学体制机制，在这方面开放大学要从政府和民众的需要出发，积极主动地承接民生项目，突出社会效益。再如办学自主权问题、人员编制问题、队伍建设问题、财力支持问题，都要及时向政府部门沟通汇报。三是开放大学的办学服务质量需要政府评估认定。开放大学按照新模式办学之后，人才培养质量到底怎样，服务社会、服务民众能力是否符合政府和社会要求，不能由开放大学自行评估认定，而应由政府部门牵头，社会有关机构参与，组成评估组织，对开放大学办学质量给予权威性的认定并面向全社会公布，对办学质量较高的可继续给予支持，对办学质量达不到要求的限期责令整改，逾期仍不合格的可通过退出机制限制其招生办学，从而鼓励开放大学追求办学质量和社会认可度。开放大学应根据政府评价要求，不断改进教学、管理和服务，努力提高办学能力和人才培养质量。

第二，社会与学校之间协调互动的主要内容。社会各方应给予开放大学广泛支持、帮助并深入开展合作。关于学校与社会的相互联系问题，法国社会学者 E.迪尔凯姆曾进行了较系统的研究，他认为教育思想和学校课程是由更广泛的社会秩序决定的，而社会的继续生存又依赖教育，教育就是系统地将年轻一代社会化；教育最基本的社会功能是社会化，即是把人从个体的人转变为社会的人。关于世界范围的学校与社会联系的现状，联合国教育、科学及文化组织的官员 A.M.姆博在《探索未来》（1982）一书中指出：各国正在从终身教育着眼、发展各种学校教育与社会的联系的做法，是符合在教育活动和整个社会之间建立更为广泛的互相影响的愿望的，这可以使当今世界所要求的，在教育培训的内容、方法、结构和机构等方面的多样化得到保证，等等。教育实质上就是社会问题，特别是终身教育必须依靠学校和社会等多方面的力量共同发挥作用；社会的教育功能与学校的社会功能之间的相互影响、相互作用的趋势日益明显，终身教育思想广泛传播并深入人心，开放型学校正不断发展壮大。在开放大学办学过程中，社会各方应广泛地同开放大学开展办学合作，从而更好地服务学习型社会。当前社会正向专业化、精细化分工发展，行业、企业、街道、社区等各个社会组织不可能像计划经济时代类似一个独立的小社会那样包办所有事情，在举办终身教育方面有必要也有需求通过开放大学的平台各自发挥所长，实行相互合作共享优质教育资源，举办技能培训、社区教育、老年教育、兴趣教育等为相关人群或社会成员服务。开放大学要积极主动地融入社会、服务社会。一是要增强开门办学、协调社会、服务开发能力。随着政府放权，学校自身办学自主权加大，开放大学要切实体现开放特色，做到面向人人开放、时时开放、处处开放，做到能办学、会办学、办好学，通过“有为”实现“有位”。要始终坚持服务社会、服务民众的办学宗旨，学会并善于做好社会工作，处理好学校与社会、政府和支持联盟的关系，形成终身教育服务的事业共同体。要随时跟进经济社会发展，及时捕捉社会和社会成员多样性学习需求，及时开发出新的教育服务领域和教育服务项目。二是要努力搭建社会与学校沟通合作的平台。搭建有效沟通、良性循环的合作平台是开放大学同政府、社会之间协调互动的基础，相应的工作机构和合作组织是三者之间协调沟通的有效依托，政府牵头成立的开放大学领导小组和终身教育协调机构都是政府支持开放大学的有效载体，如果没有相应的机构或会议，则开放大学事宜势必很难被工作任务繁重的各级政府列上议事日程；如果不成立由开放大学牵头组建的各种支持联盟或相关的委员会，则社会各方与开放大学的协调互动恐怕只能是短暂的、一事一议的，不能形成长久的良性互动。因此，有必要抓紧成立而且建设好体制机制，抽调专人负责此类事宜且搞好后续服务，如此则事半功倍。三是把建设和发挥好支持联盟作用作为学校融入社会、服务社会的工作重点。开放大学要根据地方经济社会发展特别是重点行业、新兴行业发展需要，主动联合有关行业企业成立开放大学行业支持联盟、企业支持联盟，行业企业和学校可以共同建设特色专业、课程和多媒体资源，共同为行业、企业培养人才提供有针对性的学习支持服务。要根据资源整合共享实际需要，联合有关知名高校成立开放大学高校支持联盟，重点在联盟内部解决师资、专业、课程资源建设等问题。同时开放大学内部可成立专家咨询委员会，主要聘请校外知名专家学者担任决策咨询顾问；还可成立质量评价委员会，邀请有关社会各界人士对开放大学进行质量评价。具体工作中，在师资队伍建设方面，要以建设兼职教师为主，聘请国内外知名专家、行业企业能工巧匠担任开放大学兼职教师；在平台建设方面，应以引进、改造为主，依托引进教育界知名互联网企业现有平台为我所用，并结合实际需要进行改造升级；在资源建设、整合方面，不能由开放大学内部闭门造车，而应是在政府的引导和支持下，走积极整合资源、合作共建为主的路子，整合相关优质教育资源为开放大学所用，同行业、企业、高校、科研院所等相关单位共建教学资源。

四、政府社会学校之间协调互动的关键问题

坚持公益性办学宗旨和市场化机制相结合是推动政府社会学校协调互动的关键问题。开放大学的公益性办学宗旨同市场化运作机制是相辅相成、辩证统一的，两者并不矛盾，前者主要指开放大学的办学性质是公益性的，政府支持开放大学举办的部分民生的项目也是公益性的；后者指的是在开放大学具体办学过程中，要发挥市场在资源配置、办学合作中的决定性作用。只有坚持公益性办学宗旨，才能保证开放大学的办学目标不偏离航道；只有坚持市场化运作机制，充分发挥各方在合作办学中的主观能动性，才能保证开放大学办学发展的永久生机和旺盛活力。因此，开放大学在办学过程中要始终坚持公益性宗旨，特别是要摒弃单纯按经济效益评价办学项目的思想，切实为提高民众素质服务。政府及社会要从全面建设小康社会和提高社会成员综合素质的高度出发，对开放大学特别是对其举办的公益性项目从资金、政策、人力等方面给予专项扶持，而不应将开放大学办成营利性或自收自支、自负盈亏的办学机构。同时，要始终按照市场机制开展项目合作，明确各方的责、权、利，并按照市场机制实行利益分配，以保障开放大学各个办学项目的健康、持续发展。

第六部分

蜕变的工作思路和切入点

第三十八章　以“四个结合”为总体工作思路

在我国建设开放大学，实现广播电视大学向开放大学的战略转型是全新的事业，是一项前无古人的创造性的壮举。什么是开放大学、怎么建设、建成什么样的中国特色开放大学？至今还没有现成的经验，更没有现成的道路，因此，必须拿出敢为人先的创造勇气和脚踏实地的求是精神，从实际出发，从国情、省情出发，坚持继承和创新相结合，理论和实践相结合，发展和稳定相结合，顶层设计和摸着石头过河相结合，走出一条开拓创新的转型蜕变之路。

一、坚持继承和创新相结合

善于继承才能善于创新。没有继承，发展就失去了基础；没有创新，发展就失去了活力。以广播电视大学为基础建设开放大学就是继承和创新的有效结合，是“办好开放大学”的最佳途径。实现由推进广播电视大学向开放大学的转型升级，这既是对广播电视大学三十多年远程教育实践和探索的肯定，也是对开放大学建设方向的明确规范和准确把握。开放大学不是无中生有，也不是广播电视大学的简单翻牌，而是对广播电视大学的继承和发扬，是广播电视大学基础上的创新和深化。

建设开放大学要充分继承和发扬广播电视大学奠定的重要基础。一要传承和光大广播电视大学终身教育的思想精髓，特别是开放和服务的基本理念，使广播电视大学文化基因发育成长为开放大学的现代文化精髓。二是利用好广播电视大学的现有基础，倚重这些精神财富和物质财富支撑广播电视大学向开放大学转型升级。三是进一步彰显广播电视大学开放性办学、资源整合、按需办学等特点和优势，全面提高综合实力和整体办学水平，搭建起为终身教育服务的骨干平台。

在继承广播电视大学传统优势的基础上，要按照终身教育的要求推进全面创新。推进思维创新，首先从思想上解除禁锢，克服不合时宜的思想观念，树立能够顺应时代发展和引领转型升级的新思想新观念；推进战略创新，从战略定位、战略方向、战略目标层面对学校综合布局和长远发展进行相应调整，确定开放大学建设发展的整体思路；推进体制创新，适应新任务新使命、构建新体制新机构及各项制度体系，为实现战略规划目标提供组织保证和制度保证；推进机制创新，把开放规律和系统规律结合并用，依据体系构造及其相互关系，理顺分工、流程及实施规则，有效提高系统运行效率；推进标准创新，规范各种建设发展项目目标要求，用新标准新要求拉动建设促进发展；推进管理创新，引进开放、人本、多元、协调及信息技术等现代管理要素，组织好资源利用及效率提高；推进模式创新，在实践中不断总结经验，形成若干处理各类新问题的新方法和新规则；推进行为创新，坚持以人为本的原则，把改变人的面貌放到工作首位，创新人的行为目标、行为能力和行为习惯，全面提高教职工的业务能力和综合素质；推进文化创新，以培育新型大学精神为抓手，构建适应时代要求的大学物质文化、精神文化、制度文化和行为文化；推进系统创新，运用中央提出的系统性、整体性和协同性方法，统筹规划转型蜕变的创新发展战略和部署具体实施中的方法步骤，保证各项创新活动协调有序高效。

继承不是照搬照抄，不是一成不变；创新不是全盘否定，不是另搞一套。继承和创新结合，是对原有事物的合理取舍；同时又是对原有事物合理部分的发扬光大。在继承的基础上开展创新，基本方法应该是从事物现状和未来愿景比对中找出差距，并以此作为创新点并展开创新活动，最终实现由新事物代替旧事物。

二、坚持理论和实践相结合

理论联系实际既是我们党一贯倡导的优良学风，也是指导由广播电视大学向开放大学转型升级的根本方法。我国建设开放大学前所未有，却是实际需要，并且已经上升到国家发展战略，因此，无论是从社会发展的层面，还是从教育创新的角度，都迫切需要从理论与实践结合上对为什么建设开放大学、建一个什么样的开放大学、怎样建设开放大学作出完整的回答。

围绕开放大学建设，从《教育规划纲要》到国家和政府部门领导人、到众多的专家学者，都做了许多政策表达和理论论述，这些重要思想成果作为开放大学建设的行动先导，逢山开路，遇水架桥，引导、指导、规范着广播电视大学向开放大学转型升级按着正确方向健康发展。本书围绕开放大学建设形成的一些理论思考，如关于开放大学内涵、目标的论述，关于转型升级必须走全面创新道路的论述，关于“社会化导向”人才培养模式的论述，关于开放大学建设若干关键问题的论述等，把自己现已形成的对开放大学的初步认识参与到开放大学理论研究的整体氛围中之中进行交流，其意图是可以更好地吸取外部的正能量，拓宽理论视野，修正理论偏差，加深理论厚度，提高理论的实用性。

说到底，理论再好，只有应用到实践中才有意义。中央广播电视大学和北京、上海、江苏、广东、云南五个省市广播电视大学相继挂牌国家开放大学和省市开放大学，这标志着以广播电视大学为基础建立开放大学的实践正式启动，同时也标志着广播电视大学整体性地采用新的理念和方式办学进入了新的里程。这种典型引路的方式是理论指导实践的具体运用，对带动整体转型蜕变具有重大意义。与此同时，对于尚未更名或挂牌的广播电视大学来说，也必须积极地启动转型蜕变实践，特别是理论上已基本达成共识的，如坚持为终身教育服务的方向、学历继续教育与非学历继续教育并重、资源建设、信息化建设、专业建设、支持服务体系和质量保证体系建设、体制机制创新等都必须抓住机遇，加速推进。由于各地情况不同，实际工作中可能会各显神通，也可能会徘徊不前，但最终解决问题，必须破除等靠思想，坚持边学边干、边探索边深化、边实践边完善，在实践中发现问题，解决问题，积累经验，丰富发展。

总之，真正解决好实现广播电视大学向开放大学转型升级的理论和实践问题，需要一个长期的奋斗和探索过程。必须坚持理论与实践相结合，通过社会实践抽象出一般理论原则和理论概括，理论必须回到从实践中，去指导实践，接受实践检验，反过来使理论体系得到丰富发展，然后再回到实践中，循环往复，使实践提到更高层次，最终实现转型蜕变战略目标。

三、坚持发展和稳定相结合

为什么要强调发展和稳定相结合？根本上讲就是为了抓住机遇实现更好的发展，就是说要把好事办好。建设开放大学，推进广播电视大学向开放大学转型升级，对于推进我国远程开放教育，特别是广播电视大学系统的发展是难得的机遇，这是形势任务发展需要赋予广播电视大学的崭新使命，给了广播电视大学一次自我"扬弃"的机会，必然要带来办学体制、机制的深刻变革，必然会遇到许许多多的矛盾和问题。所以说机遇同时也预示着挑战，如果不能从实际出发，审时度势，顺势而为，就有可能欲速则不达。因此，在推进开放大学建设进程中必须正确处理发展与稳定关系，这是对广播电视大学教职工的严峻考验，事关改革发展是否顺利推进。历史经验证明，大到一个国家，小到一个单位，没有稳定就没有发展，改革也会受损。建立适应发展要求的新格局，消除不适应发展需要的方面，一定要把稳定作为改革和发展的前提。

建设开放大学要紧紧依靠全国广播电视大学系统力量整体推进。广播电视大学创办以来积累了相当的优势，其中最大的优势就是覆盖全国的电大远程教育系统，这个系统有现代化的远程教学环境，有熟悉远程教育的专业化教师队伍，有服务全民终身学习的远程教育教学、管理和学习支持服务的经验，利用好广播电视大学这个国家教育资源建设开放大学效能是事半功倍的。如果因为广播电视大学系统的办学条件和办学实力还相对薄弱，特别是办学管理体制和运行机制仍存在着许多矛盾和问题等弱化开放大学建设的激情，实际不光是造成资源上的浪费，也会造成整个系统的不稳定。当然，目前的广播电视大学系统绝不是改变名称或挂个牌子就能成为开放大学，必须按照国家的要求，推进全面深化改革，进一步加强自身的办学实力。

改革涉及现有利益格局调整，会引发多种不稳定因素。如开放大学实行基于网络的自主学习方式，与之相适应的人才标准和学术评价体系尚未建立，给教师及其他专业技术人员晋升职称等个人发展带来困惑；业务内容变化可能使一些人出现结构性的问题面临岗位调整；管理方式和制度改变可能影响到一些人个人收入和切实利益等。如不妥善处理好这些问题，也会给工作带来麻烦，更不能做到聚精会神、众志成城地推进开放大学建设。处理改革发展中的不稳定因素,要始终坚持以人为本原则,把改革力度、发展速度与学校能力及教职工承受的程度协调起来。要因应新情况、新变化,立足于保证人的全面发展及政治经济文化利益,研究制订切实可行的政策和办法,保护和调动全体教职工的积极性和创造性。做好思想政治工作,制订和推出每一项决策,首先都要做好宣传群众、说服群众的工作,尽力得到群众的支持和理解。要循序渐进,分散热点,个别化处理矛盾和问题,把保障教职工权益作为工作中最重要的民生目标,多做思想政治工作,通过促进和谐来保持稳定,使大家劲往一处使,心往一块想,最大限度减少不和谐因素,达到促进事业发展的目的。

四、坚持顶层设计和摸着石头过河相结合

建设开放大学是开创一项新的事业。完成这一伟大事业,顶层设计和摸着石头过河两者都不可或缺。首先必须搞好顶层设计。顶层设计就是要对开放大学建设方向、定位、任务、目标及其重大战略措施作出明确规范,并以此为指导,启动改革创新的实践,拓展新的发展成果。要想证明这项新事业的顶层设计是否正确,又必须采取"摸着石头过河"的办法进行检验。"摸着石头过河",实质是实践探路,走得通就继续往前走,走不通就另选别的路。只有通过摸着石头过河,才能把顶层设计落实下去,也才能把顶层设计更加完善起来。这是渐进的改革方法是我国改革开放实践的一条重要经验。在全国开创开放大学建设这样一个我国教育史上史无前例的崭新的事业,而且要办出中国特色,顶层设计和摸着石头过河一个都不能少。

强调开放大学建设要做好顶层设计首先就是要加强全国统筹规划。国家提出"办好开放大学",已经达成业内外高度共识和普遍支持。但对于"怎么建成开放大学"仍处在仁者见仁智者见智的层面,牵扯方方面面各自视角的探索、研究和阐释的分歧。因此,在凝聚共识基础上,从国家层面上制定法规,明确开放大学的性质、任务及其内涵、建设条件与标准等十分必要。目前,国家已成立国家开放大学和 5 个省市开放大学,为整体推进全国广播电视大学向开放大学转型积累了一些经验。教育部在多方调研后已初步形成办好开放大学的指导性意见,包括开放大学性质任务、建设目标、管理体制和运行机制、教学改革与质量保证、组织领导与保障措施等内容。这些围绕开放大学建设

所做的顶层设计为全国广播电视大学系统整体转型升级实践指明了前进方向。

重视开放大学建设中摸着石头过河就是要鼓励全国广播电视大学系统积极参与，大胆闯、大胆试。在广播电视大学基础上建设开放大学，仅仅依靠国家层面对开放大学的整体性、全局性设计是不够的，广播电视大学向开放大学转型升级涉及对过去的理念、模式、体制、机制等的梳理、扬弃和提升，要通过改革旧的、不合时宜的理念、模式、体制、机制，形成新的开放大学办学理念、模式、体制、机制，改什么，怎么改，创什么，怎么创，没有现成的道路和模式可循，需要经过一个“草鞋无样，边打边像”的过程。加之地域差别、经济社会差别及校情差别，对各地开放大学建设的要求也应该各有特色。因此，在广播电视大学向开放大学整体转型过程中，各级广播电视大学要以解放思想为前提，以改革创新为动力，大胆探索，不断创新，要允许失误、允许犯错、允许失败，进而在实践探索中最大限度地把群众智慧和创造力凝聚和调动起来。

当前，开放大学建设正处在顶层设计和摸着石头过河的过渡时期，对待系统整体转型升级的正确态度应是，一要防止一拥而上、简单翻牌；二要防止原地打转、止步不前。要紧紧咬住长远目标，扎扎实实地做好每一项工作，争取尽快厘清创新发展头绪，开辟用相对稳定新模式实现学校持续发展的新局面。

第三十九章　以“五个重点方向”为切入点

实现由广播电视大学向开放大学的转型蜕变是广播电视大学系统整体改造、创新和发展的长期过程。因此，对于实现这种转型蜕变，既不能产生一蹴而就的幼稚，也不能心存一朝一夕的幻想，应从茫然无序的状态中厘出头绪，找准转型实践的切入点，实实在在地做好目前的事情，并以此为基础，逐步展开和扩大创新发展成果，进而推动全局性的转型蜕变进程。

一、从统一发展战略切入

统一发展战略是关乎广播电视大学系统整体转型蜕变的首要问题。只有把全系统的发展战略清晰地制订出来并在系统内达成共识，才能把全系统创新发展的正能量凝聚起来，朝着共同的方向一起努力奋斗。统一发展战略要重点做好两个方面的工作：

第一，要在开放大学建设一系列重大战略问题上达成全系统共识。开放大学建设重大战略问题，包括战略定位、战略方向、战略目标、战略基调、战略方针、战略重点、战略策略、战略措施等。通过制订战略和统一认识的过程，把思想和行动统一起来，引领开放大学当前和未来的发展方向及行动路线，全面启动转型蜕变实践，为其他各项创新活动提供基础和前提。有了这种战略上的一致性，才能使各办学单位在组织体系构建上发挥作用、在系统办学的教学改革、能力建设上积极参与，在办学项目开发和教育功能扩展上各显神通。

第二，要做好战略发展规划并推进全面落实。转型蜕变实践必须以科学的战略规划为统领，站在历史新起点，主动适应经济社会发展新常态，科学分析优势、劣势、机遇和挑战，以转变发展方式、提升内涵为重点，坚持建设与整合并举，重新构建系统体系和运行机制，合理规划学校发展的大格局。国家和已经批准试点的开放大学在取得经验的基础上，应在国家开放大学、地方开放大学和广播电视大学层面，按照开放大学建设的目标要求，分别作出各自的建设和发展规划。国家开放大学所做的战略发展规划，应把地方及以下办学单位纳入其中，形成开放大学办学体系整体规划；地方及以下开放大学和广播电视大学做规划时，要把本学校放到开放大学办学体系中定位并作为其中的一个重要组成部分。这样才能使规划质量达到最优，使每一所学校都能在整体转型蜕变中找到自己合适的位置。无论是正在试点的开放大学，还是正在转型过程中的广播电视大学，都应按照开放大学建设的标准要求，提出转型任务、方法措施及实施步骤，设计好任务书、时间表和路线图，扎扎实实推进全系统整体转型。

二、从加强系统统筹切入

广播电视大学历史经验表明，具体到系统内的每一单位，其力量非常有限，但组合成整体之后，其作用和力量就变得不可低估。开放大学是比广播电视大学更加开放更为复杂的办学系统，各学校各自为战，单打独斗，往往成效甚微，如果联合起来，统一思想，一致行动，必定会产生比以往更加强大的精神力量和物质力量，取得更好的实践效果。从某种意义上说，系统是开放大学的核心竞争力。因此，从加强系统统筹入手，带动其他各项创新举措协调落实是推动系统整体转型蜕变的一个重点切入方向。加强系统统筹，要重点做好三个方面的工作：

第一，设置全系统统筹协调的民主决策机构。运用战略决定结构、结构保证战略的基本原理，从国家开放大学，到地方开放大学和广播电视大学，可以在系统内各级办学单位行政隶属关系不变并继续实施独立决策的前提下，建立开放大学双重决策机制，统筹决策和协调开放大学改革、建设、发展和办学中的重大事项，通过这种方式把开放大学办学体系的组织结构与战略任务目标统一起来。在此前提下，充分发挥各专门工作领导小组和各职能委员会的作用。以此拉开建立现代大学治理结构的开篇序幕。

第二，规范开放大学系统机构设置。要围绕开放大学建设重点任务，如，办学项目开发、招生办学、网络平台管理服务、学习资源建设、学习支持服务教学督导与质量评价、学分银行管理等，在开放大学系统内部设置大致相当的职能部门，以保证业务开展上下衔接、沟通便捷、不留空当、执行彻底。当然，也应依据承担任务分量不同，避免上下一般粗。

第三，建立完善的制度体系和科学的运行机制。按照建设现代大学制度的要求，建立健全“依法办学、专家治校、自主管理、民主监督、社会参与”的制度。要在教育部和地方政府的领导下，基于开放大学的办学定位，适应开放大学面向社会、依法自主办学、实现自我发展的建设要求，制订开放大学章程以及配套的制度体系，为实现全系统统筹协调和整体发展提供制度保证。

三、从拓展办学领域切入

开放大学的任务定位决定了办学的多领域、多样化和多层次。但就目前的办学现状看，非学历继续教育项目多是依靠政府开展普惠制培训和证书教育培训等。近年来，虽然老年教育和社区教育实践探索的力度也在加大，但目前发展还很不均衡，主动适应市场需求的品牌项目还很少，规模和影响力总体还显微弱。这就要求广播电视大学向开放大学转型蜕变的实践必须从拓宽办学领域切入，在巩固提升原有学历继续教育质量的前提下，强化非学历教育项目开发推展，使系统目前仍显严重缺失的教育功能尽快得到弥补和完善。拓宽办学领域要重点做好三个方面的工作：

第一，搭建非学历继续教育平台。要以广大学习者学习需求为导向，加大力度开发包含海量优质教学资源，集教学支持服务与管理为一体的终身教育公共服务平台，整合社会优质资源，提升办学能力，为非学历项目的开发、服务与管理提供有力支撑。要紧紧围绕产业升级对新型劳动力提出的新要求、城镇化进程中“失地农民”和农业转移人口的素质提升、各类人群自身发展和精神需要，在办好国家开放大学“新型产业工人培养和发展助力计划”试点项目的同时，各地应积极开发具有地方特色的培训项目，打造精品，树立品牌，扩大影响，形成规模。

第二，总结政府支持和市场化运作经验。国家开放大学应发挥统领作用，扩大系统办学优势，为全系统各办学单位提供相应的办学项目和教育资源。各地开放大学和广播电视大学应以非学历继续教育项目作牵动，加强与地方政府、行业、企业和社会组织的合作，采取市场运作的方式，完善非学历教育开发运作的工作模式和运行机制，打破原有的条条框框，构建非学历继续教育全新办学体系，在此基础上，总结通过政府支持和市场化运作促进非学历继续教育大发展的新经验。

第三，建立非学历继续教育项目推广机制。非学历继续教育项目社会化程度高，除国家统一规范举办的教育培训项目外，多有区域性、自发性和周期性特点。建立非学历继续教育项目推广机制，对于增强非学历继续教育项目的社会功能并使其延长生命周期非常必要。因此，国家开放大学、地方开放大学和广播电视大学以及各学校之间，应以国家开放大学为中枢，通过一定方式，使非学历继续教育项目尽早尽快实现互通有无，在项目本身及其相应的资源配置上达到共享利用，这对于全系统拓宽办学领域，加速实现为终身教育服务的功能，是一条投入少、见效快的重要通道。

四、从创新人才培养模式切入

开放大学必须以质量作为生存和发展的根本，而人才培育模式决定人才培养质量。实现由广播电视大学向开放大学转型蜕变既有建设任务，又有改革任务，而最大的建设和改革任务就是推进人才培养模式改革，建立符合当代人才成长规律的人才培养模式。创新人才培养模式应重点做好三个方面的工作：

第一，要重点把握住人才培养模式构成的关键要素。人才培养模式构成重点包括四个关键要素：一是人才培养目标。即在个别化、多样性、超时空的学习环境下，学习者经过学习所要达到的培养规格和目标，这是规定其他各种构成要素性质和作用的大前提。二是以学习者为中心。即学习者在全部学习过程中，充分体现自主学习的能动地位，这是开放大学学习者学习成才的主要途径。三是完全开放的办学方式。即学习者学习过程包括时间空间、学习内容、学习方法没有刚性要求和严格限制，这是开放大学开放办学的主要特征。四是教育者的支持服务。即学校实施人才培养过程，均通过资源和技术支持服务的表现形态，实现其教育功能，这是开放大学教师和教育工作者特殊的职能特色。始终把握住这四个关键要素，构建新的人才培养模式，是提升人才培养新模式针对性、实效性的重要保证。

第二,要坚持以“社会化导向”构建人才培养新模式。要按照办学项目社会化、人才标准社会化、培养过程社会化、教学资源社会化、技术手段社会化、管理服务社会化、学习成果社会化、质量评价社会化的要求,对现行人才培养模式进行全面梳理和反思,坚持成功经验,深化教育教学改革,逐步探索和积累“社会化导向”人才培养经验并使之实现相对固化。

第三,以“一主多维、能力本位”为评价质量尺度。实施人才培养模式改革,首先必须确立新型教育质量观,把握好教育质量的建设方向。要具有“相对质量”的意识,在坚持国家统一质量标准的前提下,坚持社会化导向,重点从教育者、受教育者和社会三个方面来综合考察和评定教育质量,应把学习者学习的满意度和适应岗位职业、社会角色要求的能力提升,在构建新型人才培养模式中得到充分体现。

五、从加强内涵建设重点任务切入

内涵是事物本质属性的总和,提升系统内涵是实现转型蜕变的根本动力之源。开放大学内涵建设内容广泛而丰富,需按照综合规划逐步实施。其中人才队伍建设、信息化平台建设、教学资源建设和专业体系建设是开放大学建设的重点和难点,因此,它也必然成为转型蜕变的重点切入方向。

第一,从提升系统人才队伍素质入手,展开“一专多能、数量充足、高度敬业”的人才队伍全面建设。首先应发挥和挖掘系统内人才优势,国家开放大学、地方开放大学和广播电视大学都应建立完整的系统人力资源库,并通过合理的配置和调度机制,依据重点专业、课程建设和技术开发应用的需要,以组建专业、课程教学和技术创新推广专业团队为重要形式,加速提升系统办学的软实力。与此同时,应制订长远的人才建设规划,稳步提高现有人才队伍整体素质,加强高端人才引进,积极整合普通高校、企业、科研院所等优秀人才资源,加大兼职人才队伍建设的力度。

第二,从构建系统信息化平台入手,展开数字化、网络化、智能化教育技术支持能力建设。建立满足全系统办学需要的教学、管理、服务平台是提升内涵的重要瓶颈。对照学习资源数字化、教学活动网络化、实训环境虚拟化、管理过程自动化、决策支持智能化、校园信息便捷化的目标要求，原有的平台技术落后、标准不统一、服务功能不完善、信息很难共享的矛盾日渐突出。当前，加快信息化平台的改造升级甚至重新构建已经迫在眉睫。系统内各单位信息化平台建设的标准和方式不可能完全一样，但从国家开放大学层面应加强统筹，并开发满足系统需要的主体教学管理平台。各地方开放大学和广播电视大学可根据实际，采用链接、引进、共建等方式，建立起适合地方需要的教学、管理和服务平台。

第三，从整合系统教学资源入手，展开“开放、海量、优质、共享”教学资源建设。随着大型开放式网络课程时代到来，决定了开放大学教学资源建设不能再走低水平重复建设的老路，必须要有教学资源建设的新理念，探索出教学资源建设的新路径。首先要着眼于全系统的教学资源整合利用，全面清理三十多年来形成的资源积累，经过筛选和加工搬上教学平台使老资源焕发出新的生命力。新建教学资源，各地应着重进行特色资源建设，在建设技术标准上实现与最前沿的技术标准同步，确保教学资源的高质量，同时，要坚持教学资源建设与专业课程建设相结合，自建与引进相结合的方法，逐步形成多渠道整合教学资源、高效率共享教学资源的新模式。

第四，从开发特色专业入手，展开“特色鲜明、需求强进”的专业体系建设。开放大学专业体系建设要体现重需求、开放式、立体化和高融通的基本要求。首先，应以国家开放大学为主体，以系统共享专业建设为载体，支持加强地方特色专业建设，对重点类型和重点层次专业进行梳理和品牌再造，对以课程为单元的教材建设和网络平台学习资源进行整合改造，进而打造具有较强市场竞争力和具有鲜明远程特色的重点建设专业群。再往前发展，就要以系统现有类型和层次专业为基础，逐步展开专业体系建设项目。专业体系建设的目标要紧紧围绕社会需求，紧跟学科发展前沿，汇集开放式的专业和团队，打造立体化的重点建设专业体系，并借鉴学分银行服务理念，推进相关专业体系之间、专业体系与相关学科之间的高度融通。

第四十章　以"三个难点"为突破口

以广播电视大学为基础建设开放大学是在现有基础上向具有新型大学体系和功能，承担终身教育新使命的华丽蜕变。蜕变过程中必然会遇到来自于思想观念、体制机制、利益关系等方面的障碍和束缚，解决这些难点和重点问题，是开放大学建设的破冰之举。

一、突破思想观念方面的障碍和束缚增强责任感和使命感

突破来自于思想上的障碍和束缚，既是实现转型蜕变的第一个难点，也是实现转型蜕变的第一个突破口。由广播电视大学转型升级为式开放大学，是发展模式的创新，更是思维观念的革命。各地广播电视大学虽然紧紧围绕经济社会发展所需办学，但也不同程度地存在思想僵化、思维固化的问题。一是等待观望。对于开放大学到底怎样建设不能主动去学习研究，而是等待模仿学习国家开放大学或其他已经建成的省级开放大学成型的方案和建设经验；不想做艰苦的努力和奋斗，期待有一天会按政策要求被动转型成功；按部就班地在现有传统体制机制下应付维持，造成机器空转不见起色。二是固守陈规。多年的广播电视大学工作实践，使得大部分教职员工习惯于传统的思想方法和工作模式；不能主动开动脑筋进行改革创新的研究和实践；对于已经不合时宜的条条框框不做与时俱进的调整和变革。三是不敢担当。对于阻碍开放大学建设的各种弊端，可为而不敢为，主要是害怕打破平衡，引发矛盾，所以常常表现为熟视无睹，随遇而安；对于非常明确的建设任务，本来抓好落实既能很快奏效，但却不愿涉足，怕深陷其中吃苦为难。

推进广播电视大学向开放大学"蜕变"，必须要突破思想方面的束缚。一要坚持科学的思维方法，解决推动各项创新活动的总开关问题，不等不靠，积

极进取。要遵循正确思维规律，重点是要把握和运用好辩证思维规律和人才培养规律。只要坚持正确的思维方式，即使是在整体形势尚不明朗、未来走向仍有困惑的情况下，也能拨云见日，看透本质，找出解决问题的办法和途径。二要增强责任感和使命感，把开放大学建设的任务自觉地扛在肩上。要教育广大教职工认清开放大学是被赋予了独立地位的新型的大学实体，增强主人翁意识和主体责任意识，通过开放大学建设实践把全体教职员工融入改革之中，感受与开放大学共同成长的荣誉感和归属感。这一代广播电视大学教职工正赶上经济社会发展给学校带来转型升级的历史机遇，只有顺应大势，亲历亲为，把应该做的事情尽力做好，才能不辱使命，不留遗憾，如果因为缺乏勇于担当的品质和勇气，错失了发展良机，使开放大学建设事业停滞受损，没能在国家教育改革的浪潮中占有一席之地，那就会因为今天的失误承担历史性的责任。

二、突破体制机制方面的障碍和束缚提高系统运行效率

突破来自于体制机制上的障碍和束缚，既是实现转型蜕变的第二个难点，也是实现转型蜕变的第二个突破口。体制机制涉及面广，全局性强，在开放大学建设中，应抓住重点事项展开全局性的改革创新。

一是要解决自主有余、统筹不力的领导体制问题。以系统为基础进行改造升级形成的开放大学体系基本框架是新体系的中枢和核心。电大系统发展三十多年来，由于内外部及历史原因，累积了许多严重阻碍开放大学新体系新功能的弊端和问题。主要问题有系统内各办学单位各自为战，缺乏相互之间的沟通与协作，“各成系统”、“重复建设”现象严重；系统凝聚力渐弱，业务联系弱化，社会化程度不高。究其原因，与领导体制二元结构有很大关系，系统内各办学单位重点关注对行政领导负责，在系统内业务决策层面与执行层面相互脱离，两个方面的积极性没有很好地结合起来，因而对全系统推进整体转型形成突出的体制性障碍。解决自主有余、统筹不力的领导体制问题的关键是按照现代大学组织结构要求，强化开放大学办学体系统一领导，提高体系内各种资源的统筹力度和办学协调力度。

二是打破就事论事、简单粗放的管理体制。广播电视大学在多年举办学

历教育项目过程中,实行系统共办、层级管理,形成了上级管下级、以管为主的管理体制,具有浓重的行政办学色彩。这种体制与开放大学办学要求已经凸现出严重的不适应,不适应的症结是缺少人本、开放、多元、协调和信息化手段等现代管理要素。突破管理体制障碍要以积极探索和完善现代大学管理制度为基本点,强化办学规范,推进内涵建设,正确处理好数量与质量、规模与效益的关系。要从转变管理思想入手,解决好以下认识和实践问题:要以服务于个别化、多样性的学习需求为目标完善相应的管理制度;要变管理为服务,并把学生、教师和学校全面发展作为管理服务核心目的;管理的重点是构建秩序和提升效能;管理的功能通过服务方式得以实现;管理的方式是实行管人管事相统一;管理的要求是不放过每一个细节;管理的关节点是调动人和协调利益关系;管理的主体是全体教师和教育工作者,层级不同、管理职责不同;管理的手段是推进现代信息技术广泛应用。要积极贯彻人本化、制度化、规范化、一体化管理理念,积极开展管理创新,合理调整组织机构,创新管理制度体系,改进管理方式方法,保障开放大学建设目标的实现。

三是改变规范缺失、效率低下的运行机制。开放大学建设过程中,广播电视大学原有体制机制的惯性作用会在一定时间内发生作用,导致目前存在于系统运行机制上组织结构内部关系无法理顺,工作流程界定不清晰,重大事情的处置缺少规范,因而不同程度影响运行效率和工作质量。不克服运行机制障碍,实现开放大学体系高效运转只能是毫无意义的高谈阔论。在开放大学建设中,要针对以上突出问题,从分解工作职能、再造业务流程和制定重大业务运行规则着手推进改革创新,充分考虑开放大学运行机制的要素范畴、目标取向及关系协调,构建自主办学机制、主动适应机制、系统运行机制、综合保障机制,协调学校发展目标和办学实践,为开放大学建设创设良性循环的生命机制。

三、突破利益关系方面的障碍和束缚激发系统办学活力

突破来自于利益关系上的障碍和束缚,既是实现转型蜕变的第三个难点,也是实现转型蜕变的第三个突破口。开放大学建设过程中由于需要对原有体系进行拓展、改造和重组,会因行政隶属关系不同和职业群体的多元,在办学

成本分担以及单位、团体、个人工作绩效管理上，陷入利益机制失调的困局，一是推进多元办学过程中的地域壁垒。各级电大因所处地区和当地教育需求不同，为本地经济社会发展服务的办学目的不同形成办学项目、教学资源建设各自为战的局面，受地域和条件的局限，本地特色的优质资源没能得到很好的推广使用。二是在教学改革、管理改革过程中的利益守成，许多人想改革、盼改革、改革来了怕改革，改到自己怨改革。这种状况不改变会严重阻碍开放大学建设这一创新性改革的拓展和深化。

克服利益方面的障碍和束缚，要从建立系统一体化自主办学体系入手。开放大学建设是一项政府主导、多方参与、协调运作的系统工程，因此要建立一种“政府主办”、“平等合作”、“责任共担”和“利益共享”的运行机制，以和谐的利益分配机制，激发办学体系中各层级办学单位及教职员工的积极性、主动性与创造性，保持系统活力。一是充分发挥政府在开放大学建设中统筹和推动作用。发挥中央和地方政府开放大学的举办者和管理者的作用，整合广播电视大学系统内教育资源建设国家开放大学和地方开放大学，使开放大学的隶属关系得到制度性或体制性的明晰，结束条块分割和冲撞的状态，促进新型大学整体功能的优化。二是尽量从增量开始。盘活各级广播电视大学系统现有教育资源，使之在办学项目实施、教育教学管理中发挥最大效力。力求权利、机会、规则公平，健全动力、平衡、调解机制。三是尽量组织全系统统一运作。实行核心目标统领、基础平台统建、通用资源统筹、骨干项目统做，最大限度地发挥整体功能。以各地普遍需求并有能力实施的办学项目为纽带，整合利用全系统教育资源；积极促进各层级办学单位之间的沟通协作和优势互补，破除区域间的壁垒和可能产生的信息孤岛，实现全国的开放大学网络化，闯出一条集约化、低成本、多边共赢的办学道路。四是跳出成败之间循环往复周期率。多少具有雄才大略的领导者，当他们设计的宏伟蓝图在执行时被扭曲被阻碍的时候，不得不败下阵来，退而由追求长远利益转到追求眼前利益。“越早放弃旧的奶酪，你就会越早发现新的奶酪”，舍不得放弃，就会因循守旧，就不会有新的追求，新的发现。开放大学建设是一项复杂而艰巨的改革工程，需要处理好眼前利益和长远利益关系，个人利益和集体利益的关系，因此，开放大学和正在转型中的广播电视大学各级领导要坚持党的群众路线，相信群众，依靠群众，善于把领导者的意志变为群众的意志，实现领导的积极性与群众积极性相结合，使大家能够自觉地为更长远更大利益暂时让渡部分既得利益，众志成城地去开创开放大学建设这一崭新事业。

结语：推进由广播电视大学向开放大学转型蜕变，展露了建设中国现代新型远程开放大学的希望曙光。实现这种转型蜕变过程，不仅需要汪洋恣肆、博大精深的思想先导，而且需要生动鲜活、色彩斑斓的实践积淀。在此期间，对广播电视大学系统来说，既充满着矛盾，又倾注着奋斗；既承载着压力，又享受着喜悦。但只要紧紧把握住开放大学建设目标，运用好蜕变的基本规律，达成系统同心，政府与社会同向发力，不骄不馁，久久为功，一个面向社会、面向现代化、面向世界、面向未来的中国式远程开放大学有望在不久的将来呈现于世，并活跃在为我国终身教育服务的广阔舞台。

参考文献

1. 郝克明、季明明:《建设学习型社会是全面小康的重大战略决策》,《中国教育报》2013 年 1 月 11 日。

2. 张伟远:《我国开放大学的地位、理念和办学策略的探讨》,《中国远程教育》2011 年第 6 期。

3. 闵维方:《高等教育运行机制研究》,人民教育出版社 2002 年版。

4. 吴结:《论我国开放大学的运行机制》,《黑龙江高教研究》2011 年第 4 期。

5. 张敏、李方:《运用开放系统理论 提高高校管理效益》,《高教探索》1998 年第 1 期。

6. 周光琪、李光华:《教学质量标准的内涵及构建》,《人民教育》2010 年第 17 期。

7. 陈玉祥:《从标准的内涵看我国本科教学质量标准的建立》,《中国高教研究》2007 年第 7 期。

8. 皮亚杰:《行为,进化的原动力》,商务印书馆 1992 年版。

9. 王宁宁:《北京开放大学文化内涵探析》,《北京广播电视大学学报》2012 年第 6 期。

10. 乐艳华:《如何加强开放大学文化建设》,《厦门广播电视大学学报》2013 年第 1 期。

11. 游家胜:《大学文化创新动力机制探析》,《期教育发展研究》2013 年第 13—14 期。

12. 郑淑芬、宋伟:《开放大学文化的四维解析及其耦合研究》,《现代远距离教育》2011 年第 2 期。

13. 李立国:《文化自塑与文化自信》,《清华大学教育研究》2011 年第 6 期。

14. 李炳斋、张仲义:《国家开放大学地方学院校园文化建设策略构想》,《成人教育》2012 年第 11 期。

15.《国家开放大学建设方案》2011 年 6 月 20 日。

16. 熊晓云、吴谷丰、左崇良:《借资源共享之势促进高职院校办学社会化》,《教育探索》2009 年第 9 期。

17. 刘泽照:《远程开放教育教学资源建设研究》,《江苏开放大学学报》2010 年第 3 期。

18. 王丽丽、温恒福:《大学生学习成果评估研究》,《教育评论》2014 年第 5 期。

19. 吴海东、向宇、邓红学、卢跃生:《论学分银行制度的构建》,《重庆广播电视大学学报》2013 年第 5 期。

20. 刘红红、王国辉:《日本终身学习成果评价及认证机制初探》,《成人教育》2014 年第 5 期。

21. 杨敏、魏志慧、顾凤佳:《终身学习成果的认定与衔接:开放大学的新使命》,《云南开放大学学报》2013 年第 3 期。

22. 周尉、王晓雯:《开放大学质量评价内涵的认识与思考》,《现代远距离教育》2013 年第 1 期。

23. 王锋:《开放大学办学理念探析》,《继续教育研究》2012 年第 1 期。

24. 孙先民、李萍萍、刘仁坤:《论开放大学办学体系建设的基本要素》,《现代远距离教育》2013 年第 6 期。

25. 王慧:《大学办学理念研究述评》,《黑龙江教育(高教研究与评估)》2007 年第 7 期。

后　记

建设开放大学是成千上万人的群体性的实践探索，而作为在这种实践中起先导作用的思想理论体系，也必然从实践中来，又回到实践中去。因此，本人在撰写书稿时，注意尽量吸纳社会各界有志于研究开放大学人士的思想精华，同时，也力求最大限度地集中校内同志的集体智慧。在写作过程中，校内部分同志，不仅参与了其中一些重要观点的讨论，并且还提供了相关的参考资料。在本书出版之际，对以上各位同志的辛勤付出表达衷心谢意。同时，也恳请读者朋友不吝赐教、斧正，多提完善意见。

张海波

2015 年 4 月